Hinweise zur Benutzung des Buches

Kompetenzbox
– enthält alles Wissenswerte,
– dient zum gezielten Nachschlagen.

 Kompetenzbereiche

 Literaturteil

 Anhang (Lösungshilfe für die Aufgaben zur Rechtschreibung und Zeichensetzung in den sprachlichen Übungen)

 Sachregister

 Sprachliche Übung   (Bitte nicht in geliehene Bücher schreiben)

Tabelle		Tabellen sind unvollständig und zeigen mögliche Schreibweise auf. Bitte nur auf einer Kopie vervollständigen.

Projektbörse   Projektbörse stellt Projektideen vor, die zur Durchführung von Projekten anregen soll.

Inhaltsverzeichnis

Kompetenzbereiche

1 Erzählen	**7**
Sich vorstellen	7
Von sich erzählen	8
Kreativ schreiben – Schlussvarianten	9
Kreativ schreiben – Perspektivwechsel	11
Projektbörse	12
2 In der Gruppe arbeiten	**13**
Vorteile der Arbeit in der Gruppe nutzen	13
Gruppenphasen erkennen	15
Arbeitsplanung	15
Mit Konflikten in der Gruppe umgehen	16
3 Texte lesen und verstehen	**17**
Die Bedeutung des Lesens	17
Lesetechniken	17
Verständnishürden meistern – fehlende Sachkenntnisse	22
Verständnishürden meistern – sprachliche Schwierigkeiten	24
Projektbörse	26
4 Inhalte wiedergeben	**27**
Arten der Textwiedergabe	27
Inhalte aus Büchern und Filmen wiedergeben	27
Gespräche und Sachtexte wiedergeben	31
Schaubilder wiedergeben	34
Projektbörse	38
5 Sachtexte analysieren	**39**
Was heißt analysieren?	39
Den Inhalt eines Textes analysieren – Schreibanlass und Intention	40
Den Inhalt eines Textes analysieren – Aufbau, Kerngedanke, Inhaltsangabe	42
Das Zusammenspiel von Form und Inhalt beschreiben	45
Die sprachliche Form eines Textes analysieren – Wortwahl	46
Die sprachliche Form eines Textes analysieren – Satzbau, Wortstellung	49
Die Wirkung eines Textes bestimmen	51
Projektbörse	52
6 Arbeitsergebnisse vorstellen	**53**
Arbeitsergebnisse adressatengerecht darstellen	53
Projektbörse	57
7 Berichten	**58**
Sachlich berichten	58
Berichtsheft schreiben	59
Projektbörse	60
8 Beschreiben	**61**
Personen beschreiben	61
Arbeitsabläufe beschreiben	62
Arbeitsplatz beschreiben	64
Projektbörse	65
9 Gespräche führen I (Grundlagen)	**66**
Warum Gespräche so wichtig sind	66
Direkte und indirekte Aussagen unterscheiden – Vier-Seiten-Modell	68
Verbale und nonverbale Kommunikation	70
Projektbörse	73
10 Gespräche führen II (Schwierigkeiten überwinden)	**74**
Mit Kommunikationsstörungen umgehen – Gesprächstechniken	74
Mit Konflikten umgehen	77
Einer Besprechung Struktur geben	80
Projektbörse	85
11 Höflich kommunizieren	**86**
Höflichkeitsbarometer	86
Projektbörse	89
12 Werben	**90**
Wie Werbung wirkt	90
Projektbörse	94
13 Medien einschätzen	**95**
Das Thema Gewalt in der Presse	95
Das Thema Gewalt und Medien im Interview	98
Theorien über die Wirkung von Gewalt in den Medien	100
Projektbörse	101

14 Informationen einholen — 102
Der Wert von Informationen — 102
Informationsquellen vergleichen — 103
In Büchern nachschlagen — 104
Aus Texten exzerpieren — 106
Projektbörse — 108

15 Inhalte visualisieren und strukturieren — 109
Die Bedeutung der Visualisierung — 109
Elemente der visuellen Sprache: Farben, Formen, Gestaltung — 111
Zahlenangaben visualisieren — 115
Manipulation in Diagrammen durchschauen — 116
Strukturbilder erstellen — 117
Projektbörse — 120

16 Präsentieren — 121
Wann hat eine Präsentation Erfolg? — 121
Die richtigen Inhalte für das angesprochene Publikum auswählen — 122
Kernaussage, Aufbau, Ablaufplan — 123
Anschaulich und einprägsam präsentieren — 126
Eine Präsentation kompetent vortragen — 128
Projektbörse — 130

17 Argumentieren — 131
Wie man Interessen durchsetzt — 131
Grundbausteine von Argumentation und Gegenargumentation — 133
Überzeugend und wirkungsvoll argumentieren — 136
Projektbörse — 138

18 Diskutieren — 139
Diskussionen und ihr Nutzen — 139
Diskussionsbeiträge formulieren — 140
Einer Diskussion Impulse geben — 141
Verhalten in der Diskussion — 143
Diskussionsübung: Pro und kontra — 145
Projektbörse — 146

19 Stellung nehmen und erörtern — 147
Eine Stellungnahme zu Interessen und Vorlieben abgeben — 147
Eine Stellungnahme zu einem schwierigen Problem verfassen — 150
Die Aufsatzart Erörterung — 151
Stoffsammlung — 152
Einleitung und Schluss — 153
Pro-Kontra-Erörterung — 155
Steigernde Erörterung — 157
Texterörterung — 158
Projektbörse — 161

20 Protokollieren — 162
Abläufe knapp und sachlich festhalten — 162
Ergebnis- und Verlaufsprotokoll — 164
Projektbörse — 169

21 Telefonieren — 170
Telefongespräche vorbereiten — 170
Telefongespräche führen und dokumentieren — 171
Projektbörse — 173

22 Briefe schreiben — 174
Medien für die Kommunikation auswählen — 174
Geschäftliche Briefe schreiben — 175
E-Mails, Mitteilungen per Fax und SMS schreiben — 179
Projektbörse — 182

23 Sich bewerben — 183
Bewerbungsmappe erstellen — 183
Das Arbeitszeugnis — 189
Das Vorstellungsgespräch — 192
Projektbörse — 194

Literatur

Epische Texte — 195
Kurzgeschichten
Antonio Skármeta: Hochzeit — 195
Charles Bukowski: Die Kneipe an der Ecke — 200
Fredric Brown: Fisch-Story — 203
Herta Müller: Arbeitstag — 205
Christoph Hein: Eine Kindheit mit Vätern — 206
Sibylle Berg: Nacht — 208
Julia Franck: Streuselschnecke — 209
Wladimir Kaminer: Die Kirche — 210

Romanauszüge/Autobiografie	213
Lotti Huber: Diese Zitrone hat noch viel Saft! ein Leben	213
Renan Demirkan: Schwarzer Tee mit drei Stück Zucker	214
Marlen Haushofer: Die Wand	217
Märchen	220
Robert Gernhardt: Die Waldfee und der Werbemann	220
[Märchen aus der Lausitz]: Die fleißigen Spinnerinnen	221
Wolf Wondratschek: Eine nackte Prinzessin …	224
Anekdote – Parabel – Fabel	224
Jürgen Becker: Geschäftsbesuch	224
Günter Kunert: Hinausschauen	226
Wolfdietrich Schnurre: Politik	227
Babrios: Mutter und Kind	227

Dramatischer Text
Theaterstück 228
William Mastrosimone: Tagträumer 228

Lyrische Texte
Ballade 233
François Villon: Eine verliebte Ballade für ein Mädchen namens Yssabeau 233

Gedichte/Lieder 234
Kurt Marti: Sylt 234
Kurt Drawert: Zu spät gekommen 235
Hans Manz: Was Worte alles können 236
Ulla Hahn: Keine Tochter 237
Konstantin Wecker: Ich will noch eine ganze Menge leben 238

Anhang

Lösungshilfen für die Aufgaben zur Rechtschreibung und Zeichensetzung in den sprachlichen Übungen 239
1 Vokal- und Konsonantenschreibung 239
2 Fremdwörter 240
3 Groß- und Kleinschreibung 241
4 Getrennt- und Zusammenschreibung 242
   4.1 Bindestrich 243
   4.2 Schrägstrich 243
   4.3 Straßennamen 243
5 Zeichensetzung 244
   5.1 Komma 244
      5.1.1 Komma in Satzreihen und Satzgefügen 244
      5.1.2 Komma in Aufzählungen 244
      5.1.3 Komma bei Anreden, Ausrufen, Einschüben und Nachträgen 244
      5.1.4 Komma bei entgegensetzenden Konjunktionen 245
      5.1.5 Komma vor als, wie, denn 245
      5.1.6 Komma bei der Datumsangabe 245
      5.1.7 Komma bei mehrteiligen Wohnungsangaben 245
   5.2 Anführungszeichen 245
   5.3 Apostroph 246
6 Worttrennung am Zeilenende 246
7 Abkürzungen 247

Merkmale der wichtigsten schulischen Schreibaufgaben 248

Sachregister 252

Kompetenzbereich 1: Erzählen

Sich vorstellen

A
„In unserer Firma geht mir auch einiges auf den Wecker. Das ewige Prüfen von Rechnungen, das nervt nur … Am liebsten sind mir die Außentermine, mein Chef nimmt mich immer zu Kunden mit, echt cool."

B
„Mein Name ist Jenny Schönemann. Geboren bin ich in Frankfurt; da meine Eltern sich aber beruflich verändert haben, lebe ich seit meinem 10. Lebensjahr in Weimar."

C
„Kommst du oft her? Mir gefällt's hier ganz gut, lockere Atmosphäre, und die Cocktails sind echt lecker… Ich heiße übrigens Jens, und du?"

1 a) Ordnen Sie die Sprechblasen den entsprechenden Bildern zu.
b) Nennen Sie die Themen, mit denen die Sprecher/innen sich vorstellen.
c) Vergleichen Sie die Ausdrucksweise, die jeweils verwendet wird.
d) Erläutern Sie, was die Sprecher/innen mit ihren Aussagen beabsichtigen.

2 a) Stellen Sie sich in einem Rollenspiel in folgenden Situationen vor:

Situation A
Am Tag der offenen Tür in Ihrem Betrieb halten Sie einen kleinen Vortrag in Ihrer Abteilung vor geladenen Eltern, Ausbilderinnen und Ausbildern.

Situation C
Sie begleiten eine Freundin zum Jubiläum ihrer Firma. Sie stellt Ihnen ihren Chef vor.

Situation B
Sie sind bei einem Seminar in einer Arbeitsgruppe mit fremden Teilnehmerinnen und Teilnehmern.

Situation D
Sie stehen in der Bar „SUITE" an der Theke und werden von zwei attraktiven Gästen angesprochen.

b) Bewerten Sie die einzelnen Vorstellungen inhaltlich und sprachlich.

Kompetenzbereich 1. Erzählen

3) Begründen Sie, in welchen Situationen Sie erwähnen würden, dass
  a) Sie 28 Jahre alt sind,
  b) Sie Bundessieger/in in Ihrem Ausbildungsberuf geworden sind,
  c) Sie regelmäßig zum Kickbox-Training gehen,
  d) Ihnen Unordnung ein Gräuel ist,
  e) Sie der Meinung sind, dass in einer Firma alle zusammenhalten müssen,
  f) Sie froh sind, in Ihrer Firma zu arbeiten,
  g) Sie fließend Englisch sprechen,
  h) Sie ein Appartement mit Terrasse und Blick über die Stadt bewohnen,
  i) Sie gerne Tapas essen,
  j) Ihr Hobby auch Ihr Beruf ist,
  k) Sie ein nicht-eheliches Kind haben,
  l) Sie einen Kurs zum Thema Projektmanagement besucht haben.

4)
  a) Notieren Sie Fragen, die Sie an Ihre Klassenkameradinnen und Klassenkameraden haben.
  b) Gestalten Sie aus diesen Fragen einen Vorstellungsbogen.
  c) Interviewen Sie Ihre Mitschülerinnen und Mitschüler.
  d) Stellen Sie sich gegenseitig vor.

Von sich erzählen

Julia: „Heute bin ich erst zu spät aufgestanden, dann sprang auch noch meine Kiste nicht an und der Chef hatte den ganzen Tag 'ne Stinklaune."

Marco: „Nichts gegen meinen Tag! Wie immer 10 Minuten zu spät, witschte ich durch die Tür, aber mein Chef sagte freundlich ‚Guten Morgen' und gab mir sofort einen Auftrag. Na, und nichts ahnend machte ich mich an die Arbeit: Ich sollte eine höllisch schwere Kiste einem Herrn Koslowski übergeben, und zwar nur ihm persönlich. Glaubst du, ich konnte den finden? Mal hieß es, Herr Koslowski sei gerade ins Lager, ich also nichts wie hin, doch dort sagte man mir, er sei schon wieder in der Versandabteilung. Also, ich hinterher, immer mit der schweren Kiste … Na ja, nach einer Stunde gab ich auf! Ich schlich zurück in meine Abteilung, ganz kleinlaut, und wollte meinem Chef mein Versagen schon eingestehen, doch dort gab's ein großes Hallo: Alle grinsten von einem Ohr zum anderen! ‚Jetzt gehörst du zu uns, das war deine Aufnahmeprüfung; einen Herrn Koslowski gibt's nämlich gar nicht und in der Kiste waren nur Pflastersteine …' Na, und stell dir das vor, so was machen die mit allen neuen Azubis! Super Tag, was?"

Kompetenzbereich 1 . Erzählen

1) Entscheiden Sie, welche Darstellung für die Zuhörerin/den Zuhörer interessanter ist. Begründen Sie Ihre Wahl.

2) Situation:
Sie sind neu im Betrieb und erzählen Freundinnen und Freunden von Ihren ersten Eindrücken und Erlebnissen.

   a) Wählen Sie ein Erlebnis aus, das für Ihre Zuhörer/innen interessant sein könnte.
   b) Notieren Sie Stichworte.
   c) Geben Sie Ihren Notizen einen sinnvollen Aufbau. Anregungen hierzu finden Sie in der Kompetenzbox.
   d) Erzählen Sie Ihr Erlebnis mit Hilfe Ihrer Aufzeichnungen.

Kreativ schreiben – Schlussvarianten

Mrs. Novalee löst sich auf
Infraschall und seine Folgen

Von Clara Wiegmann

Steine bröckelten von der Decke und fielen auf den Boden des Londoner Hampton Palace, als Lord Ransbury verkündete: „Herzlich willkommen zur 29. Tischrunde der 20 Geister. Heute
5 wollen wir darüber diskutieren, warum die Besucher sich nicht mehr vor uns gruseln. Ich bitte Mr. William nach vorn." Seine Worte hallten in dem alten Speisesaal wider. Staubwolken wirbelten auf. Die restlichen Geister verstumm-
10 ten.
Ein kleiner Geist mit einer großen Brille schwebte nach vorn. Er wirkte unsicher. Schon oft hatte er versucht, andere gelangweilt herumschwebende Geister für seine Anliegen zu
15 interessieren. Aber stets war er gescheitert. Doch nun hatte er das Gefühl, dass die anderen ihm zuhören würden. „Meine Damen und Herren, man zweifelt an unserer Existenz!" Viele Geister wurden unruhig. Mr. William fuhrt
20 fort: „Menschen sind seltsam: Sie müssen alles

Kompetenzbox

Eine Erzählung schreiben

Vorarbeit
– Erzählplan erstellen
  (Was passiert in welcher Zeit?)
– Erzählperspektive festlegen (Ich-Erzählung oder Erzählung in der 3. Person)

Aufbau
– Kurze, interessante Einleitung oder direkter Einstieg in das Geschehen (Angaben über Zeit, Ort, Personen, Ereignisse, besondere Umstände)
– Spannende Entfaltung der Erzählschritte bis zum Höhepunkt der Erzählung
– Kurzer Schluss unmittelbar nach dem Höhepunkt

Sprache
– Lebendig, anschaulich, farbig
– Treffende und anschauliche Vergleiche
  Beispiel:
  „Eine Stimme, dunkel wie schwerer, öliger Kastanienhonig, ließ mich aufhorchen."
– Plastische Schilderung von Einzelheiten
  Beispiel:
  „Menschenleere Sträßchen, empört kreischende Krähen begleiteten meine Schritte auf hauchdünnem, gefrorenem Eis, die in die abendliche Stille hinein knirschten."
– Dynamische und lautmalerische Verben, farbige Adjektive
  Beispiel:
  „Der Wind heulte monoton, seufzte, zerrte an Fenstern und Türen, das Haus ächzte ergeben: Der Mistral war da!"
– Direkte Rede, Dialoge, Monologe
– Variationen im Satzbau (lange/kurze Sätze; Nebensätze/kurze Hauptsätze; Ellipsen → S. 50; Frage- und Ausrufesätze)
– Dehnung oder Raffung der erzählten Zeit (Dauer des Zeitraums, über den erzählt wird)

Zeitform
Präteritum (Vergangenheit)

Kompetenzbereich 1 . Erzählen

genau wissen. So ging es auch dem Wissenschaftler Richard Wiseman. Er hörte, dass sich viele Menschen in unseren Hallen und Zimmern gruseln. Er rückte uns mit Temperatur-
25 scanner, Magnetfeldmesser und Lichtsensoren auf den Leib. Ich habe einen Brief gefunden, den Wiseman an seine Frau geschrieben hat. Ich werde einige bedeutungsvolle Stellen vorlesen:
30 „So stellte ich im Schloss häufig abrupte Temperaturabfälle, plötzliche Lichtveränderungen oder Winde, die durch zugemauerte Türen pfiffen, fest. Doch ließen sich nicht alle Erscheinungen mit solchen Effekten erklären. Auch
35 die leichten Veränderungen im Erdmagnetfeld waren nicht ausreichend. Ich kam zu dem Schluss, dass Infraschall für den Spuk in Burgen und Schlössern verantwortlich ist. Solche extrem tiefen Töne entstehen, wenn der Wind
40 durch Gemäuer, Kamine, Spalten und Schießscharten pfeift. Zwar sind die Laute zu tief für das menschliche Gehör, sie können aber in ausreichender Lautstärke große Resonanzräume des Körpers wie die Bauchhöhle in Schwingun-
45 gen versetzen. Dieser Infraschall löst das Gefühl aus, dass noch jemand anwesend ist und uns berührt. Kein Wunder, meine liebe Frau, dass du immer Angst hast, in den Keller zu gehen. Von wegen Geister! Das ist nur der Infra-
50 schall. Also keine Ausreden mehr in Zukunft." Nachdem Mr. William den Brief aus seinen Händen entschweben ließ, brach Gemurmel im Saale aus. Mrs. Novalee stand auf und schaute in die Runde. Sie war dafür bekannt, verträumt
55 durch die Gegend zu schweben. (…)

Aus: Schreibwerkstatt Naturwissenschaften,
Stuttgarter Zeitung, 08.04.2004

1) Lesen Sie die abgedruckte Geschichte durch.

2) Notieren Sie,
a) wie die Erwartungen der Leserinnen und Leser zu Beginn geweckt werden,
b) welche Erzählschritte folgen,
c) womit die Autorin Spannung erzeugt.

3) Bei der abgedruckten Geschichte fehlt der Schluss.
Beurteilen Sie den folgenden Entwurf:

> *Dann gab es großen Ärger und die Gespenster beschlossen, noch mehr zu spuken als sonst, damit die Menschen sie wieder fürchten. Sie haben dann folgenden Schlachtplan gemacht: Mrs. Novalee, ein voller Zombie, wollte einfach mitten in New York explodieren. Das passierte dann auch.*

a) Notieren Sie, welche inhaltlichen und sprachlichen Elemente geändert werden sollten.
b) Verbessern Sie den Entwurf (siehe Kompetenzbox, S. 11).

4) a) Schreiben Sie in Gruppen Ihre eigene Schlussvariante.
b) Bilden Sie dann eine „Korrekturkette":
Eine Teilnehmerin/Ein Teilnehmer liest ihre/seine Schlussvariante vor, jedes Gruppenmitglied kommentiert den vorgelesenen Text mit einem Satz; jeder Satz in der Antwortkette muss verschieden sein.
c) Die Autorin/Der Autor nimmt zu den gegebenen Antworten Stellung und überarbeitet gegebenenfalls ihren/seinen Text.

5) Lesen Sie den Schluss, den die Autorin gewählt hat:

„Warum müssen die Menschen immer für alles eine Erklärung haben? Zerstören sie damit nicht ihre Fantasie und Träume? Früher sind Menschen hierher gekommen, um das alte Schloss zu sehen, aber bestimmt auch, um unsere Anwesenheit zu spüren. Jetzt erklären sie dieses Gefühl mit einem Infraschall. Wir sollen nur ein Infraschall sein? Sind wir nur noch Gedanken der Menschen? Leben Gedanken? Ich weiß, wir würden alle gern wieder Sachen fühlen können, deshalb berühren wir die Menschen, versuchen ihnen nahe zu kommen, doch wir schweben nur durch sie durch." Ihre Stimme wurde immer leiser. Sie wurde immer blasser und blasser, und plötzlich war sie weg.
Mr. William schwebte sofort zu der Stelle, an der Mrs. Novalee stand, doch da war nichts mehr. Er rief mit zitternder Stimme: „Sie hat so sehr an sich selbst gezweifelt, dass sie sich aufgelöst hat!" Alle schwiegen. Sollte man jemals so sehr an sich zweifeln, dass man aufhört zu existieren?

Aus: Schreibwerkstatt Naturwissenschaften,
Stuttgarter Zeitung, 08.04.2004

> **Kompetenzbox**
>
> **Erzählen**
> **Kriterien zur Beurteilung kreativer Texte**
>
> **Berücksichtigung der Vorgaben**
> Stimmen Ort, Zeit, Figuren, Vorgeschichte mit dem Original überein?
>
> **Konzeption**
> Logischer Aufbau, steigende Spannung, wirkungsvoller Schluss?
>
> **Figuren und Geschehnisse**
> Anschauliche Charaktere, passende Sprachebene?
>
> **Kreative Leistung**
> Ideenreichtum, Originalität?

6) a) Bilden Sie „Disputationsgruppen". Wählen Sie in Ihrer Gruppe je einen „Kritiker", einen „Verteidiger" und einen „Richter".
b) Der „Kritiker" trägt die Argumente, die gegen den Schluss der Autorin, der „Verteidiger" die Argumente, die für den Text sprechen, vor; in der Gruppe werden die Argumente besprochen.
c) Am Schluss der Diskussion bewertet der „Richter" auf dieser Grundlage den besprochenen Text.

Kreativ schreiben – Perspektivwechsel

Ein Moskito beobachtet ein Liebespaar, verliebt sich in die Frau und erzählt die Geschichte aus seiner Sicht:
„Ich werde immer frecher, fliege in immer kleineren Abständen an ihrem Gesicht vorbei. Sie lässt es sich gefallen, lächelt sogar. Und als ich dann in meinem Übermut noch auf ihre Nasenspitze hocke, werde ich nicht etwa gewaltsam vertrieben: Wie zum Spaß pustet sie mit ihrer schönen Unterlippe ein wenig Luft zu mir herauf. Wie zum Spaß fliege ich weiter. Und von jetzt an bleibt ihr Blick an mir hängen."

Aus: Esther Vilar: Rositas Haut, München 1999, S. 7

1) Beschreiben Sie anhand dieses Textes, was ein Perspektivwechsel bewirkt.

2) a) Erzählen Sie die Geschichte „Mrs. Novalee löst sich auf" aus der Perspektive von Mrs. Novalee oder aus der Sicht des Wissenschaftlers Mr. Wiseman.
b) Vergleichen Sie die Erzählungen.

Projektbörse — Erzählen

„Ich bin ...": Ein Kennenlernspiel (1)

Jede Teilnehmerin/Jeder Teilnehmer ergänzt ihren/seinen Namen durch ein zu ihr/ihm passendes Adjektiv, das denselben Anfangsbuchstaben hat, z. B: *„Ich bin Manfred, der Mannhafte"*. Mit nur einem Satz erklärt das Gruppenmitglied, weshalb das Adjektiv zu ihm passt:
„Ich bin besonders mannhaft, weil ich auch dann nicht zu zittern anfange, wenn mir die Chefin über die Schulter blickt."

Nach dem ersten Durchgang der Vorstellungsrunde muss jede Teilnehmerin/jeder Teilnehmer eine jeweils andere Person mit diesem Satz vorstellen.

„Innerer Redefluss" (2)

Durch schnelles und gleichsam „besinnungsloses" Schreiben versucht man Bewusstseinsschranken und festgefahrene Gedankengänge zu überwinden. Alles, was einem durch den Kopf geht, soll ohne Pause und Nachdenken aufgeschrieben werden; erlaubt ist auch die Verwendung von Satzfetzen und einzelnen Wörtern (es wird keine Rücksicht auf Grammatik und Rechtschreibung genommen): keine „Schere im Kopf"!

Suchen Sie zum Beispiel einen Ausdruck wie *„Allein sein"* aus und schreiben Sie einfach los, am besten mit Zeitbegrenzung (5 Minuten):

Beispiel:
allein sein zu zweien sein keine Ahnung wohin geht der Weg kalt weit Gedanken fetzen im Kreis herum ...
Das so gefundene Material formen Sie in eine Geschichte um.

Beispiel:
Der Weg
Heute ging ich ihn schon zum zweiten Mal, diesen Weg, den ich jeden Tag gehe. Wozu? Um die Kälte zu spüren, die mich umgibt, seit ich allein bin? Um die Sonnenstrahlen noch mehr zu hassen, die versuchen, wenigstens meinen Rücken zu wärmen? Warum also sollte ich hier noch einmal entlanggehen, ich wusste doch, wo dieser Weg hinführt oder aufhört. Oder spürte ich da schon, dass ...

Reisebuch – Tagebuch (3)

Erzählen Sie von allen Eindrücken, Gefühlen, Gedanken in einem bestimmten Lebensabschnitt, z. B. während eines Urlaubs, in einer besonderen Lebenssituation oder auch im Alltag.

Kombinieren Sie diese Texte mit Fotos, Eintrittskarten usw., aber auch mit Textausschnitten aus Werbebroschüren, Ratgebern etc. und mit Dialogsequenzen aus Gesprächen mit Freunden, mit der Familie.

Gestalten Sie daraus ein „Schreibjournal", das diesen Zeitabschnitt dokumentiert.

Vor Ort schreiben – schreiben im Gehen (4)

Eine ungewöhnliche Schreibsituation: Suchen Sie einen bestimmten Ort auf, z. B. ein Einkaufszentrum, einen Park oder ein verschlafenes Dorf, um Material zu sammeln. Konzentrieren Sie sich intensiv aufs Sehen, Hören, Riechen und Fühlen und lassen Sie sich von der besonderen Atmosphäre des Ortes inspirieren. Notieren Sie Ihre Eindrücke.
Eine Variante, die noch mehr zu intensivem Wahrnehmen und zu sprachlicher Kreativität anregt: Konzentrieren Sie sich nur auf eine Sinneswahrnehmung, z. B. das Hören. Nehmen Sie einen Partner mit, der Ihre Eindrücke notiert: Sie schließen die Augen, geben wieder, was Sie hören, Ihr Partner schreibt. Tauschen Sie später die Rollen. Versuchen Sie dasselbe mit den anderen Sinnen.

Gestalten Sie aus Ihren Aufzeichnungen Geschichten.

Kompetenzbereich 2: In der Gruppe arbeiten

Vorteile der Arbeit in Gruppen nutzen

1. Notieren Sie, welche Erfahrungen Sie mit Gruppenarbeit gemacht haben. Sie haben dazu 4 Minuten Zeit.

2. Schließen Sie sich mit einer Partnerin/einem Partner zusammen und ordnen Sie Ihre Notizen nach positiven und negativen Erfahrungen. Sie haben 3 Minuten Zeit.

3. Sie haben für diese Aufgabe 10 Minuten Zeit.
   a) Arbeiten Sie in Vierergruppen und legen Sie eine Rangordnung Ihrer geordneten Erfahrungen fest.
   b) Visualisieren Sie Ihre Ergebnisse für einen kurzen Vortrag.
   c) Bestimmen Sie 2 Personen, die diese Ergebnisse vortragen.

4. Berichten Sie, welche Erfahrungen Sie bei der Lösung der Aufgaben 1 bis 3 mit Einzelarbeit, Partnerarbeit und Arbeit in der Vierergruppe gemacht haben.

5. a) Entscheiden Sie sich für die Arbeit an einem der folgenden Themen:
   I Formulieren Sie Möglichkeiten der Gruppenbildung, die helfen, negative Erfahrungen zu vermeiden.
   II Formulieren Sie Regeln für den Umgang miteinander in der Gruppe.
   III Formulieren Sie Vorschläge zur Bewertung der Arbeit einer Gruppe.

   b) Machen Sie sich zu Ihrem gewählten Thema Notizen. Sie haben dazu 10 Minuten Zeit.

   c) Suchen Sie sich eine Partnerin/einen Partner, die/der an demselben Thema gearbeitet hat wie Sie und ergänzen Sie Ihre Notizen. Entnehmen Sie den folgenden Texten möglicherweise weitere Gesichtspunkte zu Ihrem Thema.

A

Um arbeitsfähig zu bleiben, sollte die Zahl der Mitglieder eines Teams begrenzt werden. (…) Wenn ein Team zu klein ist, wird die mögliche Vielfalt der Ideen reduziert oder es werden wichtige Problemdimensionen übersehen. Ist es zu groß, verringern sich die Interaktionsmöglichkeiten der Teilnehmenden und damit die Möglichkeiten ihrer aktiven Beteiligung, die Überschaubarkeit der gefundenen Ideen sinkt und der Aufwand bei der Koordination der Ideen steigt.

Otto-Georg Wack: Probleme lösen und entwickeln.
Edumedia GmbH, Stuttgart 2002, S. 65

Kompetenzbereich 2 . In der Gruppe arbeiten

B Teamarbeit kommt nicht zustande, wenn im Team rivalisiert oder gegeneinander opponiert wird. Nicht die Summe aller Einzelleistungen macht das Geheimnis guter Teamarbeit aus, sondern die Koordination und Synergie[1] der Zusammenarbeit. Teamarbeit erfordert die Anerkennung der grundsätzlichen Gleichwertigkeit der Teammitglieder (…). Alle Teammitglieder haben die gleichen Befugnisse, Verantwortlichkeiten und Verpflichtungen.

1) Synergie = das Zusammenwirken

Otto-Georg Wack: Probleme lösen und entwickeln. Edumedia GmbH, Stuttgart 2002, S. 64

6 Sprachliche Übung

a) Lesen Sie den folgenden Text.

Menschen fühlen sich am wohlsten, wenn sie auf Gleichgesinnte treffen. Das gilt auch im Geschäftsleben. „Gleich und Gleich gesellt sich gern" heißt es im Volksmund. Doch sind diese homogenen Gruppen besonders kreativ? Sind sie in der Lage, die immer komplexeren Herausforderungen einer globalen Wirtschaft und Gesellschaft zu meistern? Neue Forschungsergebnisse beantworten diese Frage mit einem eindeutigen Nein!
Weltweit tätige Unternehmen sind sich dessen bewusst. Sie haben innerhalb des Managements eigens dafür ausgebildete Mitarbeiter. Aufgabe ist es, innerhalb der Firma Verständnis für die Facetten des menschlichen Daseins zu wecken. Andere Lebensformen und die Chancengleichheit aller müssen als Bereicherung auch im Interesse der Firma begriffen werden. Beispielsweise stärken Türkisch sprechende Mitarbeiter den Kontakt zu ausländischen Kunden. So können neue Zielgruppen für das Unternehmen erschlossen werden.

C Sie haben eine optimale Lösungsidee gefunden und auch einen guten Umsetzungsplan entwickelt – leider reicht das für eine Realisierung Ihrer Lösung immer noch nicht aus. Ihre Lösung muss auch von denen, die letztendlich die Entscheidung über die Realisierung treffen, und von denen, die davon betroffen sind und sich aktiv an der Realisierung beteiligen sollen, akzeptiert werden. Und um diese Akzeptanz zu bekommen, müssen Sie Ihre Lösungsidee so präsentieren, dass die Entscheidung positiv ausfällt.

Otto-Georg Wack: Probleme lösen und entwickeln. Edumedia GmbH, Stuttgart 2002, S. 56

b) Notieren Sie zu den Adjektiven

homogen – kreativ – komplex – global

die entsprechenden Substantive.

c) Schreiben Sie zu den Wörtern

Facetten – Chancen – Interesse – Kontakt

die entsprechenden Adjektive auf.

d) Stellen Sie die Ergebnisse gemeinsam mit allen Personen, die an dem Thema gearbeitet haben, systematisch zusammen. Visualisieren Sie diese Zusammenstellung für einen Vortrag.

e) Bestimmen Sie 2 Personen, die die Ergebnisse in wenigen Minuten vortragen. Für die Aufgaben b)–d) haben Sie 20 Minuten Zeit.

Kompetenzbereich 2. In der Gruppe arbeiten

Gruppenphasen erkennen

1 a) Bauen Sie in Gruppen (bis zu 5 Personen) mit den Hilfsmitteln Schere und Klebstoff einen Turm aus Pappe und Papier.
Der Turm soll möglichst hoch, standfest, originell sein.
Sie haben 45 Minuten Zeit.

b) Bilden Sie zu jeder Baugruppe eine Beobachtergruppe (bis zu 3 Personen), die darauf achtet, wie die Gruppenmitglieder miteinander umgehen.
- Wie verhalten sie sich bei der Planung?
- Welche Konflikte treten auf?
- Wie werden diese Konflikte gelöst?
- Welche Phasen der Gruppenentwicklung können festgestellt werden?

Die Beobachtergruppe hält ihre Beobachtungen schriftlich fest.

2 a) Die Baugruppe stellt ihr fertiges Produkt vor.
b) Die Beobachtergruppe teilt ihre Beobachtungen mit.

Kompetenzbox
Phasen der Gruppenentwicklung

- **Orientierung**
  Man wartet ab, beobachtet.

- **Frustration**
  Es gibt erste Enttäuschungen, Konflikte treten auf. Hindernisse werden sichtbar.

- **Regelfindung**
  Gemeinsames Vorgehen wird abgesprochen, Erwartungen an das Verhalten werden definiert.

- **Arbeit**
  Wir-Gefühl entsteht, es gibt einige positive Überraschungen, erste Erfolge stellen sich ein, neue Lösungswege werden sichtbar.

- **Aussicht**
  Die weitere Arbeit wird geplant, das weitere Vorgehen abgesprochen.

Arbeitsplanung

1 Situation:
Ihre Klasse soll am „Tag der offenen Tür" ihren Beruf bzw. ihre Berufe vorstellen.

Notieren Sie Ideen, wie diese Aufgabe umgesetzt werden könnte (siehe Kompetenzbox Brainstorming). Sie haben 5 Minuten Zeit.

2 Ordnen Sie die Ideen und formulieren Sie Aufgaben.

3 Entscheiden Sie sich für ein Aufgabengebiet, das Sie in der Gruppe bearbeiten wollen.

4 Erstellen Sie in Ihrer Gruppe einen Ablauf- und Terminplan für die Arbeit, die Sie erledigen wollen.

5 a) Halten Sie auf einer großen Wand fest, welche Aufgaben wer mit wem bis wann in welcher Form erledigt.
b) Bestimmen Sie, wer die Umsetzung kontrolliert.

Brainstorming

Man schreibt ein Thema auf ein leeres Blatt, lässt seine Assoziationen ungehindert in alle Richtungen fließen und notiert in ungeordneter Form alle Ideen.

Tätigkeitskatalog

| WAS MACHT | WER | MIT WEM | BIS WANN | IN WELCHER FORM? |

Kompetenzbereich 2 . In der Gruppe arbeiten

Mit Konflikten in der Gruppe umgehen

Kompetenzbox

Möglichkeiten der Konfliktlösung in der Gruppe

Organisatorisches
- Sinnvolle Gruppenbildung nach Kompetenzen
- Regelmäßige Besprechungen
- Beschlüsse auf der Basis von Konsens
- Realistische Terminplanung
- Regelmäßige Überprüfung der Ergebnisse und Planungen

Gespräche
- Störungen vorrangig behandeln (momentane Störungen nur besprechen)
- Aktiv zuhören (ausreden lassen, nachfragen)
- Konstruktiv Kritik üben (keine Vorwürfe, keine Rechtfertigungen)
- Sachebene wahren (über Fakten reden, das Selbstwertgefühl des anderen wahren)
- Übereinstimmungen suchen (Vorschläge gemeinsam prüfen, sich Zeit lassen für Konsens)

1) Wählen Sie eine dieser Äußerungen aus und notieren Sie, welcher Gruppenkonflikt sich hinter dieser Aussage verbergen könnte.

2) Bilden Sie Gruppen (6 bis 10 Personen) und wählen Sie für ein Rollenspiel einen der Konflikte, die Sie notiert haben, aus.
Jeweils ein Teil der Gruppe übernimmt die Aufgabe der „Konfliktgruppe", der zweite bildet die „Beobachtergruppe".

3) a) Spielen Sie in einem Rollenspiel diesen Gruppenkonflikt durch und versuchen Sie den Konflikt zu bewältigen.
   b) Die Beobachtergruppe notiert, welche Inhalte besprochen werden, achtet auf Formulierungen, auf das Verhalten und die Körpersprache.

4) Die Beobachtergruppe berichtet, was sie notiert hat.
Entscheiden Sie, ob auch andere Lösungsmöglichkeiten in dem dargestellten Fall denkbar gewesen wären (siehe Kompetenzbox).

Kompetenzbereich 3:
Texte lesen und verstehen

Die Bedeutung des Lesens

„Das sehe ich ganz anders. Das mit der PISA-Studie ist eine Katastrophe. Wenn Jugendliche in Deutschland wirklich nicht mehr richtig lesen können, dann ist das ein Hammer, auch wirtschaftlich und politisch. Wie soll jemand, der nicht mal richtig lesen kann, eine anspruchsvolle Arbeit erledigen oder seine Rolle im Staat ausfüllen? Wer nicht lesen kann, kann auch nicht denken!"

„Lesen? Wozu soll das gut sein? Wenn ich mich informieren will, gehe ich ins Internet, wenn ich Unterhaltung möchte, ziehe ich mir eine DVD rein. Und im Urlaub habe ich Besseres zu tun, als im Liegestuhl Romane zu lesen."

1) Erklären Sie, was die beiden Jugendlichen jeweils unter „Lesen" verstehen.

2) Listen Sie auf, welche Gesichtspunkte für bzw. gegen die jeweilige Auffassung sprechen.

Lesetechniken

1) Die folgende Übersicht zeigt verschiedene Ziele, die mit dem Lesen verbunden sein können.
a) Nennen Sie jeweils eine Situation, in der Sie mit dem Ziel A, B, C oder D lesen.

b) Erläutern Sie, welche Zielsetzung in Ihrem Berufsleben die größte Bedeutung hat.

A Vollständiges Erfassen des gesamten Textes, auch um Urteile über Text und Autor/in zu fällen.

C Möglichst schnell zu einer ungefähren Einschätzung des gesamten Textes gelangen, z. B. um zu erkennen, ob sich eine weitere Beschäftigung mit dem Text lohnt.

B Interesse richtet sich nicht auf den gesamten Inhalt, sondern auf das „Herausfischen" von spezieller Information.

D Zunächst keine spezielle Zielsetzung, vielmehr allgemeines Interesse oder Wunsch nach Entspannung, Unterhaltung usw.

ZIELSETZUNG:

Kompetenzbereich 3 . Texte lesen und verstehen

2) Ordnen Sie den wichtigsten Lesetechniken in der folgenden Tabelle je eines der Ziele A, B, C, D zu.

Wichtigste Lesetechniken		Vorgehen	Ziel
Diagonales Lesen		– Der ganze Text wird überflogen. – Stichprobenartiges „Anlesen" einzelner Teile	
Punktuelles Lesen		– Text wird nur teilweise gelesen. – Lesen wird unterbrochen und eventuell an anderer Stelle fortgesetzt. – Suche nach speziellen Inhalten, dabei Orientierung mithilfe von Inhaltsverzeichnis, Überschriften usw.	
Fortlaufendes Lesen		– Leser/in folgt dem Text der Reihe nach. – Gleichmäßiges Lesetempo – Gleich bleibende Aufmerksamkeit von Anfang bis Ende	
Intensives Lesen		– Gründliches Durcharbeiten des gesamten Textes – Teilweise mehrfaches Lesen – Gelegentliches Vor- und Zurückspringen im Text – Zusammenhänge klären – Markieren, Randnotizen erstellen – Notizen machen	

3) Entscheiden Sie, wie die Personen aus den folgenden Fallbeispielen jeweils lesen sollten, um ihre Ziele zu erreichen. Es sind dabei auch Kombinationen von Lesetechniken denkbar.

A Beate Meyerling, Personalchefin eines mittelständischen Software-Entwicklungsbetriebs, ärgert sich. Vor ihr liegt ein riesiger Stapel mit Bewerbungsunterlagen. Obwohl in der Stellenanzeige ausdrücklich stand, dass eingehende Erfahrung mit der Programmiersprache C ++ unverzichtbar für die Stelle sind, verfügen nur wenige Bewerber über derartige Kenntnisse.

B Die 19-jährige Dagmar Schneider sitzt vor einer Sammlung mit Gesetzesblättern. Sie ist im zweiten Jahr ihrer Ausbildung zur Rechtsanwaltsgehilfin und hat einer Freundin versprochen ihr zu helfen. Die Freundin hat eine neue Wohnung und musste bei ihrer Nebenkostenabrechnung feststellen, dass sie die Grundsteuer übernehmen soll, die ihrer Meinung nach der Vermieter bezahlen müsste. Dagmar soll ihr sagen, ob das nach dem Mietrecht überhaupt zulässig ist.

C Gabriele Kastenmann, 20-jährige Systemelektronikerin aus Düsseldorf, blättert eine Computerzeitschrift durch. Sie tut das regelmäßig, schließlich möchte sie auf dem Laufenden bleiben.

D Peter Brüderle hat sich ein Buch über Indien in der Stadtbücherei ausgeliehen. Es handelt sich dabei um den Reisebericht eines irischen Pastors. Herrn Brüderles großer Traum ist es, irgendwann einmal selbst nach Indien zu reisen.

E Karl Blecher, Abteilungsleiter eines mittelständischen Unternehmens, sitzt vor einem Projektentwurf, den eine Arbeitsgruppe vorgelegt hat.

Kompetenzbereich 3 . Texte lesen und verstehen

Es geht dabei um den Plan, betriebliche Abläufe umzustrukturieren und teilweise zu automatisieren. Eine Umsetzung des Projekts wäre mit großem Aufwand und beträchtlichen Kosten verbunden. Die Geschäftsleitung erwartet von Herrn Blecher einen Bericht über die Pläne und eine Einschätzung der Chancen und Risiken, die mit ihnen verbunden sind.

F Claudia Biber, 17, macht sich große Sorgen um ihre Freundin Jeanette, die immer dünner wird. Claudia hat schon mehrfach bemerkt, dass sich Jeanette nach dem Essen übergibt. Claudia möchte wissen, was hinter Jeanettes Verhalten steckt und wie man ihr helfen kann. Sie setzt sich an den Computer und gibt in die Suchmaschine „Essstörungen" ein.

4) Verschaffen Sie sich einen Überblick über den folgenden Text. Suchen Sie dabei Lösungen für die beiden folgenden Aufgaben.
   a) Nennen Sie das Hauptthema des Artikels „Lesen lernen vor der Glotze".
   b) Entscheiden Sie, ob sich der Text für eine deutsche Schülerin eignet, die erfahren möchte, wie sie ihre Lese- und Lernleistungen verbessern kann.

Kompetenzbox

Diagonales Lesen

Man überfliegt den Text rasch, um sich einen Überblick zu verschaffen. Dabei behält man stets im Hinterkopf, was man eigentlich wissen möchte.
Besonders hilfreich für eine erste Orientierung sind oft die Überschrift, Angaben zu Autor/in und Quelle, Bildunterschriften und die Einleitung bzw. der erste Abschnitt eines Textes.

Kaja Grünthal – Lesen lernen vor der Glotze

Im internationalen Vergleich landeten die finnischen Schüler auf Platz eins. Die Deutschen nur unter ferner liefen. Ein Schulbesuch in Neukölln zeigt: Die Probleme sind ähnlich, das Schulsystem anders.

Die Finnen sind top, die Deutschen ein Flop. Zumindest auf die Lernerfolge von 15-Jährigen der beiden Länder trifft das zu. Das geht aus dem vor kurzem veröffentlichten internationalen Schulvergleich Pisa (Programme for International Student Assessment) hervor. Doch was unterscheidet deutsche und finnische Schulen so sehr, dass die hiesigen Teenager im internationalen Vergleich nicht einmal Mittelmaß sind?

Ich komme aus Finnland und besuche zurzeit Berlin. In meiner Heimatstadt Hyvinkää nahe bei Helsinki, ging ich 12 Jahre zur Schule. In Berlin habe ich nun zum ersten Mal eine deutsche Schule angeschaut.

Die Alfred-Nobel-Oberschule in Neukölln sieht aus wie eine gewöhnliche finnische Schule. Die Realschule liegt in einem Park. Drinnen hängen Kunstwerke der Schüler und Ehrenurkunden von Sportwettkämpfen.

„Guten Morgen!" Herr Knauf beginnt die Deutschstunde der Klasse 10 B. 29 Schüler sitzen in den Bankreihen. Die meisten von ihnen sind 15 Jahre alt, genau so alt wie die Teenager, die an der Pisa-Studie teilgenommen haben. Warum haben deutsche Schüler so schlecht abgeschnitten? Viele melden sich, erst die Mädchen, dann auch Jungen.

„In Deutschland muss man sich nicht kümmern. Man bekommt Geld, obwohl man arbeitslos wird. Ist das in Finnland auch so?", fragt eine. Ja, ähnlich.

„In Büchern ist die Sprache ganz anders als die, die man auf der Straße spricht. Der Satzbau und

Kompetenzbereich 3 . Texte lesen und verstehen

sogar die Wörter sind anders. Deutsche Grammatik ist sehr kompliziert. Wie ist die finnische Grammatik?" Auch kompliziert.

Die Jugendlichen reden durcheinander: In der Schule liest man keine interessanten Bücher. Die Klassen sind zu groß. Lehrer und Eltern sind nicht streng genug. Und die Schüler selbst sind faul. Ihnen gefallen Fernsehen und Computerspiele mehr als Bücher.

Das ist in Finnland nicht anders. Doch kein Finne kann ausländische Filme gucken, ohne lesen zu können. Die Schauspieler sprechen in ihrer Sprache, Finnisch sind nur die Untertitel. Noch beliebter als das Fernsehen sind Computer und neue Medien. In keinem Land gibt es so viele Internetanschlüsse oder Handys pro Einwohner wie in Finnland. Alle Kinder bekommen in der Schule eine E-Mail-Adresse. Abends sitzen sie zu Hause vor den Computern. Und die Eltern sind auch nicht besser. In Finnland lassen sich rund die Hälfte aller Ehepaare scheiden, in Deutschland nur ein Drittel.

Erst Lehrer Knauf beweist mit einigen Fragen an seine Klasse, dass ich nicht in einer finnischen Schulklasse gelandet bin. „Wie viele von euch sind seit dem siebten Schuljahr gemeinsam in einer Klasse geblieben?" Zehn von 29 melden sich. „Wer hat eine Klasse wiederholt?" Neun. „Wer kommt von einem Gymnasium?" Vier strecken die Arme.

In Finnland sind die ersten neun Schuljahre für alle gleich. Diese Ewigkeit nennen wir „Grundschule". Mit sieben Jahren wird man eingeschult. Die ersten zwei Jahre gibt es einen Lehrer, vor dem alle Achtung haben. Doch niemand siezt ihn. In Finnland wird überhaupt fast niemand gesiezt. Die nächsten vier Jahre bleiben die Kinder im selben Schulgebäude, aber mit einem neuen Lehrer, vor dem alle nicht mehr so viel Achtung haben. Nur die erste Fremdsprache, meistens Englisch, und Handwerk werden von zwei Fachlehrern unterrichtet. Die drei letzten Grundschuljahre lernt man dann in einem neuen Gebäude und bei vielen Speziallehrern. Fast niemand hat mehr Respekt vor den Lehrern. Schwedisch als zweite und eine dritte freiwillige Fremdsprache kommen hinzu.

Am Ende der Grundschule sind alle 15 bis 16 Jahre alt. Fast niemand ist sitzen geblieben. Eine Hälfte geht für drei Jahre aufs Gymnasium, die andere Hälfte besucht Berufs- und Fachschulen, manche gehen auch arbeiten. Einige besuchen aber noch die 10. Klasse, um einen höheren Abschluss zu bekommen. Diesen Zweig nennen wir etwas spöttisch „Abfallklasse".

Das finnische Schulsystem wurde in den 70er-Jahren reformiert. Damals wurde das Gleichheitsprinzip aus Schweden übernommen. Der obersten Schulbehörde wurde aber vorgeworfen, sie wolle das DDR-System nach Finnland importieren. Alle Schüler werden nun neun Jahre lang gemeinsam unterrichtet, unabhängig von ihrer Begabung. Anfang der 90er-Jahre folgte eine zweite Reform. Das Gleichheitsprinzip blieb, neu war die Dezentralisierung. Schulen und Schüler können etwas mehr wählen.

Auf dem Pult des Lehrers der 10 B der Alfred-Nobel-Oberschule liegt die Süddeutsche Zeitung. „Ich nehme keine Namen auf", verspricht Lehrer Knauf: „Wenn ihr jetzt ganz ehrlich seid, wie viele von euch haben Schwierigkeiten, den Text in der Zeitung zu verstehen?" Zwölf strecken die Arme. Hier stimmt das Ergebnis der Pisa-Studie.

Doch auch die Finnen konnten die Top-Resultate der Pisa-Untersuchung nicht richtig genießen. Denn gleichzeitig fanden finnische Wissenschaftler das Gegenteil heraus: Unsere Schüler lesen und schreiben immer schlechter. Jetzt wird diskutiert: Ist die Pisa-Untersuchung falsch? Oder begegnen die Finnen den Resultaten bescheiden mit einer typisch finnischen Einstellung: Wir sind nichts.

Die Glocke klingelt in der Alfred-Nobel-Oberschule. Anderthalb Stunden haben die Schüler über das Lesen gesprochen. Die Finnen können besser lesen, die Deutschen besser sprechen. Die Schüler der 10 B haben eifrig, klar und gründlich argumentiert. In einer finnischen Klasse habe ich erlebt, wie ein ausländischer Gast etwas fragt – und die ganze Klasse schweigt.

taz Berlin lokal, 17.12.2001

 Kompetenzbereich 3 . Texte lesen und verstehen

5) Lösen Sie mithilfe der Technik des punktuellen Lesens die folgenden Aufgaben I, II und III möglichst rasch.

> **Kompetenzbox**
>
> **Punktuelles Lesen**
>
> Man geht schnell durch den Text und sucht ein Schlüsselwort, um die richtige Textpassage zu finden (Bei Frage I. z. B. wäre das Schlüsselwort entweder „Grundschule" oder die Verbindung Zahl + „Jahre"). Dabei versucht man nicht, den Text inhaltlich ganz zu erfassen. Erst wenn man beim „Scannen" fündig geworden ist, liest man die Textstelle, um die gesuchte Information zu erhalten.

I. Wie lange dauert in Finnland die Grundschule?
   a) 4 Jahre
   b) 6 Jahre
   c) 9 Jahre

II. Die Schüler/innen der Klasse 10 B nennen verschiedene Gründe dafür, dass die deutschen Teilnehmer/innen an der Pisa-Studie so schlecht abgeschnitten haben. Zählen Sie fünf dieser Erklärungen auf.

III. Ermitteln Sie, ob die folgenden Aussagen gemäß dem Text richtig oder falsch sind.
   a) Kaja Grünthal besuchte ein Gymnasium in Berlin.
   b) Der Deutschlehrer der Klasse 10 B heißt Knauf.
   c) In Finnland gibt es keine staatliche Unterstützung für Arbeitslose.
   d) Die Grammatik des Finnischen ist wesentlich einfacher als die des Deutschen.
   e) In Finnland lassen sich nur halb so viele Ehepaare scheiden wie in Deutschland.
   f) In den ersten neun Schuljahren werden in Finnland nur sehr wenige Schüler/innen nicht versetzt.

6) Verwenden Sie die Technik des intensiven Lesens und lösen Sie die Aufgaben IV–VI.

> **Kompetenzbox**
>
> **Intensives Lesen**
>
> Man arbeitet den gesamten Text gründlich durch. Ausgehend von der so erreichten Einschätzung des Gesamttextes konzentriert man sich dann auf einzelne Gesichtspunkte, um das Verständnis zu vertiefen. Dazu muss man Informationen verbinden, die an verschiedenen Stellen des Textes zu finden sind, Schlüsse aus dem ganzen Text ziehen, „zwischen den Zeilen" lesen, Zusammenhänge interpretieren usw.

IV. Beurteilen Sie, ob die folgenden Aussagen dem Text entsprechen.
   a) Die Hälfte der Schüler/innen der Klasse 10 B hat Schwierigkeiten, einen Artikel aus der Zeitung zu verstehen.
   b) Herr Knauf weiß nichts von diesen Schwierigkeiten seiner Schüler/innen.
   c) Kaja Grünthal verachtet die deutschen Schüler/innen wegen dieser Schwierigkeiten.
   d) Die Autorin ist der Meinung, dass die deutschen Schüler/innen finnischen Schüler/innen teilweise überlegen sind.

V. Ermitteln Sie, welche Bedeutung die folgenden Aussagen im Textzusammenhang haben.
   a) Erst Lehrer Knauf beweist mit einigen Fragen an seine Klasse, dass ich nicht in einer finnischen Schulklasse gelandet bin.
   b) „Ich nehme keine Namen auf", verspricht Lehrer Knauf.

VI. Stellen Sie dar, wie die Autorin die Erklärungsversuche der deutschen Schüler/innen für das schlechte Abschneiden Deutschlands bei Pisa beurteilt.

Kompetenzbereich 3 . Texte lesen und verstehen

Verständnishürden meistern – fehlende Sachkenntnisse

Fehlende Sachkenntnisse

- Vorausgesetztes Wissen
- Sachverhalte, Theorien etc.
- Anspielung auf Ereignisse
- Namen von Personen

Sprachliche Schwierigkeiten

schwierige Wörter
Satzbau
unklarer Aufbau
zu wenig anschaulich

Kompetenzbox

Diagonales Lesen

Beim Lesen eines schwierigen Textes ist es besonders wichtig, dass man sich zunächst einmal klar macht, welches Leseziel man hat. Dann sollte man einen solchen Text erst einmal diagonal lesen, um einen Überblick zu bekommen. Dabei werden die schwierigen Stellen zunächst einfach übersprungen. Meist gelingt es dennoch, die Kernaussage eines Textes zu verstehen und zu erkennen, ob man sich mit diesem Text genauer beschäftigen sollte.

1) Erläutern Sie den linken Teil der Grafik mithilfe von Beispielen.

2) **Situation:**
Sie haben die Aufgabe, für Ihre Klasse eine Mappe mit Materialien zum Thema Lese- und Lernschwierigkeiten zusammenzustellen. Bei der Suche stoßen Sie auf den Text „Ich, der Finne".

a) Stellen Sie aufgrund der Überschrift eine Vermutung an, womit sich der Text wohl befasst.
b) Überprüfen Sie Ihre Vermutung am Text. Beachten Sie dabei die Hinweise zum diagonalen Lesen.

Ich, der Finne

Vor einem Jahr dachte man beim Stichwort Finnen noch an Kaurismäki, Alkohol, das *Mädchen in der Streichholzfabrik*, Alkohol. Dann kam Pisa. der Schock war nachhaltig. Heute möchten die
5 Deutschen sein wie die Finnen: blitzgescheit.
Zum Glück gibt es, solange die deutsche Schule nicht so weit ist, passende Instrumente, um trotz widrigster Umstände Finne zu werden. Man kauft sich *Bildung – Alles, was man wissen muss*, zwei
10 Bände *Alles, was ich wissen will* oder *Die andere Bildung. Was man von den Naturwissenschaften wissen sollte.* Dazu eines der Spiele zur Sendung mit dem Jauch. […]
Das Prinzip lautet: Lernen durch Tests. Gefragt
15 wird nach der Bedeutung von Pumpernickel, nach Klee, Paul Klee und Udo Jürgens: „Wer wird bekannt mit dem Schlager *Merci, Chérie*?". In der „Wissens-Rallye" schlage ich mich mit Gehörknöchelchen, Smutje und Grönemeyer rum. In den „Jahrhundertfragen" sind Fidel Castro, das 20 Todesjahr von Lady Di und das Bosman-Urteil gefragt. Am Ende bin ich matt. Aber ich habe 3000 Fragen beantwortet und Erstaunliches erfahren: Deutschland hat sein allererstes Fußballländerspiel verloren. 3:5 gegen die Schweiz! 25
Wenn man in der Hunderte Seiten umfassenden Fragenorgie allerdings bloß zu den Lösungen schielt, ohne sich in die empfohlenen Lexikontexte zu vertiefen, ergeben die Puzzlesteine ein höchst fragiles Bildungsgebäude. Denn gelesen heißt nicht gespei- 30 chert. Hängen bleibt nur, was berührt.

DIE ZEIT, 21.11.2002

Kompetenzbereich 3 . Texte lesen und verstehen

3) Bestimmen Sie, worin im Einzelnen die Verständnishürden bestehen:
   a) Gehen Sie den gesamten Text durch und schreiben Sie alle Begriffe, Namen etc. heraus, die Sie nicht kennen.
   b) Erschließen Sie aus dem Zusammenhang, was sich hinter diesen schwierigen Begriffen, Namen etc. verbergen könnte.
   c) Entscheiden Sie dann, ob es für ein Verständnis des Textes erforderlich ist, die Bedeutung der schwierigen Stelle weiter zu klären.

a) Schwierige Stelle	b) Erschließung der Bedeutung aus dem Zusammenhang (Kontext)	c) Weitere Klärung erforderlich?
Kaurismäki	berühmter Finne	nein

4) Entscheiden Sie, welche Möglichkeiten (Nachschlagewerke, Internet usw.) Sie jeweils wählen, wenn Sie die Begriffe, Namen etc. klären wollen.

5) Überprüfen Sie, ob Sie den Text verstanden haben. Lösen Sie dazu die folgenden Aufgaben I–IV.
   I. „Zum Glück gibt es (…) passende Instrumente, um (…) Finne zu werden." (Zeile ?)
      Kreuzen Sie an, was mit dieser Aussage gemeint ist:
      a) Mithilfe von Wissenstrainern kann man alles über Finnland erfahren.
      b) Durch das Internet ist es einfach, Kontakt mit Finnen zu pflegen.
      c) Man kann Bücher usw. kaufen, um so gebildet zu werden wie die Finnen.

   II. „Wer wird bekannt mit dem Schlager Merci, Chérie?" (Zeile ?)
       Kreuzen Sie an, welche Funktion diese Frage im Text hat.
       a) Beispiel für eine Frage, die selbst Finnen nicht beantworten können.
       b) Beispiel für eine Frage, die in den gekauften Wissenstests gestellt wird.
       c) Beispiel für eine Frage, die der Autor in den gekauften Wissenstests vermisst.

   III. „Denn gelesen heißt nicht gespeichert." (Zeile ?) Kreuzen Sie an, was mit dieser Aussage gemeint ist.
        a) Wenn man die Antworten der Tests liest, kann man sie sich noch lange nicht merken.
        b) Man sollte die Antworten erst speichern (Sicherungskopie), dann lesen.
        c) Man sollte mit dem Computer lernen.

   IV. Schreiben Sie auf, zu welchem abschließenden Urteil der Autor kommt.

6) Bei Ihrer Suche nach Material für Ihre Klasse stoßen Sie im Internet auf die nebenstehenden Informationen zum Thema „Neurobiologie von Lernen und Gedächtnis".
   a) Bestimmen Sie, an welche Zielgruppe sich dieser Text vermutlich richtet.
   b) Beurteilen Sie, ob er für Ihren Zweck geeignet ist.

Neuronale Mechanismen des Lernens

Lernprozesse beruhen auf aktivitätsabhängigen Veränderungen der Wechselwirkungen zwischen Neuronen, wobei synaptische Verbindungen zwischen Neuronen entweder
5 verstärkt oder abgeschwächt werden. In der Regel bedarf es zur Einprägung von Gedächtnisengrammen der gleichzeitigen Änderung der Koppelungen zwischen sehr vielen Neuronen, die je nach Lerninhalt eng benachbart,
10 aber auch weit verstreut liegen können …

www.mckinsey-bildet.de

Kompetenzbereich 3 . Texte lesen und verstehen

Verständnishürden meistern – sprachliche Schwierigkeiten

Fehlende Sachkenntnisse
- Vorausgesetztes Wissen
- Sachverhalte, Theorien etc.
- Anspielung auf Ereignisse
- Namen von Personen

Sprachliche Schwierigkeiten
- schwierige Wörter
- Satzbau
- unklarer Aufbau
- zu wenig anschaulich

1) Finden Sie jeweils Beispiele für die sprachlichen Schwierigkeiten, die im rechten Teil der Grafik genannt werden.

2) Zählen Sie Situationen auf, in denen es beim Lesen eines Textes auf ein detailliertes und genaues Verständnis ankommt.

3) **Situation:**
Ihre Chefin, die einen Vortrag zum Thema „Die Lernkultur der Zukunft" vorbereitet, hat Ihnen den Auftrag gegeben, den folgenden Text für sie zu lesen und ihr zu sagen, wie sich dieser Autor die Lernkultur der Zukunft vorstellt.

Lesen Sie zunächst den ganzen Text durch und notieren Sie in einem oder zwei Sätzen, was Sie für den wesentlichen Inhalt des Textes halten.

Soziales Lernen als Element einer neuen Lernkultur

1. Die Notwendigkeit sozialen Lernens
Der voraussehbare Rückgang der Beschäftigungsmöglichkeiten von Un- und Angelernten, neue Informations- und Kommunkationstechnologien, globaler Wettbewerb und Konkurrenz – all diese vom FORUM BILDUNG benannten Veränderungen in Gesellschaft und Wirtschaft werden neben Gewinnern auch Verlierer produzieren. Und die Frage an alle wird sein, wie sie mit den Menschen in ihrer Mitte umgehen, die aus welchen Gründen auch immer bei diesem Wandel nicht mitkommen. Das Erlernen sozialverpflichteter Haltungen wird daher für die Qualität unserer Gesellschaft und die Bestandssicherung des Gemeinwesens immer wichtiger werden. Den Umgang mit den neuen Technologien und Medien, welche die gegenwärtige pädagogische Landschaft verändern, wird man lernen und pädagogisch in absehbarer Zeit bewältigen. Die pädagogische Herausforderung, wie Menschen lernen, sozialverpflichtet zu handeln, bleibt. Soziales Lernen ist die pädagogische Aufgabe der Zukunft. Darunter verstehen wir insbesondere den Umgang mit dem Fremden, Solidarität, Kommunikation und Kooperation auch mit den Menschen, die im Sinne der gesellschaftlichen oder wirtschaftlichen Verrechenbarkeit scheinbar ‚nichts' (mehr) bringen. Soziales Lernen muss daher ein Element in der Skizze einer neuen Lern- und Lehrkultur sein. Dies soll freilich nicht so verstanden werden, als solle durch pädagogische Interventionen die Entwicklung der Moderne, die Enttraditionalisierung und Individualisierung der Lebensentwürfe und die damit einhergehende individualistische Moral einfach rückgängig gemacht werden. Das wäre schlichtweg weltfremd und auch nicht die Aufgabe der Schule …

Lothar Kuld: Neue Lern- und Lehrkultur, Forum Bildung 2001, S. 148

Kompetenzbereich 3 . Texte lesen und verstehen

4 a) Schreiben Sie die Wörter heraus, deren Bedeutung Ihnen nicht klar ist, und versuchen Sie die jeweilige Bedeutung herauszufinden.

b) Entscheiden Sie, welche der folgenden Wörterbucheinträge den Sinn des Textes verständlich machen.

Ge|mein|we|sen, das; -s, - (Gemeinde[verband], Staat als öffentlich-rechtliches Gebilde)
glo|bal <lat.> (auf die ganze Erde bezüglich; umfassend; allgemein)
in|di|vi|du|a|li|sie|ren <franz.> (das Besondere, Eigentümliche hervorheben)
in|di|vi|du|a|lis|tisch (nur das Individuum berücksichtigen; das Besondere, Eigentümliche betonend)
In|ter|ven|ti|on, die; -, -en <lat.> (Vermittlung; staatliche Einmischung in die Angelegenheiten eines fremden Staates; Eintritt in eine Wechselverbindlichkeit)
Kom|mu|ni|ka|tion, die; -, -en (Verständigung untereinander; Verbindung, Zusammenhang)
Ko|o|pe|ra|ti|on, die; -, -en <lat.> (Zusammenarbeit)
Kul|tur|beu|tel (Beutel für Toilettensachen)
Me|di|en *Plur.* (Trägersysteme zur Informationsvermittlung [z.B. Presse, Hörfunk, Fernsehen])
pä|d|a|go|gisch (erzieherisch)
So|li|da|ri|tät, die; - (Zusammengehörigkeitsgefühl, Gemeinsinn)
so|zi|al (die Gesellschaft, die Gemeinschaft betreffend, gesellschaftlich; gemeinnützig, wohltätig)
Tech|no|lo|gie, die; -, ...ien (Gesamtheit der techn. Prozesse in einem Fertigungsbereich; techn. Verfahren; *nur Sing.:* Lehre von der Umwandlung von Rohstoffen in Fertigprodukte)
Tra|di|ti|on, die; -, -en (Überlieferung; Herkommen; Brauch)

---

5 Versuchen Sie die Bedeutung der Wörter, die Sie nicht im Wörterbuch finden, zu erschließen, indem Sie sie die Bedeutung ihrer Bestandteile ermitteln.
Beispiel:
*Ent – **tradition** – alisierung = Abkehr vom bisher Üblichen).*

6 Machen Sie sich die inhaltlichen Verknüpfungen im Text deutlich, indem Sie (auf einer Kopie) Schlüsselwörter unterstreichen und am Rand den Gedankengang des Textes skizzieren.
Beispiel:

Text

Der voraussehbare Rückgang der Beschäftigungsmöglichkeiten von Un- und Angelernten, neue Informations- und Kommunikationstechnologien, globaler Wettbewerb und Konkurrenz – all diese vom FORUM BILDUNG benannten Veränderungen in Gesellschaft und Wirtschaft werden neben Gewinnern auch Verlierer produzieren.

Rand für Anmerkungen

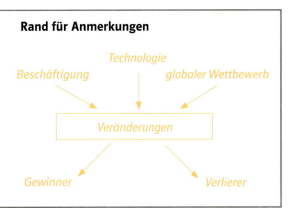

Projektbörse

Texte lesen und verstehen

Leseolympiade

Veranstalten Sie Wettbewerbe in verschiedenen Disziplinen, z. B. diagonales Lesen (Die Kernthematik von drei Texten muss möglichst schnell bestimmt werden), punktuelles Lesen mit der Stoppuhr (5 Einzelinformationen müssen möglichst rasch herausgefiltert werden), rasches Vorlesen ohne Versprecher, besonders gefühlvolles, spannendes, dramatisches Vorlesen usw.

Texte verunstalten

Experimentieren Sie mit einem kurzen, einfachen Text. Überprüfen Sie, wie viel „Verunstaltung" (Weglassen von Buchstaben, Wörtern oder Einfügen von falschen Zeichen) der Text verträgt, bis er völlig unverständlich wird.
Beispiel:
Axch wxxn Bxchxtaxen fexlen, kxxn mxn xmmxr noxh vxrsxehxn, wxs gexeixt ixt!

Stellen Sie die Veränderungen auf einer Wandzeitung dar.

CD-ROM zum Lesetraining erstellen

Sammeln Sie Texte (zum Beispiel aus dem Internet), die Sie mit einem Textverarbeitungsprogramm verändern können.
- Bereiten Sie diese Texte so auf, dass sie als Material für das Lesetraining verwendet werden können.
  - Lassen Sie einen Namen und/oder eine Zahl (Mengenangabe, Jahreszahl) in einem Text suchen (mit Zeitvorgabe).
  - Verstecken Sie in Ihrem Text einen falschen Absatz/einen falschen Satz/ein falsches Wort. Der Fehler muss gefunden werden.
  - Verändern Sie die Reihenfolge der Absätze. Die richtige Reihenfolge muss wiederhergestellt werden.
  - Lassen Sie die Gliederung in Abschnitte verschwinden. In diesem fortlaufenden Text sollen nun Sinnabschnitte markiert werden.
  - Lassen Sie für einzelne Absätze Überschriften finden.
  - Geben Sie mehrere Kernbegriffe vor (z. B. in einem Text über Fußball: *Elfmeter, Abseits, Torwart, Schiedsrichter*). Lassen Sie diese Begriffe im Text markieren oder zählen.
  - Stellen Sie Verständnisfragen.
  - Erstellen Sie einen Lückentext, der sich auf die Inhalte des Textes bezieht (Wenn der angreifende Spieler im .... ge......... wird, gibt es einen ....).
- Brennen Sie das Material auf eine CD.

Verschlüsselt kommunizieren

Informieren Sie sich über Geheimschriften, Verschlüsselungstechniken, Blindenschrift, Gebärdensprache usw.
- Stellen Sie möglichst anschaulich dar, wie die jeweilige Technik funktioniert, wo und wie sie angewendet wird oder wurde und welche Anforderungen sie an die „Leser/innen" stellt.
- Stellen Sie Ihre Ergebnisse so vor, dass sie für das Publikum übersichtlich und möglichst interessant sind.

Lesenacht/Leseparty

Veranstalten Sie eine Lesenacht/Leseparty. Bereiten Sie verschiedene Aktivitäten vor, die sich alle um Bücher und das Lesen drehen.
Möglichkeiten:
- Bücherbasar
- Sammeln Sie Textauszüge zu speziellen Themen (etwa Essen, Liebe, Köln usw.) und stellen Sie sie vor.
- Lesen Sie ein Theaterstück mit verteilten Rollen.
- Versuchen Sie, Leserekorde aufzustellen (Lektüre eines Buchs in einer Nacht usw.).

Kompetenzbereich 4: Inhalte wiedergeben

Arten der Textwiedergabe

Antonia hat mir gerade etwas erzählt. Pass auf: Ein Mann steigt in ein Taxi. „Goethestr. 13", sagt er. Der Taxifahrer schaltet den Zähler ein, fährt los und macht nach einer Weile das Radio an. Ziemlich laut. Er redet kein Wort. Der Fahrgast denkt sich nichts dabei, schließlich kommt es häufiger vor, dass Taxifahrer schweigsam sind. Jetzt beginnt der Fahrer lauthals mitzusingen: „Strangers in the night …" Während er noch singt, greift er zu einer Zigarette, steckt sie in den Mundwinkel und zündet sie an. Der Fahrgast klopft dem Fahrer vorsichtig auf die Schulter. Der Fahrer zuckt heftig zusammen, legt eine Vollbremsung hin, reißt die Tür auf, wirft die Zigarette weg und rennt, so schnell er kann. Nach 50 Metern bleibt er stehen, wischt sich den Schweiß von der Stirn und kehrt zum Wagen zurück. „Tut mir leid, wenn ich Sie erschreckt habe", sagt der Fahrgast, peinlich berührt, „ich wollte nur Feuer von Ihnen haben." „Ach, wissen Sie", antwortet der Taxifahrer, „das ist nicht so schlimm. Es ist nur die Umstellung. Bis letzte Woche habe ich einen Leichenwagen gefahren."

Antonia hat vorhin eine skurrile Geschichte erzählt. Es geht um das seltsame Benehmen eines Taxifahrers. Er beachtet seinen Fahrgast gar nicht und als dieser ihm auf die Schulter klopft, erschrickt er furchtbar, bremst und rennt weg. Der Fahrer erklärt sein Verhalten dann damit, dass er bisher Leichenwagenfahrer gewesen sei und sich an die neue Situation als Taxifahrer noch nicht gewöhnt habe.

1) Nennen Sie die Unterschiede zwischen diesen beiden Texten.

2) Vergleichen Sie die jeweilige Wirkung auf die Zuhörer/innen.

Inhalte aus Büchern und Filmen wiedergeben

J.J.R. Tolkien, Der Herr der Ringe, 3 Bände + Anhänge und Register, ca. 1350 Seiten

1) Die Textwiedergabe auf Seite 28 fasst den Inhalt von Tolkiens Werk „Der Herr der Ringe" in wenigen Zeilen zusammen.
Kürzen Sie die Textwiedergabe noch weiter.

2) a) Notieren Sie Situationen, in denen eine Textwiedergabe von Tolkiens Roman erforderlich ist.
b) Legen Sie fest, wie ausführlich die Textwiedergabe in der jeweiligen Situation sein muss, um ihre Aufgabe zu erfüllen.

Kompetenzbereich 4 . Inhalte wiedergeben

Gandalf: guter Zauberer, der Frodo hilft
Saruman: böser Zauberer, Gefolgsmann Saurons
Frodo, Sam, Pippin, Merry: Hobbits
Boromir, Streicher: Menschen, die Frodo helfen
Glorfindel: Elb

Inhaltswiedergabe:
Tolkiens dreibändiger Roman „Der Herr der Ringe" erschien 1954/55. Er führt die Leser/innen in ein Fantasiereich, das viele ungewöhnliche Geschöpfe beherbergt, unter anderem die friedvollen Hobbits und die äußerst bösartigen Orks. In uralten Zeiten sind in diesem Reich die Ringe der Macht hergestellt worden, von denen jeder seinem Träger ein langes Leben und Zauberkraft verleiht. Insgeheim hat Sauron, der dunkle Herrscher von Mordor, tief im Inneren des Schicksalsberges mit seinem eigenen Blut und seiner Lebenskraft einen Herrscherring geschmiedet, der über alle anderen Ringe gebieten kann. Nach langer, langer Zeit fällt dieser Ring zufällig Bilbo Beutlin, einem Hobbit, in die Hände. Der Ring verleiht Bilbo ein langes Leben. An seinem 111. Geburtstag verschwindet Bilbo und hinterlässt seinem jungen Neffen Frodo den Ring der Macht. Für Frodo ergibt sich daraus eine gefährliche Aufgabe: Er soll eine lange Reise antreten, tief in das Land Mordor hinein. Nur dort in den Tiefen des Schicksalsberges, wo er einst geschmiedet wurde, kann der Ring wieder zerstört werden. Die Zerstörung des Rings ist die einzige Möglichkeit, um die Mächte der Finsternis in die Schranken zu weisen. Frodo wird bei dieser schwierigen und gefährlichen Aufgabe von mehreren Gefährten unterstützt, einem Zauberer, einem Zwerg, einem Elben und mehreren Menschen und Hobbits. Nach vielen gefährlichen Abenteuern gelingt es schließlich, den Ring zu zerstören.

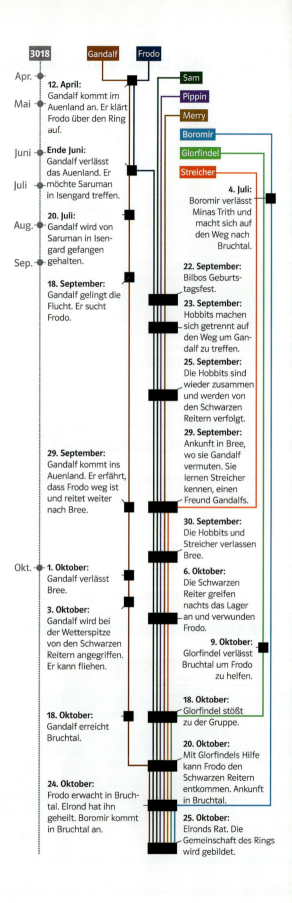

Kompetenzbereich 4 . Inhalte wiedergeben

3) Lesen Sie den folgenden Auszug aus Tolkiens Werk und ordnen Sie ihn mithilfe der Zeittafel in den Handlungsverlauf ein (Zeitpunkt, beteiligte Personen usw.).

»Pssst!«, machte Streicher. »Was ist das?«, keuchte Pippin im gleichen Moment.

Über den Rand der kleinen Mulde, wie sie mehr spürten als sahen, erhob sich auf der vom Berg abgewandten Seite ein Schatten – einer oder mehrere. Sie strengten ihre Augen an und die Schatten schienen zu wachsen. Bald konnte kein Zweifel mehr sein: drei oder vier große schwarze Gestalten standen da auf dem Hang und blickten auf sie herab. So schwarz waren sie, dass sie wie schwarze Löcher in die Dunkelheit dahinter geschnitten zu sein schienen. Frodo glaubte ein leises Zischen giftigen Atems zu hören und spürte eine scharfe, durchdringende Kälte. Dann kamen die Gestalten langsam näher.

Entsetzt warfen Pippin und Merry sich flach zu Boden; Sam drückte sich an Frodos Seite. Frodo, kaum weniger verstört als die andern, zitterte wie vor bitterer Kälte; doch seine Angst ging über in das plötzliche Verlangen, den Ring aufzustecken. So heftig packte es ihn, dass er an nichts anderes mehr denken konnte. Weder das Hügelgrab noch Gandalfs Ermahnung hatte er vergessen; aber irgendetwas zwang ihn offenbar, alle diese Warnungen zu missachten, und er wünschte sehnlichst dem Zwang zu gehorchen. Nicht in der Hoffnung zu entkommen oder im Guten oder Bösen etwas zu bewirken: einfach so, weil es sein musste, dass er jetzt den Ring nahm und auf den Finger streifte.

Sprechen konnte er nicht. Er merkte, dass Sam ihn ansah, als wisse er, dass sein Chef tief in Not sei; aber um den konnte er sich jetzt nicht kümmern. Er schloss die Augen und wehrte sich noch ein wenig, aber der Widerstand wurde unerträglich, und zuletzt zog er langsam die Kette aus der Tasche und steckte den Ring auf den Zeigefinger der linken Hand.

Sofort, obwohl alles andere trüb und dunkel blieb, wie es war, erschienen die Gestalten vor ihm in furchtbarer Deutlichkeit. Durch ihre schwarzen Hüllen konnte er hindurchsehen. Es waren fünf lange Kerle: Zwei blieben am Rand der Mulde stehen, drei kamen näher. In ihren bleichen Gesichtern glühten die Augen stechend und gnadenlos. Unter den Mänteln trugen sie lange graue Hemden, auf dem grauen Haar silberne Helme, in den knochigen Händen Schwerter von Stahl. Ihre Blicke trafen und durchbohrten ihn, als sie auf ihn zustürmten. In seiner Verzweiflung zog auch er sein Schwert, und ihm war, als sähe er es rot flackern wie ein brennendes Holzscheit. Zwei von den dreien blieben stehen. Der Dritte war größer als die anderen; sein Haar war lang und schimmernd und auf dem Helm trug er eine Krone. In der einen Hand hielt er ein langes Schwert, in der anderen ein Messer; und sowohl das Messer als auch die Hand, die es hielt, glommen mit einem fahlen Schein. Er sprang vor und stürzte sich auf Frodo.

Im gleichen Moment warf Frodo sich nach vorn zu Boden. Er hörte die eigene Stimme, wie er laut ausrief: *O Elbereth! Gilthoniel!*[1] Gleichzeitig schlug er nach den Füßen des Feindes. Ein schriller Aufschrei gellte durch die Nacht; und er spürte einen Schmerz, als ob ein Pfeil von vergiftetem Eis seine linke Schulter durchbohrte. Als er die Besinnung verlor, sah er noch wie durch wirbelnde Nebelschleier Streicher aus dem Dunkeln hervorspringen, ein flammendes Holzscheit in jeder Hand. Frodo ließ sein Schwert fallen. Mit einer letzten Anstrengung zog er sich den Ring vom Finger und umschloss ihn fest in der rechten Hand.

Tolkien, J.R.R.: Der Herr der Ringe. Bd. 1,
Klett-Cotta, Stuttgart, S. 258 ff.

[1] Worte aus einem alten Lied der Elben

Kompetenzbereich 4 . Inhalte wiedergeben

4 Schreiben Sie eine Inhaltsangabe. Beachten Sie die Kompetenzbox unten.
Sie können so beginnen:
In dem vorliegenden Auszug aus ... [Name des Autors, Textsorte, Titel des Werkes] wird erzählt, wie ... [Hauptpersonen in der Szene], die ... [knappe Einordnung in den Gesamtzusammenhang], nachts ... [wichtigste Vorgänge in der Szene]. Frodo und seine Gefährten bemerken, dass ... [wichtigste Ereignisse, kurz, der Reihe nach].

Kompetenzbox

 Inhalte von literarischen Texten und Filmen wiedergeben

Aufbau
- Einleitung:
  – Autor/in, Titel, Textsorte, Erscheinungsort und -jahr nennen
  – Informieren, worum es in dem Text geht (Thema)
- Das Wichtigste vom Anfang bis zum Ende des Textes in eigenen Worten wiedergeben

Zeitform
Präsens (Gegenwart), Vorzeitiges: in der Regel im Perfekt (vollendete Gegenwart)

Sprache
Sachlich,
keine wörtliche Rede,
keine wörtlichen Übernahmen aus dem Text

Hinweis
Bei einem Textauszug müssen unter Umständen mit wenigen Worten zusätzliche Informationen über die vorangegangenen Ereignisse und über die handelnden Personen geliefert werden, damit sich die Leser/-innen orientieren können.

5 **Situation:**
Josip Meier, 16, erzählt seinem Klassenkameraden Carlos morgens in der S-Bahn von der Verfilmung von „Der Herr der Ringe".

Und dann voll die krasse Szene. Weißt du, die sitzen da so rum, und plötzlich: „Ey, was geht?" Die Reiter von allen Seiten. Voll übel. Ganz schwarz und so. Und voll die langen Schwerter. Und Frodo und die anderen: Zitter, Zitter. *(Josip hält zitternd vor dem Körper ein imaginäres Schwert in beiden Händen.)* Und Frodo dann am Boden mit dem Ring. *(Josip zieht einen imaginären Ring über den Ringfinger.)* Und der Reiter mit dem Dolch voll Buahh! Auf Frodo. *(Josip sticht zu.)* Und der voll AAHH! *(Josip greift sich mit schmerzverzerrtem Gesicht an die Schulter.)* Und da kommt Streicher. Mit dem brennenden Stock. Und der voll so. *(Josip dreht seinen Oberkörper und macht heftige schlagende Bewegungen.)* Und die Reiter voll BUAMM. Alles voller Feuer! Total geil!

a) Beschreiben Sie, wie Josip Meier diese Szene wiedergibt.
b) Beurteilen Sie, in welchen Situationen eine derartige Wiedergabe passend bzw. unpassend ist.

Kompetenzbereich 4 . Inhalte wiedergeben

Gespräche und Sachtexte wiedergeben

1) Situation:
Annette W. hat sich von ihrem 17-jährigen Sohn überreden lassen, die Verfilmung von „Der Herr der Ringe" anzusehen. Am nächsten Tag spricht sie mit ihrem Kollegen Ulrich N.

Geben Sie das folgende Gespräch wieder. Beachten Sie dabei die Hinweise in der Kompetenzbox.

Ulrich N.: Ich habe gehört, du warst im Kino. „Der Herr der Ringe" ist doch toll, findest du nicht?
Annette W.: Ich verstehe überhaupt nicht, was man an diesem primitiven Machwerk finden kann. Das ist doch nichts anderes als so ein Kung-Fu-Film. Ununterbrochen wird gekämpft. Dann reitet mal einer über eine grüne Wiese und dann wird wieder gekämpft: Das ist dumm und fantasielos. Was soll denn das?
Ulrich N.: Wirklich? So habe ich den Film nicht in Erinnerung.
Annette W.: Außerdem sind die Schauspieler schlecht. Wenn ich diesen Frodo sehe, wie er mit seinen großen Augen blöde in die Welt glotzt, dann weiß ich schon alles. Oder dieser weise Zauberer mit seinem wallenden Bart. Also ich finde an diesem Film gar nichts. Wahrscheinlich muss man ein Mann sein, um mit Vergnügen zu sehen, wie irgendwelche Helden pausenlos mit ihren langen Schwertern auf widerwärtige Monster einstechen. Mir jedenfalls ist jeder Fernsehfilm mit einer Liebesgeschichte zehnmal lieber als dieser Mist.

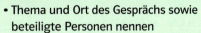

Gespräche und Sachtexte wiedergeben

Aufbau
- Thema und Ort des Gesprächs sowie beteiligte Personen nennen
- Evtl. Textquelle aufführen
- Kernaussagen der Personen in strukturierter Form wiedergeben

Zeitform
Präsens (Gegenwart), Vorzeitiges: in der Regel im Perfekt (vollendete Gegenwart)

Sprache
Sachlich

Hinweise
Die Textwiedergabe macht die Struktur und den inneren Zusammenhang der Äußerungen deutlich.

Beispiel:
Annette W. vergleicht den Film mit ..., weil in beiden Fällen ... Als Beispiel für die ihrer Meinung nach schlechte schauspielerische Leistung der Darsteller verweist sie auf ... Sie wirft dem Film auch vor, er sei ... und begründet diese Auffassung, indem ...

Bei der Wiedergabe von Meinungen sollte deutlich werden, von wem diese stammen. Die wichtigsten Möglichkeiten um die Zugehörigkeit einer Meinung zu verdeutlichen, bestehen darin,
– eine Redeeinleitung und/oder
– den Konjunktiv zu verwenden.

Beispiel:
Annette W. meint, dass vieles an dem Film dumm und fantasielos ist.
Oder:
Annette W. kritisiert den Film heftig. Vieles daran sei dumm und fantasielos.
(Nicht: *Vieles an dem Film ist dumm und fantasielos.*)

Kompetenzbereich 4 . Inhalte wiedergeben

2) a) Lesen Sie den folgenden Text.
b) Markieren Sie (in einer Kopie) wichtige Inhalte.

Geordnete Zauberwelt
Fantasy boomt – weil das Leben so unübersichtlich ist

Thomas Klingenmaier

Die Menschheit erweitert ihr Wissen stündlich. Das Resultat ist für den Einzelnen unerfreulich: er fühlt sich täglich dümmer. Die Naturwissenschaften sind unübersichtlich geworden, selbst für die Eingeweihten. (…)

In dieser Lage heilloser Zersplitterung des Wissens suchen die verschreckten Angehörigen der Industriegesellschaft etwas, das die Welt im Innersten zusammenhält und von der Wissenschaft nicht übermorgen als Rechen-, Denk- oder Messfehler entlarvt wird. Man sehnt sich nach Fundamenten, die sich nicht als Hokuspokus entpuppen.

Also nimmt man etwas, das von vornherein Hokuspokus ist: Trolle, Elfen, Zwerge, Einhörner und Zauberer, Magie also und Wunderkräfte. Die Fantasyliteratur, die uns Gegenentwürfe zum Rationalen liefert, boomt seit Jahren – in der Schmuddelecke des Buchladens, in der früher die Krimis standen. Doch spätestens seit dem Erfolg von »Harry Potter« und der Tolkien-Renaissance im Gefolge von Peter Jacksons Filmprojekt »Der Herr der Ringe« wird dem Kulturbetrieb und Buchhandel klar, dass ein Potenzial übersehen, ein Phänomen kleingeredet wurde. (…)

Wer das nachprüfen will, der muss nur ein paar der Diskussionsboards zur Fantasy besuchen, im deutschsprachigen Internet etwa das Forum zum »Herrn der Ringe«-Film (http://forum.herr-der-ringe-film.de), wo auch lebhaft über Fantasyliteratur diskutiert wird. Dort sind nicht nur, wie in anderen Fantasyforen auch, viele Studenten und etliche ausgereifte Akademiker vertreten, es sind vor allem Naturwissenschaftler, die sich hier zu Wort melden. Ihnen scheinen die in vielbändigen Epen ausgesponnenen literarischen Kunstwelten, in denen das Irrationale und Übernatürliche Physik, Chemie und andere exakte Wissenschaften zu kuriosen Randerscheinungen degradiert, eine nötige Balance zu unserer Welt der Geheimnisentleerung zu bieten. (…)

In der Fantasy gibt es zwar das unglaublich Böse, und es nimmt sehr konkrete Formen an, aber es gibt auch das Gute – besser, die Verpflichtung und Möglichkeit zum Guten. Es ist eine Literatur, die offen davon spricht, dass man aufpassen soll, auf wessen Seite man kämpft, und die schamlos von Freundschaft, Treue und Liebe berichtet. Die also nicht nur auf die Zerfaserung des Wissens reagiert, sondern auch auf den Verlust der Werte. In Fantasywelten ist der Glaube noch intakt, dass ein Einzelleben Bedeutung haben kann. Das mag ein Traum sein – aber vielleicht ein überlebenswichtiger.

Stuttgarter Zeitung, 14.11.2002

Kompetenzbereich 4 . Inhalte wiedergeben

3) Erstellen Sie ein Strukturbild von diesem Text. Sie können sich dabei an dem folgenden Vorschlag orientieren.

4) Entscheiden Sie, welche der folgenden Einleitungen zu einer Textwiedergabe gelungen sind.

In seinem Kommentar „Geordnete Zauberwelt", der am 14.11.2002 in der Stuttgarter Zeitung erschienen ist, geht Thomas Klingenmaier der Frage nach, …
1) ob es gut ist, dass die Menschheit ihr Wissen stündlich erweitert. Der Autor weist darauf hin, dass diese Entwicklung zumindest nicht unproblematisch ist, da es dabei auch viele Rechen- und Messfehler gibt.
2) was hinter dem Fantasy-Boom steckt. Der Autor kommt zu dem Ergebnis, dass die Fantasy-Literatur Bedürfnisse der Menschen erfüllt, die in der immer unübersichtlicheren realen Welt nicht mehr befriedigt werden.
3) was die Attraktivität der Fantasy-Literatur für viele Menschen ausmacht. Nach Meinung des Autors bietet diese Literatur genau das, was vielen Menschen fehlt, nämlich eine klare Ordnung, feste Werte und der Glauben an die Wichtigkeit des einzelnen Menschen.
4) warum so viele kluge Menschen (Studenten usw.) sich mit Hokuspokus beschäftigen. Schuld daran ist das Internet.

5) Schreiben Sie eine vollständige Inhaltsangabe.

6) Spiel: Paraphrasieren (Wiedergabe einer Äußerung mit eigenen Worten).
   a) Legen Sie eine Streitfrage fest, die sich für Pro/Kontra-Meinungsäußerungen eignet, z. B. „Ist Peter Jacksons *Herr der Ringe* ein guter Film?"
   b) Schüler/in 1 gibt eine kurze Pro-Stellungnahme ab.
   c) Schüler/in 1 gibt den Ball (z. B. Koosh-Ball) an Schüler/in 2 weiter.
   d) Schüler/in 2 paraphrasiert die Äußerung von Schüler/in 1: „Du behauptest, dass … Als Begründung führst du an, dass …" Darauf folgt die eigene Stellungnahme (Kontra): „Ich bin der Meinung, dass …, weil …"
   e) Schüler/in 2 gibt den Ball an Schüler/in 3 weiter usw.

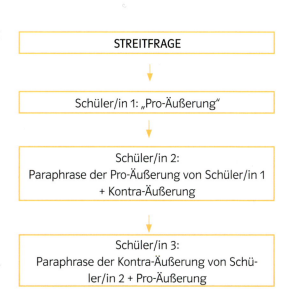

Kompetenzbereich 4 . Inhalte wiedergeben

Schaubilder wiedergeben

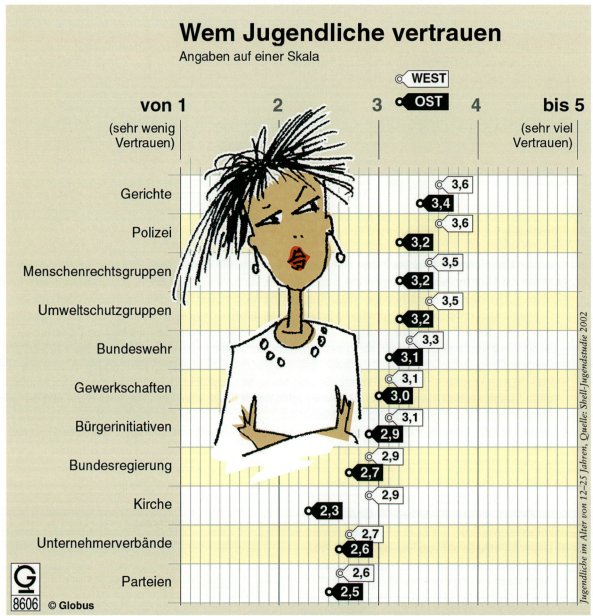

Kompetenzbereich 4 . Inhalte wiedergeben

1) Situation:
Lukas gibt das Schaubild so wieder:

„Das vorliegende Schaubild zeigt, wem Jugendliche vertrauen. 2,6 Jugendliche vertrauen den Parteien, 2,7 den Unternehmerverbänden, 2,9 den Kirchen, … 3,6 den Gerichten. So ist das im Westen. Im Osten vertrauen 2,5 Jugendliche den Parteien … 3,4 den Gerichten. Das zeigt, dass es nicht weit her ist mit dem Vertrauen bei den Jugendlichen und dass sie den Gerichten viel mehr trauen als den Parteien."

Beurteilen Sie, ob diese Wiedergabe des Schaubildes
a) richtig ist,
b) deutlich macht, worum es dabei geht,
c) Interesse an der Thematik weckt,
d) neue Erkenntnisse bringt und zu Schlussfolgerungen einlädt.

2)
In dem folgenden Aufsatz werden die Inhalte des Schaubildes wiedergegeben, allerdings sind die Abschnitte vertauscht.
a) Ordnen Sie in einer Kopie die einzelnen Abschnitte. Orientieren Sie sich beim Aufbau an den Hinweisen in der Kompetenzbox zur Wiedergabe eines Schaubildes.
b) Markieren Sie auf einer Kopie des Textes mit einer Farbe die Formulierungen, mit denen die Beschreibung der Erkenntnisse eingeleitet wird.
c) Markieren Sie mit einer anderen Farbe die Textstellen, in denen Schlussfolgerungen gezogen werden.
d) Schreiben Sie Sätze oder Passagen, die Sie ändern wollen, neu.

Kompetenzbox

Schaubilder wiedergeben

Aufbau
- Hinführung zur Thematik
  Möglichkeiten:
  - Fragestellung des Schaubildes klären
  - Bedeutung der Fragestellung herausstellen
- Vorstellen des Schaubildes
  - Thema nennen
  - Quelle angeben (Erscheinungsort und -jahr des Schaubilds, eventuell Herkunft der Daten)
  - Methode erklären (Was bedeuten die Zahlen? Wie wurden sie ermittelt?)
- Ergebnisse wiedergeben und erläutern
  - Allgemeine Erkenntnisse herausarbeiten
  - Erste Schlussfolgerungen ziehen und mit Beobachtungen aus dem Schaubild belegen
- Eventuell abschließende Bewertung
  Möglichkeiten:
  - Beurteilung der wichtigsten Aussagen
  - Hintergründe des dargestellten Sachverhalts
  - Konsequenzen aus dem Sachverhalt
  - Beurteilung der Qualität des Schaubildes
  - Kritik an der Aussage und/oder Methode

Zeitform
- Präsens (Gegenwart)

Sprache
- Sachlich

Hinweise
1. Nicht isolierte Zahlen und Einzelheiten aufzählen
2. Erkenntnisse hervorheben
   Beispiele:
   Besonders auffällig ist dabei …
   Das wichtigste Ergebnis ist wohl …
3. Keine Schlussfolgerungen ziehen, die reine Spekulation sind
   Beispiel: *Die Zahlen zeigen, dass die Jugendlichen kein Interesse an Politik haben.*
4. Vermutungen durch entsprechende Formulierungen kennzeichnen
   Beispiel: *Möglicherweise ist es …*

Kompetenzbereich 4 . Inhalte wiedergeben

Auswertung des Schaubildes

A Zunächst fällt auf, dass die Bandbreite der Urteile relativ gering ist. Das beste Ergebnis erzielen Gerichte und Polizei in Westdeutschland mit einem Wert von 3,6, das schlechteste die Kirche in Ostdeutschland mit 2,3. Es gibt also keine extremen Bewertungen, weder positive noch negative.

B Ein Schaubild der Fa. Globus, das auf Ergebnissen der Shell Jugendstudie 2002 beruht, gibt dazu einige Antworten. Getrennt nach Ost- und Westdeutschland wurden Jugendliche zwischen 12 und 25 gefragt, wie sehr sie verschiedenen politischen und gesellschaftlichen Einrichtungen und Gruppen vertrauen. Sie mussten dabei den jeweiligen Organisationen einen Wert zwischen 1 (sehr wenig Vertrauen) und 5 (sehr viel Vertrauen) zuordnen.

C Wenn man aus der Rangfolge ableiten möchte, wie die Jugendlichen zu unserem Staat stehen, so ergibt sich ein unklares Bild. Einerseits stehen staatliche Organe (Gerichte, Polizei) bei der Bewertung ganz oben, andererseits scheint es wenig Vertrauen in die Parteien und die Bundesregierung zu geben. Bemerkenswert ist das relativ gute Ergebnis der Bundeswehr (3,1 bzw. 3,3).

D In vergangenen Zeiten war der Fall oft einfach: Die Menschen glaubten dem, was die Obrigkeit sagte, und in Zweifelsfällen hatte der Pfarrer das letzte Wort. Das galt für die Alten wie für die Jungen. Heute ist die Situation komplizierter, unübersichtlicher. Wem vertrauen Jugendliche jetzt? Der Kirche? Den Parteien? Misstrauen sie dem Staat und seinen Organen? Gibt es in der Einschätzung nennenswerte Unterschiede zwischen Ost und West?

E Meiner Meinung nach ist das Schaubild insgesamt nicht sehr aussagekräftig. Welchen Nutzen hat es, wenn man erfährt, dass Jugendliche dem Gericht und der Bundeswehr mehr vertrauen als der Kirche? Vertrauen bei welcher Gelegenheit? Bei Beerdigungen? Nachbarschaftsstreitigkeiten? Militäreinsätzen? Werden hier nicht Äpfel mit Birnen verglichen? So kann es gut sein, dass die Ergebnisse, die hinter dem Schaubild stehen, vor allem auf die unklare Fragestellung zurückzuführen sind, die die Jugendlichen dazu brachte, meist mittlere Bewertungen abzugeben.

F Es wird auch deutlich, dass es Unterschiede zwischen Ost und West gibt, dass diese aber nicht so groß sind, wie man vermuten könnte. Die Rangfolge der einzelnen Institutionen und Gruppen ist in Ost und West weitgehend gleich. An der Spitze stehen jeweils die Gerichte und die Polizei, das Vertrauen gegenüber den Parteien ist dagegen hier wie dort gering. Insgesamt sind die Vertrauenswerte im Osten durchweg niedriger als im Westen. Die größte Abweichung gibt es bei der Beurteilung der Kirchen. Im Westen erreichen sie mit 2,9 einen Wert, der dem der Bundesregierung entspricht, im Osten werden die Kirchen mit 2,3 bewertet und erhalten damit die schlechteste Bewertung überhaupt. Diese Abweichungen sind vermutlich auf die unterschiedlichen Lebensverhältnisse und das jeweilige soziale Umfeld (z.B. Rolle der Kirchen in Ost und West) zurückzuführen.

G Auch bei den nichtstaatlichen Gruppen ergibt sich kein schlüssiges Gesamtbild. Erstaunlich gut schneiden Menschenrechts- und Umweltschutzgruppen ab (3,2 bzw. 3,5). Sie scheinen vertrauenswürdiger zu sein als die Parteien, die Bundesregierung und die Kirchen. Dass die Gewerkschaften bei Jugendlichen mehr Vertrauen genießen als die Unternehmerverbände, war zu erwarten, wenn man berücksichtigt, wessen Interessen diese beiden Gruppen vertreten. Überraschend ist eher, wie nah die Ergebnisse beider Gruppen beieinander liegen (Gewerkschaften 3,0 bzw. 3,1, Unternehmerverbände 2,6 bzw. 2,7).

Kompetenzbereich 4 . Inhalte wiedergeben

3) Geben Sie den Inhalt der folgenden Schaubilder wieder. Beachten Sie die Hinweise zu „Schaubilder wiedergeben".

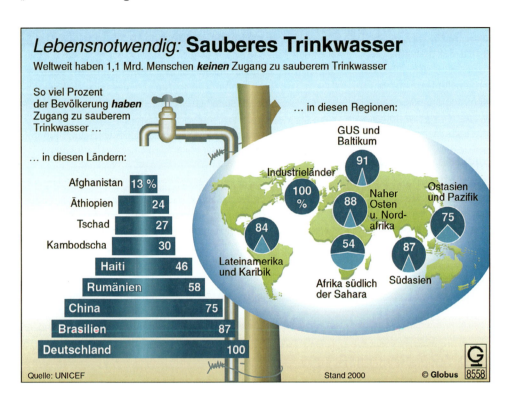

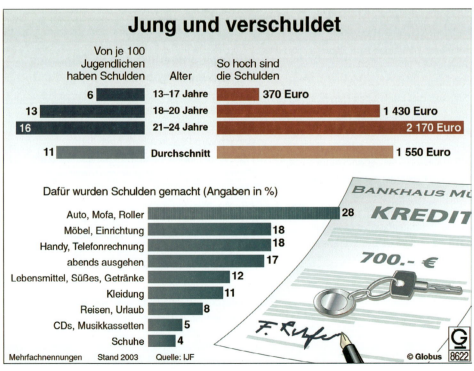

Projektbörse

Inhalte wiedergeben

1 Experimente mit Textkürzungen

Wählen Sie verschiedene Texte aus (z. B. Berichte, Kommentare, Reportagen, Leserbriefe usw. aus der Tageszeitung).
- Kopieren Sie die Texte mehrfach.
- Kürzen Sie einen Text in Stufen. In verschiedenen Durchgängen wird mit verschiedenfarbigen Stiften gestrichen. Halten Sie fest, wie sich der Text verändert und ab welchem Punkt er seinen Sinn verliert. Versuchen Sie durch Kürzungen die Aussage bewusst zu verändern (Manipulation).
- Halten Sie Ihre Ergebnisse fest.

2 Gespräche wiedergeben

Nehmen Sie als Ausgangspunkt ein kurzes Gespräch (max. 10 Minuten), bei dem sich zwei oder drei Personen streiten. Sie können dazu z. B. eine „Diskussion" aus einer Nachmittags-Talkshow auf Video aufnehmen oder ein Rollenspiel durchführen und dieses mit einer Filmkamera mitschneiden.
- Bilden Sie mehrere Gruppen, die jeweils den Auftrag haben, das Gespräch wiederzugeben. Eine Gruppe soll das so objektiv wie möglich tun. Die anderen Gruppen suchen sich jeweils eine Diskussionsteilnehmerin/einen Diskussionsteilnehmer aus und versuchen, das Gespräch so darzustellen, dass die betreffende Person möglichst gut dasteht.
- Sehen Sie das Gespräch mehrfach an, machen Sie sich Notizen und geben Sie das Gespräch wieder.
- Stellen Sie die verschiedenen Versionen einander gegenüber (z. B. in einer Wandzeitung).

3 Herr der Ringe, Harry Potter oder doch lieber Star Wars?

Führen Sie eine Umfrage in der Klasse durch: *Welche dieser Filmserien bzw. Bücher finden Sie am besten?*
- Bilden Sie Gruppen.
- Erkunden Sie, was das Internet zu Herr der Ringe etc. bietet. Jede Gruppe hat den Auftrag im Internet Material zu den jeweiligen Filmen/Büchern zu finden, z. B. unter *www.herrderringe.de*. Geben Sie die Inhalte besonders bemerkenswerter Funde aus Diskussionsforen, Rollenspielen, Nachschlagewerken etc. kurz wieder.
- Bemühen Sie sich um geeignetes Material zur Visualisierung und gestalten Sie jeweils eine Wandzeitung.

4 Informationsverlust und Verfälschung bei Textwiedergaben

9 Personen (A–I) verlassen den Raum. Der 10. Person (J) wird ein Text vorgelesen. Danach wird Person A hereingerufen. J gibt A den Inhalt wieder. Darauf kommt B ins Zimmer. A informiert B über den Inhalt usw.

- Beobachten Sie die Veränderungen am Text.
- Halten Sie fest, welche Veränderungen es gibt.
- Experimentieren Sie mit verschiedenen Texten und unterschiedlichen Methoden der Wiedergabe/Aufnahme (mündlich/schriftlich, mit/ohne Notizen, mit Visualisierung usw.).
- Unterbreiten Sie Vorschläge, wie sich Informationsverlust verhindern lässt.

Kompetenzbereich 5: Sachtexte analysieren

Was heißt analysieren?

„Hm, die Suppe schmeckt irgendwie voll komisch!"

„Klare Brühe mit Hühnerfleisch, etwas Gemüse und Kräuter, sieht ansprechend aus. Temperatur ok., könnte noch eine Spur heißer sein. Angenehmer, würziger Geruch. Fleisch etwas zu weich, weil leicht verkocht. Frischer, exotischer Geschmack durch Zitronengras und Koriander …"

1) a) Vergleichen Sie, wie die beiden Personen zu ihrem Urteil über die Suppe kommen.
   b) Nennen Sie Situationen, in denen die jeweilige Vorgehensweise angemessen ist.

2) a) Erstellen Sie eine Übersicht nach dem folgenden Muster.

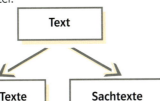

Beispiele:

Roman
Fabel …

Beispiele:

Bericht
Lexikonartikel …

   b) Ordnen Sie die Textsorten in die Gruppe der Sachtexte oder der literarischen Texte ein. Klären Sie die Begriffe, die Sie nicht kennen, mithilfe eines Nachschlagewerkes.
   c) Markieren Sie die Textsorten, bei denen es schwierig ist, sie einer der beiden Seiten zuzuordnen.

Ballade	Gebrauchsanweisung
Gesetzestext	Novelle
Glosse	Tragödie
Bericht	Beschreibung
Komödie	Hörspiel
Versepos	Kommentar
Gedicht	Reportage
Leserbrief	Kurzgeschichte
Flugblatt	Fabel
Lexikonartikel	Werbeanzeige
Biografie	Roman

Kompetenzbereich 5 . Sachtexte analysieren

3) Geben Sie das Schaubild zur Textanalyse mit eigenen Worten wieder.

Textanalyse

Aspekt — Autor/in
Aspekt — Text
Aspekt — Leser/in

4) a) Erstellen Sie eine Tabelle nach dem folgenden Muster.

Teilaufgabe	Aspekt Autor/in	Aspekt Text (Form/Inhalt)	Aspekt Leser/in, Hörer/in
A		X	
B			

b) Notieren Sie in der Tabelle, auf welche Analyseaspekte sich die jeweilige Teilaufgabe einer Textanalyse bezieht.
c) Begründen Sie Ihre Wahl in den Fällen, in denen die Zuordnung nicht eindeutig ist.
d) Notieren Sie unter dem Aspekt Text den Buchstaben I, wenn sich die Teilaufgabe eher auf den Inhalt bezieht, und den Buchstaben F, wenn die Teilaufgabe eher die Form betrifft.

Mögliche Teilaufgaben einer Textanalyse

- A Wie ist der Text aufgebaut?
- B Welche Funktion hat die Überschrift?
- C Was soll der Text erreichen?
- D Mit welchen Mitteln versucht der Autor die angestrebte Wirkung zu erzielen?
- E Was ist das wichtigste Thema des Textes?
- F An wen richtet sich der Text?
- G Untersuchen Sie die Wirkung des Textes.
- H Welche Meinung hat die Autorin zu der Thematik?
- I Untersuchen Sie die Argumentationsweise der Autorin.
- J Wodurch entsteht die komische Wirkung?
- K Untersuchen Sie die Wortwahl.
- L Bestimmen Sie die Intention des Autors.
- M Welche Wirkung hat die Wortwahl?

Den Inhalt eines Textes analysieren – Schreibanlass und Intention

1) Wenn man einen Text schreibt, verfolgt man damit eine **Absicht.** Diese ergibt sich oft aus der Vorgeschichte, die den **Anlass** für das Schreiben liefert.

Erstellen Sie eine Tabelle nach dem folgenden Muster und notieren Sie mögliche Schreibanlässe und Absichten.

Kompetenzbereich 5 . Sachtexte analysieren

Texte	Mögliche Schreibanlässe	Mögliche Absichten
A	*Frau Müller beobachtet eine zerstörte Telefonzelle und beschmierte S-Bahnen und ärgert sich.*	– *Bewusstsein der Leser/innen für das Problem schärfen* – *Gegenmaßnahmen fordern*
B		

A Frau Müller, Rentnerin, schreibt einen Leserbrief über Vandalismus.
B Der Auszubildende Peter Öhme beschreibt die Zustände in seinem Hotel auf Kreta.
C Burak Kara, Gebrauchtwagenhändler, formuliert seine Gedanken über den Tod und den Sinn des Lebens.
D Die 16-jährige Schülerin Julia tippt für ein Internet-Forum einen Beitrag zur Personalpolitik des FC Bayern München.
E Die Journalistin Petra Früh kommentiert das Verhalten von Jugendlichen, die nicht wählen.
F Herr Gose verfasst einen Brief an die Nachbarin über nächtliche Ruhestörung.
G Der 17-jährige Ludwig tippt eine E-Mail an seine Freundin. Es geht um Eifersucht.
H Die 16-jährige Sandra fragt bei der Firma Rübenacker KG wegen eines Ausbildungsplatzes an.

2) Die folgenden fiktiven (erdachten) Textauszüge befassen sich mit der wirtschaftlichen Lage. Bestimmen Sie mögliche Schreibanlässe und mögliche Absichten der Verfasser/innen.

Genug gejammert!   A

So langsam kann ich das Gejammer nicht mehr hören: Konjunktur, Arbeitslosigkeit, Renten usw. Manchmal habe ich den Eindruck, dass es manchen Leuten geradezu Vergnügen bereitet, unsere Lage möglichst schwarz zu malen. Natürlich gibt es Probleme. Wer könnte die übersehen! Ich fürchte aber, dass das ständige Jammern daran nichts ändert, dass es vielmehr die Situation verschlimmert und Lösungen im Wege steht. Ich will ein Beispiel nennen …
(Manuela X, Kommentar, Allgemeines Sonntagsblatt, 18. 7. 2004)

Weg in den Abgrund – die Wirtschaftspolitik unserer Regierung   B

Meine Damen und Herren, die Regierung gesteht offen ein, dass die wirtschaftliche Lage unseres Landes katastrophal ist. Sie vergisst allerdings darauf hinzuweisen, wer eigentlich schuld ist an der Misere, nämlich sie selbst. Nun hat die Regierung Vorschläge gemacht, die angeblich all unsere Probleme lösen sollen. Da wäre zum einen die Kürzung der Renten …
(Josef Y, Mitglied des Bundestages, Rede bei einer Mitgliederversammlung seiner Partei am 19.7.2004)

Hört auf zu tanzen!   C

Derzeit wird viel über die wirtschaftliche Lage in unserem Land diskutiert. Ich frage mich manchmal, ob diese Diskussion überhaupt unsere wirklichen Probleme erfasst oder auch nur berührt. Sollten wir nicht vielmehr dankbar sein, dass unser Tanz um das goldene Kalb nicht mehr ganz ungestört getanzt werden kann? Sollten wir die Situation nicht nutzen, um uns zu fragen, ob der Sinn unseres Lebens wirklich nur in Wohlstand, Besitz und Konsum besteht? …
(Angelika Z, Leserbrief, Leipziger Tagespresse, 9. 7. 2004)

Kompetenzbereich 5 . Sachtexte analysieren

> **Kompetenzbox**
>
> ✓ **Sachtexte analysieren**
>
> **Die Einleitung**
> • informiert über
>   – Autor/in,
>   – Erscheinungsort und -zeit des Textes,
>   – Überschrift und Textsorte
>   – Anlass, Thema und Absicht
>
> **Beispiel:** (Wer? / Textsorte / Überschrift / Wann? / Wo?)
> *In ihrem Kommentar „Genug gejammert", der am 18. 7. 2003 im Allgemeinen Sonntagsblatt erschienen ist, bezieht sich die Journalistin Manuela X auf die öffentliche Diskussion über die schlechte wirtschaftliche Lage in Deutschland. X setzt sich kritisch mit Äußerungen auseinander, die sich einseitig auf die Probleme konzentrierten und sie fordert, das Jammern müsse ein Ende haben.*
> (Thema / Absicht / Anlass)

3) Verfassen Sie zu den Textauszügen B und C jeweils die Einleitung einer Textanalyse. Orientieren Sie sich dabei an dem Beispiel zu Textauszug A.

Den Inhalt eines Textes analysieren – Aufbau, Kerngedanke, Inhaltsangabe

1) a) Betrachten Sie die Werbeanzeige des Online-Auktionshauses ebay genau.
b) Lesen Sie den Text der Anzeige.
c) Beschreiben Sie den äußeren Aufbau der Werbeanzeige.

> **Kompetenzbox**
>
> ✓ **Sachtexte analysieren**
>
> **Die Beschreibung des äußeren Aufbaus**
> • informiert über
>   – die Anzahl der Teile bzw. Abschnitte eines Textes
>   – grafische Besonderheiten (Hervorhebungen, Schriftarten, -größen, Farben usw.)
>   – Bilder (Foto, Schaubild, Karikatur usw.)
>   – den Zusammenhang von Text und Bild

Kompetenzbereich 5 . Sachtexte analysieren

2) Beschreiben Sie mithilfe des Strukturbilds den inneren Aufbau der Anzeige.

Strukturbild: Visualisierung des Gedankenganges

- Aussage (Bekenntnis): „Ich bin verlegerin"
  ↓
- Meinung des Freundes wird angeführt: passender Name
  ↓
- Erklärung: Eingeständnis einer Schwäche: Sie verlegt Dinge.
  ↓
- Problem
  ↙ ↘
- Lösung 1: Suchen (langweilig) | Lösung 2: ebay – etwas Neues kaufen (macht Spaß)
  ↓
- Vorteil: Sie findet auch andere Dinge.
  ↓
- **Kernaussage:** ebay ist wie für mich gemacht.
  ↙
- Verallgemeinerung
  ↙
- **Allgemeine Aussage:** Vorzüge von ebay

> **Kompetenzbox**
>
> **Sachtexte analysieren**
>
> **Die Beschreibung des inneren Aufbaus**
>
> • bezeichnet die **Bausteine** des Textes
>
> Beispiele:
> *Einleitung, Beobachtung, Bericht über Geschehen, Erklärung, Darstellung von Fakten, Meinungen, These, Forderung, Appell, Beispiel, Beleg, Schlussfolgerung, Vorschlag, Einschränkung, Eingeständnis*
>
> • macht **Verknüpfungen** deutlich
>
> Beispiel:
> *Beobachtung → Problem → Forderung*
>
> • erklärt die **Funktion** der Bausteine
>
> Beispiele:
> *Die Autorin/Der Autor verallgemeinert diese Beobachtung, zieht aus dem Beispiel den Schluss, fordert, schränkt diese Forderung ein, fragt, urteilt, beschreibt, verweist auf eine andere Meinung, fasst zusammen, schlägt als Lösung vor*
>
> • nennt **Kerngedanken**
>
> Beispiele: *wichtigste These, Forderung*
>
> • wichtigstes Hilfsmittel: **Strukturbild**
>
> • Wiedergabe des inneren Aufbaus z. B. durch eine **Inhaltsangabe**

3) Erklären Sie, wie die optischen Elemente (Foto, Farben, Schrift usw.) die Werbeaussage der Anzeige unterstützen.

Kompetenzbereich 5 . Sachtexte analysieren

4) Die folgenden Texte sind Stellungnahmen zum Thema Online-Auktionen. Untersuchen Sie den inneren Aufbau der Texte, indem Sie ein Strukturbild erstellen (siehe Strukturbild zur Werbeanzeige).

A

Als ich mich bei ebay angemeldet habe, war ich noch skeptisch. Da gibt es eh nur Ramsch, dachte ich, alles viel zu teuer, viel Betrug und was man sonst noch so hört. Dann habe ich meinen ersten Artikel ersteigert: eine Sonnenbrille aus den 70er Jahren. Für 1 EUR! Die Verkäuferin war supernett. Und nach einer Woche hatte ich die Brille. Ein total scharfes Teil! Inzwischen habe ich 150 positive Bewertungen bei ebay und ich habe wirklich nur gute Erfahrungen gemacht. Die Sache funktioniert fantastisch, die Ware ist gut, die Leute sind prima. Na ja, mit dem afrikanischen Häuptlingsthron kann ich nicht viel anfangen, aber was soll's. Er hat nur 34 EUR gekostet. Für einen Häuptlingsthron ist das doch gar nichts. Und ich kann ihn ja jederzeit wieder verkaufen. Natürlich bei ebay.

Axel F., 24 Jahre

C

Ich finde ebay total klasse! Wenn man einmal kapiert hat, wie das da läuft, kann man richtig gute Geschäfte machen. Bei mir fing das so an, dass ich altes Zeug von unserem Dachboden verkauft habe. Da habe ich vielleicht gestaunt, wie viel Geld damit zu verdienen war. Alte Perry-Rhodan-Hefte für 9 EUR das Stück, ein Rennwagen aus Blech für 47 EUR, eine Sammlung alter Kinderkassetten für 32 EUR, letzte Woche eine gebrauchte Jeans für 13 EUR usw. Präsentation ist alles. Man muss schöne Fotos machen und eine knackige Beschreibung dazugeben, dann läuft das schon. Ich habe mir, ehrlich gesagt, schon überlegt, ob ich das nicht hauptberuflich machen soll. Es macht mir auf jeden Fall viel mehr Spaß als meine Ausbildung zum Versicherungskaufmann

Erich H., 18 Jahre

B

Was ich von ebay halte? Gar nichts! Dieser Quatsch gehört verboten! Na ja, jetzt übertreibe ich vielleicht ein bisschen, aber ich versuche einmal zu erklären, warum ich so sauer auf ebay bin. Torsten, mein Freund, ist ein richtiger Sammler. Vor allem alte Toaster haben es ihm angetan. Davon kann er gar nicht genug kriegen. Früher sind wir am Samstag deswegen immer in die Stadt gegangen auf den Flohmarkt. Torsten hat nach Toastern gesucht, ich habe mir Klamotten angeschaut, dann haben wir irgendwo Kaffee getrunken, haben Leute getroffen usw. Das war richtig schön, und Torsten hat nur selten einen Toaster gefunden, der ihn interessierte. Dann hat er vor zwei Jahren ebay entdeckt. Seither möchte er vom Flohmarkt nichts mehr wissen. Er sitzt nur noch vor der Kiste. Unser ganzes Leben wird von Toaster-Auktionen bestimmt. Torsten kann nicht auf eine Party mitkommen, weil um 23:43 Uhr eine Auktion endet und er in letzter Sekunde sein Gebot abgeben muss. Selbst im Urlaub braucht Torsten einen Internet-Anschluss, um zu sehen, ob nicht in Belgien oder sonst wo ein seltener Toaster angeboten wird. Pakete mit Toastern treffen aus ganz Europa bei uns ein. Ich soll dann noch auf die Post gehen oder auf die Bank, um das Geld zu überweisen. Aber lange mache ich das nicht mehr mit. Dann muss sich Torsten entscheiden: Melanie oder ebay! *Melanie K., 22 Jahre*

5) Begründen Sie, weshalb die folgenden Inhaltsangaben von dem Werbetext (Seite 42) fehlerhaft bzw. richtig sind.

Kompetenzbereich 5 . Sachtexte analysieren

Fehlerhafte Inhaltsangabe	Richtige Inhaltsangabe
Verlegerin ist der einzige Name, der Sinn macht. Es gibt nämlich Leute, die schusselig sind. Man setzt sich an den Rechner, wenn man z. B. einen Schal braucht. Mich überzeugt das aber nicht so recht. Die Internet-Adresse von ebay ist auch angegeben. Obwohl die wahrscheinlich sowieso jeder kennt.	Bei dem Text handelt es sich um einen Werbetext für das Online-Auktionshaus ebay, der am 28.7.2003 im SPIEGEL erschienen ist. Eine junge hübsche Frau, die auf dem Foto zu sehen ist, begründet, weshalb ebay für sie so wichtig ist. Zunächst nennt sie ihren ebay-Namen: „verlegerin". Sie gesteht eine Schwäche ein und erklärt so, wie sie zu diesem Namen kommt. Sie sei schusselig und verlege häufig Dinge. Ebay, so macht sie deutlich, sei für sie die Lösung für die Probleme, die sich aus ihrer Schusseligkeit ergeben. Sie müsse die Dinge nicht mehr suchen, sondern könne sie durch einen Kauf bei ebay einfach ersetzen. Sie weist auf die Vorteile hin, die dieses Verfahren habe: Bei der Suche entdecke sie viele andere Dinge, die sie brauchen könne.

6 Verfassen Sie nach dem Muster der richtigen Inhaltsangabe eine Wiedergabe von Text A, B oder C. Verwenden Sie dazu das Strukturbild, das Sie erstellt haben.

Das Zusammenspiel von Form und Inhalt beschreiben

Sprüche

A   „Ich bin gern in Ungarn, obwohl es sprachlich wohl ein wenig hübscher wäre zu behaupten, ich sei ungern in Ungarn." (Max Goldt)

B   „Als es mir dann finanziell schlechter ging, verließ mich erst der Mut und dann meine Freundin."

C   „Ich kenne eine Fernsehkollegin, deren hausfrauliche Fähigkeiten darin bestehen, dass sie in einer halben Stunde das ganze Studio zum Kochen bringt." (Robert Lemke)

D   „Reden auf Vegetarier-Banketten sind erfreulich kurz, weil man Angst hat, dass sonst das Essen verwelkt." (Mario Adorf)

E   „Auch ich habe gelitten, gerade in den Jahren der Pubertät zwischen 12 und 28, weil ich immer gedacht habe, ich sei zu groß, bis ich angefangen habe, positiv zu denken und festgestellt habe: Nein, alle anderen sind zu klein." (Harald Schmidt)

F   Fronleichnamsprozession in Köln. Eine ortsfremde Dame: „Ach diese Kinderchen! In den weißen Kleidchen! Wie hübsch!" Eines der Mädchen antwortet: „Mer sen doch de Engelscher, du Aaschloch!"

G   „Ein Mensch, der sich nicht verständlich machen kann, ist ein Idiot. Verstehen Sie mich?" „Nein."

H   „Ich habe meine Jerry-Cotton-Hefte weggeworfen, weil es ist erwiesen, dass der, wo viel Jerry Cotton liest, sich zum Beispiel den Stil beim Schulaufsatz verderben tut." (Harald Schmidt)

1 Erstellen Sie eine Tabelle nach dem folgenden Muster.

2 Untersuchen Sie die Sprüche. Beschreiben Sie die Form mit Ihren eigenen Worten.

Spruch	Beschreibung des Inhalts: Was wird gesagt?	Beschreibung der Form: Wie wird es gesagt?
A	– Positive Stellungnahme über ein Reiseziel (Ungarn) – Nachdenken über die Wirkung einer negativen Stellungnahme zu Ungarn	Gegensatz zwischen: unwahrer, aber wohlklingender Aussage („ungern in Ungarn") und wahrer, aber reizloser Aussage („gern in Ungarn").

Kompetenzbereich 5 · Sachtexte analysieren

Die sprachliche Form eines Textes analysieren – Wortwahl

Auszug aus einer Textanalyse:

> Was die sprachliche Form angeht, so fällt auf, dass der Text manchmal ziemlich eigenartig geschrieben ist. Einige der Sätze sind recht kompliziert. Man muss sie oft mehrmals lesen, bis man sie versteht. Es gibt ziemlich viele Adjektive. Allein in den ersten beiden Sätzen habe ich fünf gezählt (z. B. „große" Z.1). Auch eine Reihe von Substantiven gibt es (z. B. „Not" Z.1), aber das ist ja wohl eher normal. Des Weiteren sind mir ein paar Anaphern aufgefallen. Ich komme jetzt zur Wirkung des Textes …

1 Die Analyse der sprachlichen Form muss die inhaltliche Analyse unterstützen. Beurteilen Sie unter diesem Gesichtspunkt die vorliegende Analyse.

2 Ordnen Sie die Beispiele A–S den passenden Zeilen 1–19 in der Tabelle zu.

	Beispiele	Erklärungen/Hinweise	Beispiele für die Beschreibung in Textanalysen (Form/Inhalt)
Wortarten		Gehäuftes Auftreten einzelner Wortarten	
Adjektive	1	Häufung von Adjektiven	*Bei der Verwendung der zahlreichen Adjektive (imposant, dunkel, schwarz, abgewetzt usw.) geht es nicht nur um genaue Beschreibung, es soll auch die Atmosphäre eingefangen werden, die …*
Nomen/ Substantive	2	Häufung von Substantiven, auch solchen, die aus anderen Wortarten gebildet werden (Nominalstil)	*Der trockene, distanzierte Behördenton entsteht vor allem durch den Nominalstil, der auch zeigt, dass …*
Verben	3	Häufung von Verben (Verbalstil)	*Die lärmende Geschäftigkeit und Ruhelosigkeit wird durch mehrere Verben betont (klingeln, rattern, rufen usw.).*
Sprachebenen		Wortwahl unter stilistischen Gesichtspunkten	
Standardsprache	4	Formal korrekt, normgerecht, vor allem schriftlich	*Die Wahl der Standardsprache unterstreicht die sehr sachliche und nüchterne Auflistung …*

A Der imposante Häuptlingsthron mit seinem dunklen, fast schwarzen Tropenholz, seiner abgewetzten, leicht schimmernden Oberfläche, den üppigen, kunstvoll verschnörkelten Schnitzereien …

B Telefone klingeln, Drucker rattern, Menschen rufen durcheinander und schimpfen, vor der Tür hupen Autos …

C Die Verzögerung der Genehmigung für die Inbetriebnahme der Anlage hat zur Folge, dass die Bereitstellung …

D – cracken, booten, downloaden …
– chronische Hypertonie
– „Ey, Alter, was geht hier ab?"

Kompetenzbereich 5 . Sachtexte analysieren

	Beispiele	Erklärungen/Hinweise	Beispiele für die Beschreibung in Textanalysen (Form/Inhalt)
Gehobener Stil	5	Feierliche, nicht alltägliche, auch dichterische Ausdrucksweise	*Die Wortwahl (Befremden, wurde gewahr, vorgeblich) gehört einem gehobenen Stil an und verdeutlicht, dass sich der Verfasser von der Welt des „Gewöhnlichen" absetzen möchte, indem …*
Umgangssprache	6	Zwanglos lockere Ausdrucksweise, im Einzelfall auch derb oder grob, meist mündlich	*Die Verfasserin lässt ihren Gefühlen freien Lauf. Das wird auch durch die flapsigen umgangssprachlichen Wendungen deutlich, die …*
Gruppensprache	7	Sprachgebrauch, der für eine bestimmte soziale Gruppe typisch ist, z. B. – Fachsprache von Computer-Hackern – Fachsprache von Ärzten – Jugendsprache	*Sein negatives Bild von den Jugendlichen unterstreicht der Verfasser, indem er ihre Sprechweise benutzt: …*
Herkunft von Wörtern		Wo kommt das Wort normalerweise vor?	
Fremdwörter	8	– Gruppensprache – Fachsprache	*Wie sehr die Verfasserin mit der Thematik vertraut ist, wird auch durch ihre Wortwahl deutlich …*
Zitate in einer Fremdsprache	9	Im Ausland gesprochene Sprache	*Die internationale Gültigkeit dieser Lebensweisheiten wird dadurch betont, dass …*
Dialektausdrücke	10	In einem begrenzten Gebiet gesprochene Mundart	*Die Verwendung von Dialektausdrücken soll vermutlich die Bodenständigkeit betonen …*
Altertümliche Begriffe (Archaismen, Einzahl: Archaismus)	11	Altertümliche Wörter, die in der Alltagssprache nicht mehr üblich sind	*Der Autor ist um einen feierlichen Ton bemüht, der sich von der Alltagssprache abhebt. Das zeigt sich auch an der Verwendung von …*

E Häuptlingsthron? Super, denke ich, endlich kann ich mich gepflegt vor der Glotze hinhauen. Ich pack das Ding aus und denke, ich spinne …

F Der „antike Häuptlingsthron", den Sie mir geschickt haben, entspricht nicht der Beschreibung, die Sie bei ebay abgegeben haben. Erstens …

G Mit großem Befremden wurde ich gewahr, dass der vorgeblich antike Häuptlingsthron …

H C´est la vie! The winner takes it all.

I Ich werde das checken. Wir wollen eine Eskalation vermeiden.

J Von Anbeginn an war es ein Hort der Wonne.

K Mir san mir.

Kompetenzbereich 5 . Sachtexte analysieren

Besonderheiten	Beispiele	Erklärungen/Hinweise	Beispiele für die Beschreibung in Textanalysen (Form/Inhalt)
Sprachliche Bilder: Vergleich, Metapher	12	Eine Aussage (z. B. „Ich war enttäuscht, als ich die Ware sah.") wird auf bildhafte Weise gemacht.	*Die Gefühle der Verfasserin werden durch sprachliche Bilder deutlich: …*
Personifikation (personifizieren)	13	Eine Sache wird dargestellt, als wäre sie eine Person.	*Die besondere Beziehung, die der Schreiber zu dem Gegenstand entwickelt, wird besonders deutlich, wenn …*
Übertreibung (Hyperbel)	14	Sprachliches Bild, durch das oftmals eine witzige Wirkung erzielt wird	*Die zahlreichen Hyperbeln vermitteln die „Not" des Autors mit einem Augenzwinkern …*
Ironie	15	Eine Aussage wird dadurch gemacht, dass das Gegenteil des Gemeinten gesagt wird.	*Der Ärger und die Enttäuschung des Schreibers wird durch die Ironie betont, wenn er …*
Wortspiel	16	Ein Wort hat zwei oder mehr Bedeutungen (*Verlegerin: Frau, die Bücher produziert, oder Frau, die ihre Sachen nicht wiederfindet*).	*Mit dem amüsanten Wortspiel wird die Neugier der Leser/innen geweckt. Man hat Lust weiterzulesen …*
Wortneubildung (Neologismus)	17	Wort, das es (noch) nicht gibt, das aber dennoch verständlich ist	*Mit mehreren Neologismen gelingt eine originelle und überraschend treffende Beschreibung, die …*
Anspielung	18	Ein Wort oder eine bestimmte Ausdrucksweise verweist auf einen anderen Zusammenhang (eine andere Situation, Person, Erfahrung).	*Die Schreiberin nimmt ihrer Abrechnung etwas die Schärfe und schlägt mit der Anspielung … versöhnlichere Töne an …*
Wiederholungen	19	Mehrfach wiederholtes Wort kann ein Schlüsselbegriff sein (Hinweis auf Kernthese etc.).	*Die wiederholte Verwendung des Wortes „Schweinerei" zeigt die Empörung und den Abscheu des Autors wegen …*

L Ich habe fertig.

M Ich war verschüttet unter einer Lawine von Toastern und wartete auf die rettende Bergwacht.

N Ich fühlte mich, als hätte mir jemand in den Magen getreten. Das hässliche Ding lag mir bleischwer auf der Seele.

O Ich bin verlegerin.

P Als ich das Paket auspackte, erwartete mich eine wunderbare Überraschung.

Q Der Häuptlingsthron blickte hämisch aus dem Paket und lachte mich aus.

R Männer und Frauen sexen. Die Wohnung war zugetoastert.

S Das war schon heftig, richtig heftig.

Kompetenzbereich 5 . Sachtexte analysieren

3 Sprachliche Übung
Experimentieren Sie mit verschiedenen Sprachebenen, indem Sie die folgenden Aussagen mit unterschiedlichen Worten formulieren.
A Der Regen macht mein Gesicht nass.
  Beispiele:
  Das kühle Nass benetzt mein Antlitz.
  Mir spritzt die Soße in die Fresse.
B Das Essen hier ist sehr gut.
C Ich habe keine Lust zu arbeiten.
D Ihr Auto ist nicht so gut wie meines.

4 Sprachliche Übung
Beschreiben Sie die Wortwahl bei den folgenden Beispielsätzen.
A Ein total scharfes Teil!
B Oh ja, das wird bestimmt ein großartiger Urlaub! Mittendrin in diesem Party-Sumpf, umgeben von besoffenen Bacardi-Idioten, die einen mit Speichelfäden im Mundwinkel angrienen.
C Von wegen megacooles Outfit. Die dachten, ich hätte was an der Klatsche, als ich mit der Taucherbrille einlief.
D „Keine Zeit. Ich muss nachher noch ebayen." „Verebaye dich bloß nicht wieder! Ein Häuptlingsthron reicht."

Die sprachliche Form eines Textes analysieren – Satzbau, Wortstellung

Kompetenzbox

	Beispiele	Erklärungen/Hinweise	Beispiele für die Beschreibung in Textanalysen (Form/Inhalt)
Satzarten: – Aussagesätze – Aufforderungssätze – Fragesätze	– Der Verkauf des Häuptlingsthrons sorgte für viel Ärger. – Nehmen Sie das Ding zurück! – Das soll ein antikes Stück sein?	Wenn ein Fragesatz nicht benutzt wird, um eine Antwort zu erhalten, sondern um auf einen bestimmten Sachverhalt hinzuweisen, nennt man das eine rhetorische Frage.	*Die rhetorischen Fragen zeigen, dass der Autor keine festgefügte Meinung hat, die er äußern möchte, sondern dass er voller Zweifel ist und nur eines sicher weiß: …*
Satzbaumuster: – hypotaktisch – parataktisch	– Der Häuptlingsthron, der durch ein Geschäft zu trauriger Berühmtheit gekommen war, bei dem nicht alles zum Besten lief, weil der Käufer sich getäuscht und betrogen fühlte, war in Wirklichkeit … – Der Computer war an. Ich loggte mich ein. Es konnte losgehen.	– Komplizierte, lange Sätze, mit vielen Nebensätzen – Meist kurze, einfache Hauptsätze, die nebeneinander stehen	*Der hypotaktische Satzbau unterstreicht die Kompliziertheit der fraglichen Zusammenhänge.*
Inversion	– Groß war der Ärger.	Abweichen von der üblichen Wortstellung (Der Ärger war groß.)	*Die Verfasserin verleiht ihrer Klage durch eine Inversion besonderen Nachdruck.*

Kompetenzbereich 5 . Sachtexte analysieren

Kompetenzbox

Parallelismus	*Groß war der Ärger. Bitter war die Enttäuschung. Beständig wuchs die Wut.*	Dieselbe Satzkonstruktion tritt mehrmals hintereinander auf.	*Der verwendete Parallelismus betont eindringlich die negative Reaktion …*
Antithese	*Groß war die Sorge, klein nur war die Hoffnung.*	Begriffe, Thesen, Ideen usw. werden einander gegenübergestellt. Um den Gegensatz zu betonen, kommen dabei oft auch Inversionen und Parallelismen zum Einsatz.	*Die verwendete Antithese zeigt, dass kaum Optimismus und sehr viele Befürchtungen vorhanden waren …*
Anapher	*Ebay ist bunt, ebay ist schick, ebay kann aber auch tückisch sein.*	Mehrere Sätze beginnen mit demselben Wort oder denselben Worten.	*Mit den Anaphern wird auf reizvolle Weise gezeigt, wie schillernd und vielfältig ebay ist …*
Parenthese	*Was Sie hier machen – ich sage das mit Bedacht und in aller Ruhe – ist nichts anderes als Betrug.*	In einen Satz wird ein anderer Satz oder Teilsatz eingeschoben.	*Die Parenthese verdeutlicht, dass es sich nicht um unüberlegte, im Zorn geäußerte Vorwürfe handelt.*
Ellipse	*Kein Geld, keine Ware! Wehe, wenn!*	Verkürzter oder absichtlich unvollständiger Satz	*Die elliptischen Sätze nennen im Telegrammstil das Wichtigste, ohne Wenn und Aber.*

1 Sprachliche Übung
Beschreiben Sie Satzbau und Wortstellung bei den folgenden Beispielsätzen.
- **A** Gekonnt – das können Sie mir glauben – gekonnt war es schon, was Erich machte.
- **B** Leicht und locker, so hatte er sich das Geldverdienen bei ebay vorgestellt. Hart und mühsam, so hat er es dann erlebt.

2 Sprachliche Übung
Beschreiben Sie den Zusammenhang von Form (Wortwahl, Satzbau, Wortstellung) und Inhalt anhand der folgenden Beispiele. Sie können dabei jeweils mit den vorgegebenen Satzanfängen beginnen.
- **A** In einem Kommentar, der die Hektik des modernen Lebens kritisiert, findet sich die folgende Passage: „… Parkplatz suchen. Keiner frei. Hupen. Endlich einparken. Raus aus dem Auto. Schnell noch was essen. Ein Brötchen im Stehen. Zu mehr reicht es nicht. Ins Büro …"
Die Meinung, dass das moderne Großstadtleben durch Rastlosigkeit, Hektik und Unruhe bestimmt ist, wird durch den Satzbau unterstrichen …
- **B** In einer Glosse, die sich über die mangelnde Höflichkeit und mangelnde Bildung von Jugendlichen auslässt, steht: „… Der junge Mann schob die ältere Dame zur Seite. „Ich war zuerst hier jewesen, muss mir auch etwas schonen, hat de Arzt jesagt", meinte er grinsend.
In dem Beispiel soll die wörtliche Wiedergabe der Äußerung eines jungen Mannes unterstreichen, wie unhöflich und ungebildet junge Leute sind. Besonders deutlich wird diese Einschätzung dadurch, dass …

Kompetenzbereich 5 . Sachtexte analysieren

Die Wirkung eines Textes bestimmen

Texte, die Menschen bewegen

A Spöttische Abrechnung mit Leuten, denen ihr Handy unheimlich wichtig ist
B Stimmungsvolle Reportage über Snowboarder im Hochgebirge
C Kritischer Kommentar zu Leuten, die an der Börse spekuliert und viel Geld verloren haben
D Aufruf von Tierfreunden zu Aktionen gegen die Verwendung von Tieren im Zirkus
E Kritische Stellungnahme zu Online-Auktionen
F Gegen Ende des Zweiten Weltkriegs wendet sich ein Nazi-Funktionär über das Radio mit Durchhalteparolen an die Bevölkerung.
G Kommentar, der vor Klimaveränderungen warnt und fordert, den Preis für Autokraftstoff drastisch zu erhöhen
H Ein Leserbriefschreiber ist empört über Vandalismus und fordert Maßnahmen gegen Graffiti.

1) Erstellen Sie eine Tabelle nach dem folgenden Muster.

Text	Positive Reaktion	Neutrale Reaktion	Negative Reaktion
A			
B			

2) Bestimmen Sie bei den Texten (A–H), welche Gruppen von Menschen jeweils positiv, negativ oder neutral auf die Texte reagieren könnten. Tragen Sie die Ergebnisse in Ihre Tabelle ein.

3) Zeigen Sie an einem der Texte (A–H), dass die Wirkung eines Textes etwas anderes ist als die Intention der Autorin/des Autors.

4) Sprachliche Übung
Beziehen Sie sich auf die Texte (A–H) und beschreiben Sie die Wirkung des jeweiligen Textes. Sie können dabei auf die Formulierungshilfen zurückgreifen.

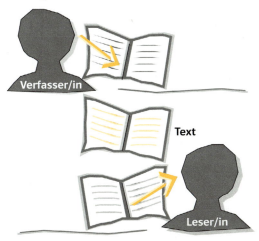

Kompetenzbox

Sachtexte analysieren

Formulierungshilfe zur Beschreibung der Wirkung eines Textes

Die Wirkung des Textes hängt wohl stark davon ab, wer ihn liest. Wenn der Leser …, dürfte der Text auf ihn … wirken. Andererseits ist zu erwarten, dass Menschen, die …, von dem Text …

Es gibt bestimmt Leute, die sich von diesem Text angesprochen fühlen und der Einschätzung der Verfasserin/des Verfassers zustimmen. Dies gilt besonders für …, die …

Die Reaktionen auf diesen Text dürften ganz unterschiedlich sein, je nachdem, welche Grundeinstellung die Leser/innen zum Thema … haben. Diejenigen, die …, werden wohl … Dagegen ist zu erwarten, dass Menschen, die … zu einer völlig anderen Einschätzung der Lage neigen und sich entsprechend wenig von dem Argument … beeindrucken lassen, da sie …

Projektbörse — Sachtexte analysieren

Projekt Jugendsprache (1)

Wie reden Jugendliche? Sammeln Sie typische Ausdrucksweisen von Jugendlichen. Machen Sie daraus ein „Wörterbuch", in dem sie jeweils erklären, was mit dem Ausdruck gemeint ist, wer ihn verwendet und in welchen Situationen diese Redeweise passt.

Veranstalten Sie ein Quiz, bei dem Sie die Erklärung vorlesen und der dazugehörige Ausdruck von den „Kandidaten" erraten werden muss.

Satire über Fachsprache (2)

Wählen Sie eine Fachsprache (z. B. die von Computer-Hackern, von einzelnen Handwerksberufen usw.). Sammeln Sie Begriffe und Redewendungen, die bezeichnend für diese Fachsprache sind. Schreiben Sie eine satirische Erzählung oder eine Szene, in deren Mittelpunkt jemand steht, der sich in keiner Situation von dieser Fachsprache lösen kann und sie folglich auch in völlig unpassenden Situationen verwendet. Tragen Sie Ihre Texte in geeigneter Weise vor.

Das schönste deutsche Wort (3)

Suchen Sie das schönste deutsche Wort. Sammeln Sie Vorschläge (in der Klasse oder der ganzen Schule), ohne dass Sie näher erklären, was ein „schönes Wort" ausmacht.
- Bilden Sie eine Jury, die die Ergebnisse sichtet, sich auf Kriterien einigt und die Auswahl trifft. Eine denkbare Methode wäre, bei jedem Wort zu ermitteln, ob es angenehme Gefühle hervorrufen kann. Dabei wird eine Skala von +10 (sehr angenehm) über 0 (neutral) bis -10 (sehr unangenehm) verwendet. Eine Gruppe von Testpersonen soll mit diesem Hilfsmittel bewerten, wie die Wörter auf sie wirken.
- Präsentieren Sie die Resultate in geeigneter Form.

Jäger der verlorenen Metapher (4)

Unser üblicher Sprachgebrauch ist voller sprachlicher Bilder, die gar nicht mehr als solche wahrgenommen werden (Flussbett, Tischbein, jmd. zur Verantwortung ziehen). Suchen Sie so genannte *verblasste Metaphern*, indem Sie geschriebene oder gesprochene Texte durchsuchen. Zeichnen Sie geeignete Bilder auf ein Blatt Papier (der Fluss, der in seinem Bett ruht) oder stellen Sie die Bilder mithilfe eines geeigneten Computerprogramms her.

Sammeln Sie Ihre Bilder in einem Heft oder veranstalten Sie ein Ratespiel, bei dem das Publikum den sprachlichen Ausdruck aufgrund des Bildes erraten muss.

Reden, die die Welt bewegten (5)

Suchen Sie im Internet nach Reden, die als besonders gelungen gelten.
- Ermitteln Sie, worauf die Wirkung der Rede zurückzuführen ist (Inhalt, Form, Situation der Zuhörer/innen, Ausstrahlung der Rednerin/des Redners).
- Stellen Sie Ihre Ergebnisse auf einem Plakat vor.

Mit Texten experimentieren (6)

Suchen Sie Texte, die eine bestimmte Wirkung haben (z.B. ein Leserbrief, der Protest ausdrücken soll, eine Werbeanzeige, die zum Kauf anregen soll usw.).
- Wählen Sie einzelne Texte aus und erproben Sie, wie sich die Wirkung dieser Texte verändern lässt. Die Veränderungen können sich auf folgende Aspekte beziehen: Kürzen des Textes, andere Wortwahl, anderer Satzbau, Hinzufügen von Beispielen, aggressiverer/freundlicherer Ton, Anrede des Publikums usw.
- Stellen Sie verschiedene Versionen des Textes nebeneinander und präsentieren Sie diese in geeigneter Form.

Kompetenzbereich 6:
Arbeitsergebnisse vorstellen

Arbeitsergebnisse adressatengerecht darstellen

1) Listen Sie auf, was die/der Vortragende beachten muss, wenn Ergebnisse einer Gruppenarbeit vorgestellt werden, um
   a) der Arbeit der Gruppe,
   b) den Bedürfnissen der Zuhörer/innen gerecht zu werden.

2) **Situation:**
Yvonne, Karin, Torsten und Angelo bilden eine Gruppe, die im Rahmen eines Zeitungsprojekts den „Artikel des Tages" aus einer Tageszeitung auswählen sollte. Sie entscheiden sich für diesen Artikel.

Alle vier müssen jeweils einem anderen Teil der Klasse die Ergebnisse der Arbeit vermitteln („Gruppenpuzzle"). Die jeweiligen Zuhörer/innen wissen nichts über die Arbeit der Gruppe. Die Deutschlehrerin, Frau Berger, hat noch einmal darauf hingewiesen, dass unter Umständen auch der Arbeitsprozess für die Zuhörer/innen von Interesse ist, nämlich dann, wenn er dabei hilft, die Arbeitsergebnisse zu verstehen und zu beurteilen.

Beurteilen Sie die vier Vorträge auf Seite 54 anhand der Hinweise, die Sie bei Aufgabe 1 zusammengestellt haben.

Betrunkener Elch randaliert

Die schwedische Polizei hat einen betrunkenen Elch erschossen, nachdem dieser zuvor einen kleinen Jungen angegriffen hatte. Der Elch sei betrunken gewesen, weil er verfaulte, bereits vergorene Äpfel gefressen habe, hieß es. Das Tier habe den Jungen im Garten seines Hauses im zentralschwedischen Karlskoga attackiert und ihn ordentlich durchgeschüttelt. Elche sind normalerweise scheue Tiere. Wenn sie jedoch verfaulte Äpfel fressen, können sie davon betrunken und in der Folge aggressiv werden.

Stuttgarter Zeitung, 31. 12. 2002

Kompetenzbereich 6 . Arbeitsergebnisse vorstellen

Torsten: Also, ich lese einfach mal vor, was ich aufgeschrieben habe. Ihr wisst bestimmt, dass Elche eigentlich sehr scheue Tiere sind, die niemandem etwas tun. Es sei denn, man fährt mit dem Auto. Da gab es doch einmal vor Jahren diesen Elchtest, bei dem dann das Auto umgekippt ist. Na ja, also, wie schon gesagt, Elche sind eigentlich harmlos. Nur, wenn sie betrunken sind, dann sieht das ganz anders aus. Ihr fragt euch natürlich: Wie kann ein Elch betrunken sein? Halt, das habe ich vergessen: Die Geschichte spielt in Karlskoga, das ist in Zentralschweden. Eigentlich klar. Bei uns gibt es ja keine Elche. Da hat dieser Elch Äpfel gefressen, und zwar faulige. Das hat ihn betrunken gemacht und dadurch wurde er aggressiv. Das kennt man ja, dass man vom Trinken aggressiv wird, nicht wahr, Thomas? Und weil der Elch so dicht war, hat er dann einen Jungen angegriffen und wurde erschossen. Das sollte uns doch eine Lehre sein! Hörst du zu, Thomas? Wir haben dann in der Gruppe noch heftig diskutiert, ob sich dieser Artikel wirklich als „Artikel des Tages" eignet. Karin und Yvonne meinten, dass irgendsoetwas Langweiliges über Rente oder den Nahen Osten besser wäre. Aber wir haben uns dann doch auf den Elch geeinigt.

Angelo: O.K. Ich denke, ich werde es ganz kurz machen. Ich erzähle euch erst einmal eine Geschichte. Die ist eigentlich ganz schnell erzählt. Darum will ich auch gar nicht viele Worte machen. Ich beschränke mich auf das Allerwichtigste. Wenn etwas nicht klar ist, könnt ihr ja fragen. Es geht um einen Elch, der erschossen wurde, weil er sich zugeknallt hat. Also, er war total besoffen. Das fanden wir eben alle total lustig. Das heißt, nicht alle. Yvonne hat der Elch voll Leid getan. Sie fand es unfair, dass er erschossen wurde. Deshalb wollte sie auch nicht, dass die Geschichte der „Artikel des Tages" wird. Aber Torsten hat immer voll Druck gemacht. Wir sollten uns endlich einigen und so, weil er nämlich in die Cafeteria gehen wollte. Und da haben wir die Geschichte mit dem Elch eben doch genommen. Das war dann auch unser wichtigstes Ergebnis. Gibt es noch Fragen?

Yvonne: Unsere Gruppe, also Torsten, Angelo, Karin und ich, hatte die Aufgabe, eine Ausgabe der Stuttgarter Zeitung durchzulesen und dabei den „Artikel des Tages" zu wählen. Wir haben einen Bericht mit der Überschrift „Betrunkener Elch randaliert" ausgewählt. Es geht darin um einen Vorfall in Schweden. Dort hat ein Elch vergorene Äpfel gefressen. Er wurde davon betrunken, hat einen Jungen angegriffen und musste erschossen werden. Diese Geschichte hat uns gut gefallen. Eben weil sie so witzig ist. Andererseits stellt sich hier natürlich die Frage, ob die Geschichte wirklich lustig ist. Schließlich hat ein Tier dabei das Leben verloren.

Karin: Ich war in einer Gruppe mit Torsten, Angelo und Yvonne und wir sollten aus einer Ausgabe einer Tageszeitung unseren „Artikel des Tages" wählen. Zunächst war uns der Sinn dieser Aufgabe nicht so ganz klar. Es waren keine Kriterien für die Auswahl vorgegeben. Darum schien es zunächst einmal so, als sei die Wahl völlig beliebig. Als wir uns dann mit den einzelnen Vorschlägen befassten, wurde aber deutlich, dass wir Kriterien brauchten. Wir haben uns schließlich auf einen Artikel geeinigt, in dem von einem Elch in Schweden berichtet wird, der betrunken war, weil er vergorene Äpfel gefressen hatte. Der betrunkene Elch griff einen Jungen an und wurde erschossen. Wir haben diesen Artikel ausgewählt, weil er so unterhaltsam und das Ereignis so ungewöhnlich ist. Allerdings war in unserer Gruppe die Wahl umstritten. Wir überlegten uns, ob es überhaupt die Aufgabe einer Tageszeitung ist, uns zu unterhalten oder ob die Zeitung uns nicht in erster Linie über Wichtiges informieren soll. Wenn man das als die vorrangige Aufgabe einer Tageszeitung ansieht, müsste man einen Artikel über die Rentenkassen oder den Nahen Osten auswählen. Wir waren dann aber doch der Meinung, dass eine Zeitung beides sein sollte: informativ und unterhaltsam. Darum schien uns die Wahl des Elch-Artikels doch gerechtfertigt zu sein.

Kompetenzbereich 6 . Arbeitsergebnisse vorstellen

③ Untersuchen Sie die Vorträge der Schüler/innen genauer, indem Sie die folgenden Kriterien anwenden. Fassen Sie Ihre Bewertung in einer Tabelle nach dem vorgegebenen Muster zusammen.

Bewertung: 0=schlecht; 1=teils gut, teils schlecht; 2=gut

Kriterium	Torsten	Yvonne	Angelo	Karin
1 Einführung				
2 Aufbau				
3 Anschaulichkeit				
4 Ausführlichkeit				
5 Diskussionsprozess				
6 Ergebnisse				

④ **Sprachliche Übung**

Formulieren Sie in den folgenden Situationen einleitende Sätze (Einführung) zur Vorstellung von Gruppenergebnissen. Erfinden Sie zusätzliche Angaben, wenn Sie das für erforderlich halten.

A Gruppe sollte Tageszeitung auswerten. Schwerpunkt Abbildungen. Welche Arten gibt es? Welche Funktion haben sie jeweils?

B Gruppe sollte Tageszeitung auswerten. Schwerpunkt Anzeigen. Keine genauere Aufgabe.

C Gruppe sollte Tageszeitung auswerten. Schwerpunkt Sprache. Vergleich zwischen dem Sportteil und dem Feuilleton.

Kompetenzbox

Arbeitsergebnisse vorstellen

Bewertungskriterien

1 Einführung
– Wird dem Publikum zu Beginn deutlich, worum es eigentlich geht?
– Wer hat unter welchen Vorgaben an welcher Aufgabe gearbeitet?

2 Aufbau
– Ist der Vortrag klar strukturiert, sodass es dem Publikum leicht fällt, dem Gedankengang zu folgen?
– Bleibt der rote Faden erkennbar?

3 Anschaulichkeit
– Wird so formuliert, dass der Vortrag für das Publikum verständlich ist?
– Werden Begriffe erklärt (wenn erforderlich)?
– Wird die Anschaulichkeit durch Beispiele erhöht (falls erforderlich)?

4 Ausführlichkeit
– Ist der Vortrag ausführlich genug, um verständlich zu sein?
– Ist er andererseits nicht zu ausführlich und enthält nichts Nebensächliches und Überflüssiges?

5 Diskussionsprozess in der Gruppe
– Wird deutlich, wo es Verständnisprobleme gab und wie man mit diesen umgegangen ist?
– Wird klar, wo und warum es unterschiedliche Meinungen gab?

6 Ergebnisse
– Werden die wichtigsten Ergebnisse deutlich?
– Entspricht die Vorstellung der Arbeitsergebnisse dem, was in der Gruppe besprochen wurde?

Kompetenzbereich 6 . Arbeitsergebnisse vorstellen

> **Kompetenzbox**
>
> ✓ **Der „rote Faden" eines Vortrags**
>
> soll für die Zuhörer/innen stets sichtbar bleiben → erleichtert das Verständnis
>
> **Mittel:**
> Stellenwert und Zusammenhang einzelner Aussagen im Rahmen der Gesamtthematik verdeutlichen → strukturierende Hinweise geben
>
> **Beispiele:**
> „Dafür gibt es drei Gründe. Erstens …"
> „Dabei muss beachtet werden, dass …"
> „Wir konnten nicht klären, unter welchen Bedingungen diese Annahme zutrifft."
> „Um das Problem zu verdeutlichen, erkläre ich zunächst einmal …"

Notizzettel von Karin

5 Beachten Sie die Hinweise in der Kompetenzbox und schreiben Sie die strukturierenden Hinweise heraus, die Karin in ihrem Vortrag verwendet.

6 **Sprachliche Übung: Anschaulich formulieren**
Ergänzen Sie die folgenden Aussagen mit konkreten Beispielen, die es dem Publikum ermöglichen, sich vor dem inneren Auge ein Bild zu machen.

A Im Wirtschaftsteil der Tageszeitung gibt es einerseits Informationen zu volkswirtschaftlichen Entwicklungen, andererseits wird über einzelne Unternehmen berichtet.

B Die Tageszeitung erfüllt eine wichtige soziale Funktion für ihre Leser/innen.

C Boulevardzeitungen konzentrieren sich besonders auf Inhalte, die ihre Leser/innen gefühlsmäßig berühren.

7 Ein Notizzettel ist oft hilfreich, wenn man Arbeitsergebnisse vorstellt.

Beurteilen Sie die Notizen, die
a) Torsten und
b) Karin sich für ihren Vortrag gemacht haben.

Notizzettel von Torsten

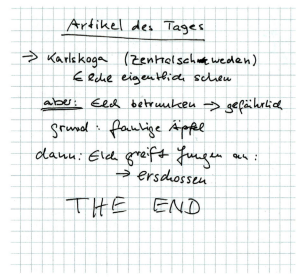

Arbeitsergebnisse vorstellen

Projektbörse

① Produkt als Arbeitsergebnis vorstellen

Wählen Sie einen alltäglichen Gegenstand (z. B. Tacker, Tageslichtprojektor, Angelhaken usw.) oder ein Verfahren (z. B. Laminieren, Tätowieren usw.) aus. Nehmen Sie Folgendes an: Sie sind Erfinder/in und haben den (bislang unbekannten) Gegenstand bzw. das Verfahren entwickelt. Sie stellen das Ergebnis Ihrer Arbeit nun möglichen Geldgebern vor, die Sie davon überzeugen wollen, dass sich eine Markteinführung lohnen würde. Benutzen Sie bei Ihrer Vorstellung geeignete Möglichkeiten der Visualisierung. Sie sollten deutlich machen, wie der Gegenstand funktioniert und welche Vorteile er Verbraucherinnen und Verbrauchern bringt.

② Richtlinie Arbeitsergebnisse vorstellen

- Befragen Sie Ihre Chefin/Ihren Chef, Ihre Arbeitskolleginnen/Ihre Arbeitskollegen, Lehrer/innen usw.:
  - Wo gibt es Situationen, in denen Arbeitsergebnisse vorgestellt werden?
  - Wie geschieht das jeweils?
  - Was ist dabei zu beachten?
  - Was empfinden Sie dabei als besonders hilfreich/lästig?
- Erstellen Sie auf der Grundlage der Befragungen ein Handout zur Qualitätssicherung, in dem neuen Mitarbeiterinnen und Mitarbeitern erklärt wird, worauf man bei der Vorstellung von Arbeitsergebnissen achten sollte.

③ Satire: Arbeitsergebnisse schönreden

Schreiben Sie eine Szene, in der sich Gott von einer Arbeitsgruppe berichten lässt, wie es auf der Erde aussieht.
Die Arbeitsgruppen sammeln Probleme, die es derzeit gibt.
Sie stellen diese Fakten wahrheitsgemäß dar, versuchen sie aber dadurch freundlicher zu gestalten, indem Sie immer positive Auswirkungen feststellen.

Beispiel:
Die Verschmutzung der Flüsse hat dazu geführt, dass die Menschen erkannten, wie wichtig sauberes Wasser ist, so dass sie sich jetzt um bessere Kläranlagen bemühen.
Dies kann mit verteilten Rollen geschehen: Ein Gruppenmitglied weist auf den negativen Sachverhalt hin, ein anderes erklärt, warum dieser Sachverhalt letztlich positiv ist.

④ Arbeitsergebnisse weitergeben – andere Methoden

Neben dem Vortrag vor der ganzen Gruppe gibt es andere Möglichkeiten, um Arbeitsergebnisse weiterzugeben. Informieren Sie sich über derartige Methoden, klären Sie die Voraussetzungen für deren Einsatz und erproben Sie sie.

Beispiele:
Expertenbefragung: Die anderen Teilnehmer/innen führen mit Mitgliedern der Arbeitsgruppe ein Interview.
Gruppenpuzzle: Ein Thema wird in Teilaspekte aufgeteilt, mit denen sich jeweils eine „Expertengruppe" befasst. Danach werden neue Gruppen gebildet, die aus je einem Mitglied der Expertengruppe bestehen. Jede „Expertin"/jeder „Experte" informiert die anderen Gruppenmitglieder über die Ergebnisse der jeweiligen Expertengruppe.
Fishbowl: Nach einer Arbeitsphase in verschiedenen Gruppen wird ein Innenkreis (= „Aquarium") gebildet, in dem sich jeweils ein „Fisch" aus den verschiedenen Gruppen und ein leerer Stuhl befindet. Im Aquarium wird jetzt über das Thema diskutiert. Wenn jemand aus dem Außenkreis sich an der Diskussion beteiligen möchte, kann die Person sich auf den leeren Stuhl setzen. Ihr wird darauf das Wort erteilt, sie äußert sich und begibt sich anschließend wieder in den äußeren Kreis.
Wandzeitung: Die Arbeitsgruppe fasst ihre Ergebnisse in Schrift und Bild (Visualisierung!) zusammen.

Kompetenzbereich 7: Berichten

Sachlich berichten

Ein Leguan im Mietwagen

Mitarbeiter einer Autovermietung beim Stuttgarter Flughafen haben am Mittwochabend in einem zurückgebrachten Auto einen Leguan entdeckt. Das etwa 30 Zentimeter lange Reptil hatte sich unter der Rücksitzbank verkrochen. Zwei Polizisten gelang es, das völlig verängstigte Tier einzufangen. Auf dem Revier brachten sie den Leguan provisorisch in einer Katzenbox unter. Nachdem die Beamten das halb verdurstete Tier über Nacht aufgepäppelt hatten, brachten sie es am Morgen in die Wilhelma[1]. Die Ermittlungen nach dem Besitzer des Reptils dauern an.

ber
Stuttgarter Zeitung, 26.09.2003

[1] zoologischer und botanischer Garten

Kompetenzbox

Bericht

Aufbau
Was ist im Einzelnen geschehen?
Ordnung nach zeitlichen bzw. sachlichen Kriterien, dabei Beantwortung der W-Fragen:
WER? WANN? WO? WAS?
WARUM ist es geschehen?
WELCHE Folgen hat das Geschehen?

Sprache
Sachlich, genau;
Fachbegriffe müssen je nach Adressaten und Zweck erläutert und durch Umschreibung erklärt werden.

Zeitform
Präteritum (Vergangenheit)

1) Situation:
Ein Kollege und Sie haben das Tier in dem Mietwagen gefunden. Ihr Chef möchte von Ihnen einen Bericht über diesen außergewöhnlichen Vorfall, um ihn zu den Akten zu nehmen. „Wer weiß", sagt er, „nachher kriegen wir noch Ärger mit dem Tierschutzverein oder der Besitzer des Leguans fordert Schadenersatz oder der Arbeitsschutz spricht von unzumutbaren Arbeitsbedingungen. Haben wir alles schon gehabt."

Erstellen Sie einen Bericht für Ihren Chef. Ergänzen Sie nötige Angaben.

Kompetenzbereich 7 . Berichten

Berichtsheft schreiben

Aus Kevins Berichtsheft:

> Freitag, 9. Januar 2004
> Lange am Computer gesessen
> Warenannahme, H. Neudorf ist krank
> Lieferscheine waren alle ok
> Waren ausgepackt: keine Macken
> Mittagspause
> Lager: Waren eingeräumt
>
> Montag, 12. Januar 2004
> Berufsschule
>
> Dienstag, 13. Januar 2004
> Kasse
> Ausgangsrechnungen am Computer
> Postgang
> Bankgang
> Mittagspause
> Tagesumsatz, Kleingeld
> Telefongespräche

Am Montag m/Morgen dem 13.10.2... 11:00 Uhr wurde ich Zeuge eines Unfalls. Ein Klein-Lkw befuhr die Voßkuhlstraße in Richtung Heeger Straße und wollte in die Sternstraße rechts abbiegen.
Auf dem 30 Meter vor der Einmündung Sternstraße gelegenen Fußgängerüberweg überquerte gerade eine 59-jährige Fußgängerin die Voßkuhlstraße von links nach rechts als der Klein-Lkw Kennzeichen: G-TT ... die Frau erfasste und ca. 9 Meter durch die Luft schleuderte. Die Frau blieb schwer verletzt liegen.
Der Klein-Lkw bremste kurz ab fuhr dann aber mit erhöhter Geschwindigkeit ich schätze 80–90 km/h davon.
Am Dienstag v/Vormittag dem 14.10.2... also v/Vorgestern m/Morgen musste ich dann gegen 11:00 Uhr zur Polizeiwache. Dort wurde das Unfallgeschehen – ich stand am 13.10.2... nämlich unter Schock – noch einmal genau protokolliert.
Nun g/Gestern a/Abend erhielt ich die Mitteilung: Die Gerichtsverhandlung wird am 11.03.2... 11:30 Uhr im Amtsgericht Gera 2. Stock Saal 1 stattfinden.

Also, das müssen Sie noch einmal überarbeiten!

> **Kompetenzbox**
>
> **Das Berichtsheft**
>
> Es dient als Ausbildungsnachweis und wird von der zuständigen Kammer geprüft.
>
> Alle vermittelten Ausbildungsinhalte, praktische und theoretische, müssen dokumentiert (eventuell mit Zeitangaben versehen) und stichwortartig erläutert werden.
>
> **Beispiel:**
> *10:30 bis 11:30 Uhr mit Frau Beringer Kasse geprüft*
>
> **Sprache**
> Sachlich, keine Wertungen
>
> **Zeitform**
> Partizip Perfekt
> (Mittelwort der Vergangenheit)

1 a) Lesen Sie die Eintragungen in Kevins Berichheft.
b) Begründen Sie, weshalb Frau Beringer, Kevins Ausbilderin, mit dem Berichtsheft nicht zufrieden ist. Beachten Sie dabei die Hinweise zur Abfassung eines Berichtsheftes.

2 Schreiben Sie Kevins Berichtsheft neu.

3 Sprachliche Übung
a) Setzen Sie die Kommas an die richtige Stelle mithilfe der Regeln im Anhang.
b) Entscheiden Sie, ob die Tageszeiten groß- oder klein-, getrennt oder zusammengeschrieben werden.

Projektbörse — Berichten

"Meine ersten Arbeitstage"

Erstellen Sie einen Bericht zu diesem Thema.
- Legen Sie zunächst fest, worüber Sie Ihre Mitschülerinnen und Mitschüler informieren wollen (z. B. Ablauf der ersten Tage, zum ersten Mal beim Kundengespräch …).
- Skizzieren Sie einen sinnvollen Aufbau und formulieren Sie eine passende Überschrift.
- Tragen Sie Ihren Bericht vor, bringen Sie dazu Fotos, Arbeitsproben usw. mit.

Ein Reisebuch

Wählen Sie eine Unternehmung aus, die für Sie besonders interessant war, ob Polarkreisrundreise, Wanderwoche, Besuch des Kirchentags, Sportfreizeit, Kreativseminar oder Städtereise.
- Berichten Sie Ihren Mitschülerinnen und Mitschülern über diese Reise. Visualisieren Sie dabei Ihre Ausführungen mit Fotos, Skizzen, Eintrittskarten usw.
- Gestalten Sie mit den Beiträgen aus Ihrer Klasse ein Reisebuch.

Brückenbau

Bauen Sie eine Brücke mit den Materialien Karton (ein Bogen Zeichenkarton, A2) und Kleber. Die Brücke soll ohne Hilfsmittel einen Abstand von 50 cm überspannen und so stabil sein, dass sie das Gewicht einer Getränkeflasche aushält.
- Berichten Sie über Ihre Arbeits- und Vorgehensweise:
  - Welche Aufgabe hatten Sie?
  - Wie sind Sie vorgegangen?
  - Wer waren die Ideengeber?
  - Welche Veränderungen gab es bei der Planung?
  - Wer traf die Entscheidungen?
- Beschreiben Sie Ihre Brücke.
- Bereiten Sie als Mitarbeiterin eines Architekturbüros eine Präsentation Ihrer Brückenkonstruktion im Gemeinderat vor.
- Fotografieren Sie hierzu die gesamte Brücke und einzelne Teile.
- Legen Sie einen Ort fest, an dem die Brücke gebaut werden soll.
- Stellen Sie Ihren Entwurf vor und versuchen Sie die Zuhörer/innen zu überzeugen, dass Ihre Brücke am besten in die festgelegte Landschaft passt.

Im Jahr 2050

Gestalten Sie die Titelseite einer überregionalen Zeitung des Jahres 2050. Erfinden Sie Schlagzeilen und kleine Texte. Worüber wird berichtet?

Kompetenzbereich 8: Beschreiben

Personen beschreiben

> WO SIND DIE MÄNNER,
> die weder beziehungsgestört sind noch nur das Eine suchen? Bin 21, hübsch, zierlich, Frau mit Ausstrahlung und Grübchen, manchmal frech, aber immer ehrlich, spontan und etwas crazy …
> BmB! *Chiffre: 04030109*

① Beschreiben Sie, welche Vorstellungen Sie sich von der Frau machen, die diese Anzeige annonciert hat.

② Erläutern Sie,
   a) auf welche Weise sich die Person charakterisiert,
   b) welche Rolle die Beschreibung des Aussehens der Person spielt.

③ **Sprachliche Übung**
   a) Legen Sie eine Tabelle nach diesem Muster an.

Kompetenzbox

Personenbeschreibung

Aufbau
Zuerst besonders auffallende Merkmale, dann Einzelheiten zu Aussehen, Körpersprache, Verhalten

Sprache
Genau, präzise, Veranschaulichung durch Vergleiche

Zeitform
Präsens (Gegenwart)

Beschreibungsmöglichkeiten			
	von		bis
Beschaffenheit der Haare	*dünn, schütter, licht*	*normal, glatt, dicht*	*kräftig, gekraust, voll*
Statur	*zierlich, schlank*	…	…

Kompetenzbereich 8 . Beschreiben

b) Notieren Sie jeweils mindestens zwei Adjektive für eine Personenbeschreibung zu den folgenden Stichwörtern.
Beschaffenheit der Haare, Statur, Kopfform, Form der Stirn, Farbe der Augen, Ausdruck der Augen, Lippenform, Stimme, Kinnform, Bewegungen, Schritte

4) Beschreiben Sie eine prominente Person, die Ihnen sympathisch ist, die Sie vielleicht sogar bewundern.
Stellen Sie diese Person, ohne (!) deren Namen zu nennen, Ihren Mitschülerinnen und Mitschülern vor, lassen Sie sie raten.

Arbeitsabläufe beschreiben

Nicole: „Ich war ja starr vor Angst. Also, Augen zu und rein zum Zahnarzt!"
Karin: „Wieso, was hat er denn Schreckliches gemacht?"
Nicole: „Meinst du, dass ich mir das auch noch merke? Ich bin froh, dass ich noch lebe! Jedenfalls hat er einen meiner Trümmerhaufen repariert!"
Karin: „Na ja, so schlimm kann das doch nicht gewesen sein. Erzähl mal."
Nicole: „Du als Zahnarzthelferin hast gut reden! Allein die Geräusche, dieses hohe Pfeifen des Bohrers und was dann alles noch da reingeschmiert wird, das war ja jedes Mal was anderes! Trocknen, schmieren, spachteln, spülen, einfach schrecklich!"

1) Erläutern Sie, warum Nicole ihrer Freundin Karin nicht richtig beschreiben kann, welche Arbeitsgänge der Zahnarzt verrichtet hat.

2) Beschreiben Sie den Arbeitsablauf, wie er sich für Karin darstellt, mithilfe der Abbildungen und Hinweise so, dass Nicole ihn versteht. Versetzen Sie sich in die Rolle von Karin.

1) Schmelz/Säuregel anätzen 2) spülen 3) trocknen 4) Dentinschicht säubern/Reinigungsmittel 5) trocknen

6) Benetzungsmittel (Sealer) als Kuppler für die gesamte Füllung 7) trocknen 8) Composite Füllung 9) Kunststoffstreifen/Licht/aushärten

research. Das Bayer-Forschungsmagazin, Ausgabe 7, November 1993, S. 73

Kompetenzbereich 8 . Beschreiben

3) Erläutern Sie, welche Funktion der Gebrauch von Fachsprachen hat.

4) Beschreiben Sie einen Arbeitsablauf Ihrer Wahl (Beruf, Hobby, Haushalt …).
Benutzen Sie, wo es angebracht ist, fachsprachliche Ausdrücke, die Sie jeweils kurz erklären.

> **Kompetenzbox**
>
> **Vorgangsbeschreibung**
>
> **Aufbau**
> Einzelne Schritte eines Vorgangs nachvollziehbar erläutern und im zeitlichen Ablauf beschreiben
>
> **Sprache**
> Sachlich, genau
> Je nach Adressaten Fachbegriffe erklären
>
> **Zeitform**
> Präsens (Gegenwart)

5) Sprachliche Übung
Ergänzen Sie in einer Kopie die fehlenden Buchstaben. Entscheiden Sie, ob groß- oder kleingeschrieben werden soll und welche s-Laute einzusetzen sind.

Zum ▢ochen von ▢udeln benötigt man einen gro▢en ▢opf, zum ▢mrühren einen ▢ochlöffel, fürs ▢bgie▢en ein ▢ieb und zum ▢erteilen der ▢udeln eine ▢udelzange.

Zuerst wird das ▢a▢er aufgekocht: Ein ▢iter pro 100 ▢ramm ▢asta. In das sprudelnd kochende ▢a▢er gibt man pro 100 ▢ramm ▢udeln einen ▢löffel ▢alz dazu, dann die ▢udeln und rührt das ▢anze um. Die ▢ochzeit ist auf der ▢ackung vermerkt. Eine ▢inute vor ▢blauf der ▢ochzeit testet man, ob die ▢udeln schon gar sind. Wenn sie bi▢fest sind, gie▢t man sie samt dem ▢a▢er in ein ▢ieb ab und vermischt sie mit der ▢o▢e.

6) Sprachliche Übung
Schreiben Sie das Rezept für die rohe Tomatensoße in einer sinnvollen Reihenfolge.

Rohe Tomatensoße

Zutaten
1 kg vollreife Tomaten, 4 (oder mehr) Esslöffel sehr gutes Olivenöl, 2 (oder mehr) Knoblauchzehen, 1 Bund frisches Basilikum, Salz, Pfeffer, eine Prise Cayennepfeffer, nach Geschmack evtl. 1 Esslöffel Zitronensaft

Das Basilikum über die Soße streuen und mit einem Löffel die Kerne herausheben, mit Olivenöl, gepresstem Knoblauch, Salz, Pfeffer, Cayennepfeffer und gegebenenfalls Zitronensaft verrühren und den Tisch decken, vor dem Servieren einige Zeit durchziehen lassen, die Tomaten mit kochendem Wasser überbrühen, abschrecken, enthäuten, halbieren, Spaghetti kochen, das Fruchtfleisch fein hacken.

Kompetenzbereich 8 . Beschreiben

Arbeitsplatz beschreiben

1) Situation:
Ihre Chefin/Ihr Chef gibt den Mitarbeiterinnen/ Mitarbeitern und Auszubildenden Ihrer Abteilung freie Hand bei der Gestaltung des Arbeitsplatzes und der Wahl der Arbeitsmittel. Als Entscheidungsgrundlage für die Finanzierung verlangt sie/er jedoch eine detaillierte Arbeitsplatzbeschreibung, in der Sie Ihre Vorstellungen begründen.

Fertigen Sie eine Skizze an, aus der die genaue Platzierung der Ausstattung und der Tür- und Fensteröffnungen hervorgeht.

2) Legen Sie eine Liste aller Gestaltungselemente, wie z. B. Farben, Bilder, Pflanzen, aller Einrichtungsgegenstände und Arbeitsmittel an und geben Sie Stichworte für deren Vorzüge.

3) Erstellen Sie einen kurzen Entwurf für Ihre Chefin/ Ihren Chef. Verknüpfen Sie jede Entscheidung mit den entsprechenden Vorzügen so, dass Ihre Chefin/Ihr Chef Ihrem Konzept zustimmt.

Beschreiben Projektbörse

① Essen, Trinken & Ausgehen

Bilden Sie kleine Gruppen, berücksichtigen Sie dabei den gemeinsamen Wohnort der Gruppenmitglieder. Einigen Sie sich auf ein Lieblingslokal in Ihrem Ort.
- Recherchieren Sie das Angebot, die Öffnungszeiten, das Publikum usw.
- Fertigen Sie eine Beschreibung mit Foto, Anfahrtsskizze und Bewertung an.
- Gestalten Sie mit Ihrer Klasse eine Broschüre mit Tipps zum Essen, Trinken & Ausgehen.

② Ihr Treppenhaus

Fotografieren Sie Ihr Treppenhaus.
Alle Fotografien werden anonym gesammelt und zu einer Collage verarbeitet.
- Beschreiben Sie „Ihr" Treppenhaus und hängen Sie Ihre Beschreibung aus.
- Lassen Sie das dazugehörige Bild von den anderen finden.

③ Impressionen eines Ortes

Spazieren Sie durch Ihren Ort oder Stadtteil. Notieren Sie dabei alles, was Ihnen auffällt, z.B. Menschen, Geschäfte, Geräusche, Gerüche.
- Entwerfen Sie mit Hilfe Ihrer Notizen ein Storyboard[1] mit der geplanten Bildfolge als Skizzen mit Angaben zu Zeit, Ton und Text.
- Filmen Sie die entsprechenden Szenen.
- Veranstalten Sie mit Ihren Mitschülerinnen und Mitschülern einen Filmabend.

[1] Drehbuch als Comicstrip, es enthält die geplante Bildfolge als Skizzen mit Angaben zu Zeit, Ton und Text und ist üblich bei der Konzeption eines audiovisuellen Medieneinsatzes.

④ Textheft erstellen

Beschreiben Sie einen Arbeitsvorgang aus Ihrem Beruf. Gliedern Sie den Text in sinnvolle Abschnitte.
- Erklären Sie Fachbegriffe am Ende Ihrer Beschreibung. Fügen Sie Skizzen oder Bilder zur Veranschaulichung hinzu.
- Fassen Sie die Beschreibungen aller Schüler/-innen zu einem Textheft zusammen.

Kompetenzbereich 9:
Gespräche führen I (Grundlagen)

Warum Gespräche so wichtig sind

1. Untersuchen Sie das Diagramm.
   a) Klären Sie die verwendeten Begriffe.
   b) Bestimmen Sie, wie viel Zeit die Manager insgesamt mit Kommunikation verbringen.

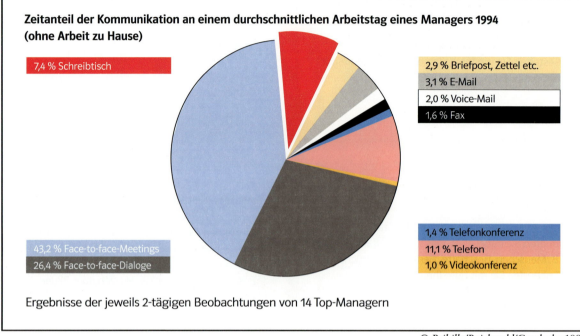

© Pribilla/Reichwald/Goedecke 1996

2. Lesen Sie das Gespräch der drei Jugendlichen über das Diagramm.

Kompetenzbereich 9 . Gespräche führen I

Önder: Seht euch das mal an. Dafür bekommen unsere Manager das viele Geld. Die reden nur den ganzen Tag, mal mit einzelnen Leuten, mal bei Meetings, mal am Telefon. Dann schreiben sie noch ein paar Zettel, Faxe und E-Mails. Und das nennen die dann arbeiten.
Katia: Ach, weißt du, ich bin zwar kein Manager, aber bei mir ist es auch so ähnlich. Ich berate Kunden, bestelle Ware, beschwere mich bei Lieferanten, erkläre den Auszubildenden die Arbeitsabläufe, berichte der Chefin, wie es läuft, bespreche mit ihr, wie wir Probleme lösen usw. Ich werde auch dafür bezahlt, dass ich Gespräche führe.
Steffi: Und wie ist es in der Freizeit? Wir diskutieren über Musik, quatschen über Fußball, tratschen über Jungs, machen Witze, trösten die kleine Schwester, unterhalten uns beim Essen, wir spinnen rum und träumen zusammen. Oder wir lesen eine SMS, schreiben eine Mail, gehen in einen Chatroom. Ein Großteil unseres Lebens ist Kommunikation.

3 a) Erklären Sie, welche Vorstellung von Arbeit Önder hat.
b) Listen Sie in einer Tabelle Berufe auf, in denen Kommunikation
   – sehr wichtig,
   – wichtig,
   – weniger wichtig ist.
c) Berichten Sie von Situationen, in denen Gespräche entscheidend waren.

4 Notieren Sie, welche kommunikativen und zwischenmenschlichen Fähigkeiten man jeweils braucht, um in den folgenden Situationen erfolgreich zu sein.

Beispiel:

Situation	Was man in der Situation können sollte
A Sie sind bei den Eltern Ihrer neuen Partnerin/Ihres neuen Partners eingeladen. Es ist Ihnen sehr wichtig, einen guten Eindruck zu machen.	– *höflich sein* – *nett und freundlich auftreten* – *unterhaltsam plaudern*

B Das Computersystem an Ihrem Arbeitsplatz bereitet Probleme. Die Sicherung der wichtigen Kundendaten funktioniert nicht. Sie rufen bei der Hotline des Software-Herstellers an.

C Ihre Firma möchte Sie an einen anderen Standort versetzen. Das wollen Sie auf keinen Fall. Sie reden mit dem Chef.

D Jetzt platzt Ihnen aber gleich der Kragen. Die neue Aushilfskraft hat schon wieder alles falsch gemacht. Wenn die Abteilungsleiterin kommt, gibt es Stunk, und natürlich bleibt wieder alles an Ihnen hängen!

E Ihr Gruppenleiter teilt Ihnen mit, dass Sie im Mai nicht in Urlaub können, obwohl Sie bereits eine Reise gebucht haben.

F Sie laden mehrere Leute zu einer Party ein, von denen sich die meisten nicht kennen. Man sitzt am Tisch, aber es will kein richtiges Gespräch in Gang kommen.

G Eine Freundin von Ihnen ist völlig verzweifelt. Ihre Eltern wollen sich trennen.

H Sie haben eine tolle Idee, was Sie heute Abend mit Ihrer Clique machen können. Aber Michael hat andere Vorstellungen und meistens macht man dann doch das, was Michael will.

I Michael, der Freund aus Ihrer Clique, greift Sie vor den anderen ganz unfair an. Er wirft Ihnen vor, Sie würden die Clique nur benutzen, um zu verbergen, dass Sie in Wahrheit nur ein „Loser und Außenseiter" seien.

J Sie nehmen einen Anruf für eine Kollegin entgegen. Der Kunde möchte die Lieferbedingungen für die Ware, die er bei Ihnen bestellt hat, ändern.

Kompetenzbereich 9 . Gespräche führen I

Direkte und indirekte Aussagen unterscheiden – Vier-Seiten-Modell

Situation:
Carla hat für ihren neuen Freund Uwe gekocht – Spaghetti Carbonara. Uwe probiert. „Schmeckt gut", sagt er und fügt versonnen hinzu: „Britta, meine frühere Freundin, die konnte vielleicht kochen! Wie eine Sterne-Köchin!"
Carla ist gekränkt. „Vielleicht solltest du besser wieder zu ihr gehen, wenn es dir bei mir nicht schmeckt!"
„Was soll der Quatsch?", antwortet Uwe, „davon habe ich doch kein Wort gesagt, oder? Die Spaghetti sind ok."

> **Kompetenzbox**
>
> ✓ **Aussagen richtig verstehen**
>
> **Aussage**
>
> **direkt**
> (ausdrücklich gesagt)
>
> **Beispiel:**
> *Mein erster Ehemann versteht mich besser als meine älteste Schwester.*
>
> **indirekt**
> (stillschweigend mitgemeint)
>
> **Beispiel:**
> *1. Ich habe mindestens zweimal geheiratet.*
> *2. Ich wurde von meinem ersten Mann geschieden.*
> *3. Ich habe mindestens zwei Schwestern.*
>
> **Aussagen interpretieren**
> (zwischen den Zeilen lesen)
>
> **Beispiel:**
> *Es ist schon 23 Uhr!*
> Mögliche (implizite) Bedeutungen:
> – Ich bin müde.
> – Es ist Zeit, dass du gehst.
> – Ich muss jetzt gehen.
> – Du arbeitest zu langsam.
> – Beeile dich.
>
> Welche Bedeutung der Satz im Gespräch tatsächlich hat, ergibt sich meist aus dem **Zusammenhang (Kontext)**, also der **konkreten Situation**, in der er geäußert wurde.

1) Beschreiben Sie, worin die Unstimmigkeit von Carla und Uwe besteht.

2) Listen Sie auf, welche indirekten Behauptungen sich hinter den folgenden Sätzen verbergen.
  A Die meisten meiner weiblichen Angestellten sind doch nur wegen meines Geldes hinter mir her.
  B Seit ich vor einem Jahr endlich die Gehaltserhöhung bekam, habe ich keine Geldprobleme mehr.
  C Die derzeitige Wirtschaftskrise ist hausgemacht.

3) Lesen Sie bei den folgenden Äußerungen zwischen den Zeilen und sagen Sie, welche indirekten Aussagen hier mitgemeint sein könnten.
  A Gast zum Ober: „Das Schnitzel ist aber ziemlich fett."
  B Sekretärin, die ihrer neuen Kollegin den Betrieb zeigt: „Früher herrschte hier ein gutes kollegiales Klima."
  C Schreinergeselle: „Ich räume jetzt seit zwei Stunden die Werkstatt auf und meine lieben Kollegen stehen draußen rum und rauchen."
  D Andenkenverkäufer zeigt einem Freund seine Ware: „Schneekugeln. Japanische Touristen bezahlen für so etwas Geld."

4) Lesen Sie die folgenden Sätze jeweils mit unterschiedlicher Betonung einzelner Wörter laut vor. Nennen Sie die Bedeutung, die der Satz dann in einem bestimmten Zusammenhang haben kann.
  A Ich habe für das Motorrad 2000 € bezahlt.
  B In unserem Betrieb arbeiten 48 Menschen.
  C Was lernen Sie eigentlich in der Berufsschule?

Kompetenzbereich 9 . Gespräche führen I

Kompetenzbox

Aspekte einer Äußerung (Seiten einer Nachricht)

Mithilfe des so genannten Vier-Seiten-Modells des Kommunikationspsychologen Friedemann Schulz von Thun lassen sich die ausdrücklichen und die stillschweigend mitgemeinten Aussagen, die mit einer Äußerung verbunden werden können, in vier Gruppen einteilen.

1. Das, was ich (direkt oder indirekt) über mich selbst sage (**Selbstkundgabe**).

   Beispiel:
   Ich bin ungeduldig, mache mir Sorgen, bin voller Vorfreude usw.

2. Das, was ich (direkt oder indirekt) über die **Sache** sage.

   Beispiel:
   Abfahrt des Zuges in fünf Minuten

Der Zug nach München fährt in fünf Minuten!

3. Das, was ich (direkt oder indirekt) über die **Beziehung zum Adressaten** sage:
   Wie stehen wir zueinander?
   Was halte ich vom Adressaten?

   Beispiel:
   Ich bin für dich verantwortlich.
   Du brauchst Hilfe, Ermahnung usw.

4. Das, wozu ich (direkt oder indirekt) auffordere (**Appell**).

   Beispiel:
   Beeile dich!
   Trödle nicht herum!

---

5) Die angesprochene Person kann auf jede einzelne dieser direkten oder indirekten Aussagen reagieren. Auf die Äußerung „Der Zug nach München fährt in fünf Minuten!" antwortet die angesprochene Person jeweils so:

A Musst du mich eigentlich ständig gängeln? Ich bin selber groß!

B Ich komme ja schon! Schneller geht es nicht.

C Beruhige dich. Das reicht locker!

D Nein, der hat wieder einmal Verspätung.

Bestimmen Sie, auf welchen Aspekt sich die Antwort jeweils bezieht.

6) a) Erstellen Sie eine Tabelle nach folgendem Muster.

Äußerung	Selbstkundgabe	Sache	Beziehung	Appell
A	Ich bin unzufrieden und ärgere mich.	Petra arbeitet nicht gut. Grund: Sie strengt sich nicht genug an.	Ich stehe über dir, kann dich und deine Arbeit beurteilen.	Ändere dich! Strenge dich an!

Kompetenzbereich 9 . Gespräche führen I

b) Notieren Sie die vier Aspekte der folgenden Aussagen (wo es Ihnen sinnvoll erscheint).

A Der Meister blickt Petra über die Schulter: „Wenn du dir nicht mehr Mühe gibst, wird das nichts."

B Mutter zur 17-jährigen Tochter: „Ist der Rock nicht etwas kurz?"

C Anwaltsgehilfin zu ihrer Kollegin: „Dass du inmitten deiner Unordnung überhaupt noch etwas findest, ist ein Wunder."

D Angelo bei einer Party zu einem Mädchen, das er flüchtig kennt: „Hallo, Schätzchen, super, dass du auch da bist!"

E Ein Kollege bei einer Arbeitsbesprechung zu einem Monteur: „Mensch, Ihr Vorschlag ist der reine Schwachsinn!"

F Sonja zu einer Freundin, die stolz ihr neues Handy zeigt: „Na ja, für dich ist das Ding gut genug!"

G Personalchef zum Stellenbewerber: „Sie meinen also, dass Sie mit so einem schlechten Zeugnis bei uns eine Chance haben?"

H Gaby zu ihrem Freund: „Deine dreckigen Socken liegen schon wieder auf dem Boden!"

Verbale und nonverbale Kommunikation

Situation:
Diana und Silvia sind Kundenberaterinnen bei der Deutschen Bahn. Sie treffen sich in drei unterschiedlichen Situationen und reden über ihre Arbeit.

Situation 1

Diana: Vorhin war die neue Leiterin der Fahrgastbetreuung bei mir.
Silvia: Die Berger? Und, was hast du für einen Eindruck?
Diana: Sie war stinkfreundlich. Hat viel gefragt, sich für alles interessiert und so. Aber ich traue ihr nicht, ich glaube, die hat was gegen mich. Mit der kriege ich bestimmt noch Schwierigkeiten. Das habe ich einfach im Gefühl.

Situation 2

Diana: Also Leute gibt es. Heute morgen war ein Kunde da. Ein richtiges Ekelpaket. Total arrogant und unfreundlich. So von oben herab. Als wäre er Bill Gates oder so.
Silvia: Was wollte er denn?
Diana: Eigentlich das Übliche. ICE nach Hannover mit der Bahncard. Aber das war es nicht. Der Kerl war einfach so was von unangenehm.
Silvia: Ja, ich kenne solche Typen.

Kompetenzbereich 9 . Gespräche führen I

Situation 3

Diana: Vorhin kam ein Kunde zu mir, der war so was von nett und charmant. Irgendwie total süß.
Silvia: Was hat er gesagt?
Diana: Nichts Besonderes. „Guten Morgen. Könnten Sie mir bitte sagen, wie ich möglichst schnell nach Leipzig komme."
Silvia: Das ist ja sehr beeindruckend.
Diana: Doch wirklich. Du hättest ihn erleben sollen. So ein toller Mann!

1) Formulieren Sie Vermutungen, wie Diana jeweils zu den Eindrücken über die verschiedenen Personen kommt.

2) Bestimmen Sie, wie man die folgenden „Botschaften"
   a) verbal übermitteln kann,
   b) nonverbal ausdrücken kann.

- Das Essen schmeckt mir.
- Ich fühle mich unwohl.
- Der Vortrag interessiert mich nicht.
- Eine gute Ausbildung ist die Voraussetzung für beruflichen Erfolg.

3) Tragen Sie die folgenden Aussagen so vor, dass die verbalen und die nonverbalen „Botschaften"
   a) übereinstimmen,
   b) nicht übereinstimmen.
   Eine zweite Person notiert, welche körpersprachlichen Merkmale für den jeweiligen Eindruck ausschlaggebend sind.
   c) Entscheiden Sie, ob die verbalen oder nonverbalen Anteile der Äußerung glaubhafter sind. Kommen Sie zu einer allgemeinen Einschätzung.

   A Ja, ich habe Zeit für dich.
   B Mir geht es gut.
   C Tu, was du willst. Mir ist das egal.
   D Ich freue mich auf die Party.
   E Es macht mir nichts aus, eine Stunde länger zu bleiben.

Kompetenzbox

Verbale und nonverbale Kommunikation

In der Kommunikation zwischen Menschen gibt es zwei Arten, wie man etwas vom anderen erfährt.

verbal:

durch die Bedeutung der Worte, die geschrieben oder gesprochen werden.

nonverbal (über Körpersprache):

– Gestik (Körperhaltung, Handbewegungen usw.)
– Mimik (Lächeln, Gesichtsausdruck usw.)
– Art des Sprechens (Lautstärke, Betonung usw.)

Kompetenzbox

Stimmige und nicht stimmige Äußerungen

In einem Gespräch wird gleichzeitig verbal und nonverbal kommuniziert. Wenn die verbale Aussage (z. B. „Ich finde den Vorschlag interessant.") und die nonverbalen Signale (offene, auf die Partnerin oder den Partner konzentrierte Haltung, freundliche Mimik, keine anderen Aktivitäten) zusammenpassen, so spricht man von einer **stimmigen** (kongruenten) Äußerung. Gibt es einen Widerspruch zwischen dem, was gesagt wird, und dem, wie es gesagt wird, so spricht man von einer **nicht stimmigen** (inkongruenten) Mitteilung.

Kompetenzbereich 9 . Gespräche führen I

4 Führen Sie ein Rollenspiel durch. Dabei bleibt es den Spielerinnen und Spielern überlassen, ob sie offen und ehrlich kommunizieren oder in Wirklichkeit etwas anderes im Schilde führen. Eine Gruppe von Beobachtern konzentriert sich auf die Körpersprache und ermittelt, ob die jeweilige Person das, was sie sagt, auch so meint.

A Gebrauchtwagenverkäufer/in preist gegenüber Kundin/Kunden ein Fahrzeug an.
B Chef/in erklärt Mitarbeiter/in, wie viel sie/er von ihr/ihm hält.
C Handwerker/in erklärt Kundin/Kunden, dass die Mängel bei der Arbeit unvermeidlich waren.
D Spieler/in A versucht Spieler/in B von einer riskanten Geldanlage zu überzeugen.

5 Erläutern Sie die folgenden Aussagen.
A „Man kann nicht nicht kommunizieren."
(Paul Watzlawick)
B Aus dem Tagebuch eines Mannes, der nach mehreren Augenoperationen vollkommen blind geworden ist:

> Lächeln ist mir zu einer mehr oder weniger bewussten Anstrengung geworden. Es hat wohl damit zu tun, dass es nicht bekräftigt wird. Es kommt kein antwortendes Lächeln zurück. Ein strahlendes Lächeln kann mich nicht überraschen. Ich erlebe es nicht mehr, wie sich auf dem Gesicht eines Fremden plötzlich Schönheit und Freundlichkeit ausbreiten. Lächeln ist für mich wie das Absenden unzustellbarer Briefe. Sind sie angekommen und angenommen worden? Habe ich überhaupt in die richtige Richtung gelächelt?

John M. Hull: Im Dunkeln sehen. Tagebuch eines Blinden.
C.H. Beck Verlag 1992

Gespräche führen I — Projektbörse

① Wo bleibt sie nur, die Zeit?

Erstellen Sie für sich selbst ein Zeitprofil.
- Ermitteln Sie, wie viel Zeit Sie beruflich und privat mit Kommunikation zubringen.
- Befragen Sie andere Menschen, z.B. Ihre Chefin/ Ihren Chef, wie hoch der Anteil bei ihr/ihm ist.
- Visualisieren Sie Ihre Ergebnisse (z.B. durch Diagramme).
- Machen Sie Verbesserungsvorschläge (z.B. mehr Zeit mit der Freundin verbringen, mehr durch E-Mails regeln usw.).
- Präsentieren Sie Ihre Ergebnisse in geeigneter Form.

② Wirkungen von Gesprächen sammeln

Ein Gespräch kann …
Sammeln Sie Ergänzungen zu diesem Satz
(… *glücklich machen. … Mut machen. … dem Leben einen Sinn geben usw.*).
- Liefern Sie zu jedem Satz eine kleine Geschichte, die verdeutlicht, was mit dem Satz gemeint ist. Diese Geschichte kann selbst erfunden, aber auch wirklich erlebt oder aus Büchern, Filmen usw. übernommen sein.
- Verwenden Sie Fotos, Zeichnungen etc. um die dargestellte Wirkung zu unterstreichen.
- Sammeln Sie Ihre Beiträge in einem Heft, auf einer CD oder Wandzeitung.

③ Wie wichtig ist die Körpersprache?

Man kann es immer wieder lesen und hören: Über die Körpersprache würden viel mehr Informationen übermittelt als über die Worte, die gesprochen werden. Überprüfen Sie diese Auffassung.
- Denken Sie sich verschiedenartige Gesprächssituationen aus (z.B. Smalltalk bei einer Party, Vorstellungsgespräch, Beschwerde wegen mangelhafter Ware usw.).
- Spielen Sie die Gespräche im Rollenspiel.
- Zeichnen Sie die Rollenspiele mit einer Filmkamera auf.
- Untersuchen Sie die Aufzeichnungen, indem Sie einmal auf das Bild, einmal auf den Ton verzichten.
- Halten Sie Ihre Ergebnisse in einer Dokumentation fest.
- Verallgemeinern Sie Ihre Erkenntnisse.

Kompetenzbereich 10: Gespräche führen II (Schwierigkeiten überwinden)

Mit Kommunikationsstörungen umgehen – Gesprächstechniken

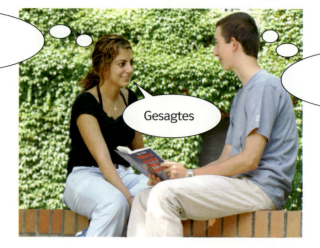

1) Erläutern Sie auf der Grundlage dieser Darstellung,
   a) was gelungene Verständigung ist.
   b) wie Störungen in der Kommunikation zustande kommen können.

2) Berichten Sie von eigenen Erfahrungen mit Gesprächen (Missverständnissen, besonders gelungener Verständigung usw.), die zu dieser Darstellung passen.

Kompetenzbox

Gesprächstechnik I: Feedback geben

Um Missverständnisse zu vermeiden, spricht man an,
- wie man die Aussagen der Partnerin oder des Partners versteht,
- welche Schlüsse man aus ihnen zieht,
- wie sie auf einen wirken.

Verständnissicherung

Gezielte Rückfrage als Alternativfrage	Gezielte Rückfrage als offene Frage	Mit eigenen Worten wiedergeben, wie man etwas verstanden hat (Paraphrasieren)
Beispiel: *Meinen Sie die Besprechung, die im Dezember stattfand?*	**Beispiel:** *Welche Besprechung meinen Sie?*	**Beispiel:** *Verstehe ich Sie richtig? Sie sind der Meinung, dass …*

Kompetenzbereich 10 . Gespräche führen II

3) Zeigen Sie an den folgenden Beispielen,
   a) wie die Kommunikationsstörung jeweils entsteht.
   b) wie sie sich beseitigen ließe.

A Gisela aus Bremen wohnt jetzt in Stuttgart. Sie hat einen schwäbischen Handwerker gerufen, der ihre defekte Heizung unter die Lupe nimmt. „Koi Sorg. I mach Ihna älles", sagt er. Gisela lächelt freundlich. Als der Mann gegangen ist, ruft sie voller Sorge ihren einheimischen Freund Matthias an und fragt ihn, was „älles" bedeute und was das koste.

B Der Auszubildende Gunnar arbeitet mit dem Bohrhammer und klopft Schlitze. Er versteht nicht, was der Meister ihm gerade zuruft, arbeitet aber weiter, weil er fertig werden möchte. Als der Meister etwas später zurückkommt, ist er ärgerlich, weil Gunnar das dringend benötigte Material nicht geholt hat.

C Dorothea und ihre beiden Kolleginnen sind zum ersten Mal zu Hause bei Herrn Müller, ihrem Chef, eingeladen. Dorothea soll als Gastgeschenk eine „gute Flasche Wein" besorgen, die „auch ruhig was kosten darf". Schließlich gilt Herr Müller als Weinkenner. Dorothea kommt mit einer Flasche Bordeaux für 98 € zurück. „Sag mal, spinnst du?", wird sie jetzt von ihrer Kollegin Anna gefragt.

4) a) Erproben Sie die verschiedenen Arten von Feedback in einem Rollenspiel.
   b) Werten Sie das Rollenspiel aus, indem Sie beurteilen,
   – wie B Feedback gegeben hat und
   – wie sich das Feedback auf den Gesprächsverlauf ausgewirkt hat.

A A erklärt B einen Ablauf oder Vorgang aus Beruf oder Privatleben. B gibt Feedback.

B A erzählt B von Problemen aus Beruf oder Privatleben. B gibt Feedback.

C Kundin/Kunde A beschwert sich bei Verkäufer/in B über ein Gerät, das sie/er gekauft hat. B gibt Feedback.

D Auszubildende/r A beklagt sich bei Chef/in B über Arbeitsbedingungen. B gibt Feedback.

Kompetenzbox

Gesprächstechnik II: Metakommunikation

Wenn man Kommunikationsstörungen offen anspricht, nennt man dies auch **Metakommunikation**.
Das Gespräch über das eigentliche Thema wird unterbrochen und die Gesprächsführung selbst wird zum Thema.

Beispiel:
Sie blicken immer wieder auf die Uhr. Liegt das daran, dass Ihnen meine Darstellung zu ausführlich ist?

Ziele:
– **Ursachen** für Störung **klären**
– **Störung** möglichst **ausräumen**
– Verhindern, dass das weitere Gespräch und die **Beziehung** der Partner/innen belastet **werden**
– Diskussion über die Sache **entlasten**

Kompetenzbereich 10 . Gespräche führen II

Kompetenzbox

✓ Gesprächstechnik III: Kritik üben mit Ich-Botschaften

Kritik zu üben birgt Risiken:
- Kritik (Gesagtes), die sich auf die Sache bezieht (Gemeintes), wird **persönlich genommen** (Verstandenes).
- Kritisierte Person fühlt sich **abgestempelt** und **in Frage gestellt**.
- Kritisierte Person verteidigt sich **aggressiv**.
- **Gesprächsklima** wird belastet und führt zu **schwer wiegender Störung**.

Ungeeignete Kritik erhöht diese Risiken:
- **Vorwürfe** gegen die Person klingen wie **objektive Wahrheit**.
  Beispiel: *„Sie sind schlampig."*
- **Einzelfälle** werden **verallgemeinert**.
  Beispiel: *Sie kommen immer zu spät.*
- **Persönliche Bewertungen** werden hinter „wir", „alle", „man", „jeder" **versteckt**.
- Kritik wird durch **bissige Ironie** verstärkt.

Geeignete Kritik verringert die Risiken:
- Zunächst **Fakten** nennen, auf die sich die Kritik stützt
  Beispiel: *Sie sind diese Woche bereits drei Mal zu spät gekommen.*
- **Schlussfolgerungen** und **Bewertungen** von den Fakten trennen
  Beispiel: *Ich schließe daraus, dass die Arbeit nicht den nötigen Stellenwert für Sie hat.*
- **Urteile** als **subjektiv** kennzeichnen
  Beispiel: *Mich enttäuscht das sehr, da ich …*
- **Kritik** gegen ein bestimmtes Verhalten, eine Einschätzung usw. richten, **nicht gegen die ganze Person**
- Auch bei Kritik **höflich** bleiben

---

5) Wenn das Gesagte anders interpretiert wird, als es gemeint ist, kann das zu Kommunikationsstörungen und Konflikten führen.
   a) Beschreiben Sie bei den folgenden Beispielen zunächst mit eigenen Worten, wie es zu dieser Störung kommt.
   b) Benutzen Sie für die Beschreibung das Vier-Seiten-Modell (siehe S. 69).

A Abteilungsleiter Krause zur Bürokauffrau Beate Müller: „Wir sollten dringend einmal unsere Datenbank aktualisieren." Frau Müller ist den Tränen nahe: „Das kann ich doch nicht auch noch machen. Ich habe nächste Woche den Termin wegen der Statistik und ich weiß so schon nicht, wie ich das schaffen soll." Herr Krause kopfschüttelnd: „Sagen Sie mal, geht es Ihnen nicht gut? Sie sind wohl mit Ihrer Aufgabe überfordert. Bin ich denn hier im Irrenhaus, oder was?"

B Beate Müller arbeitet an der Statistik und putzt sich die Nase. Ihre Kollegin Gabi: „Dein Schnupfen wird aber auch nicht besser." Beate Müller: „Fängst du auch noch an! Hat hier eigentlich jeder etwas an mir auszusetzen?"

6) Spielen Sie anhand der folgenden Situation durch, wie sich die Störung mithilfe von Metakommunikation beseitigen lässt.

Situation:
Bei der wöchentlichen Besprechung der Arbeitsgruppe geht es gerade um den zweiten Tagesordnungspunkt: Wie lassen sich die neuen Qualitätsvorgaben der Firmenleitung umsetzen? Karlheinz Friedle hört nicht zu. Er knabbert innerlich immer noch am Punkt 1: Urlaubsplanung. Wieder einmal haben sich die anderen durchgesetzt und Karlheinz kann nicht wie geplant zum Skilaufen fahren. Er weiß noch gar nicht, wie er das seiner Freundin beibringen soll. Die Diskussion über Qualität interessiert Karlheinz im Moment gar nicht. Er schaut demonstrativ aus dem Fenster und spielt mit seiner Uhr. Gruppenleiter Möller ärgert sich. „Gerade Karlheinz sollte sich über Qualität Gedanken machen", denkt er sich.

Kompetenzbereich 10 . Gespräche führen II

7 Formulieren Sie für die folgenden Situationen eine geeignete Form der Kritik. Erfinden Sie zusätzliche Angaben, wenn Sie das für nötig halten.

A Die Auszubildende Katja betritt um 09:58 Uhr das Büro. Ihre Vorgesetzte: „Das ist aber schön, dass Sie es auch noch einrichten konnten. Menschenskind, wenn man bloß sieht, wie Sie hier ankommen! Sie haben doch gar kein Interesse an der Arbeit! Ihre Kolleginnen haben langsam die Nase voll. Alle sind von Ihnen genervt!"

B Katja zu ihrem Freund Torsten: „Was? Du willst heute mit deinen Kumpels ins Fußballstadion? Das ist typisch! Dir ist vollkommen egal, was ich möchte oder vorhabe. Natürlich sind deine idiotischen Freunde und dieser Fußball-Schwachsinn wichtiger. Es ist immer dasselbe!"

C Peter Wagner, der am Messestand seinem Kollegen über die Schulter gesehen hat: „Das glaub ich ja nicht! Wie du mit den Kunden umgehst, das ist der Hammer. Mit deiner Art kannst du vielleicht bei euch in Ostfriesland landen, aber nicht hier in der Stadt. Du hast einfach kein Niveau! Deshalb verkaufst du auch nie etwas!"

Mit Konflikten umgehen

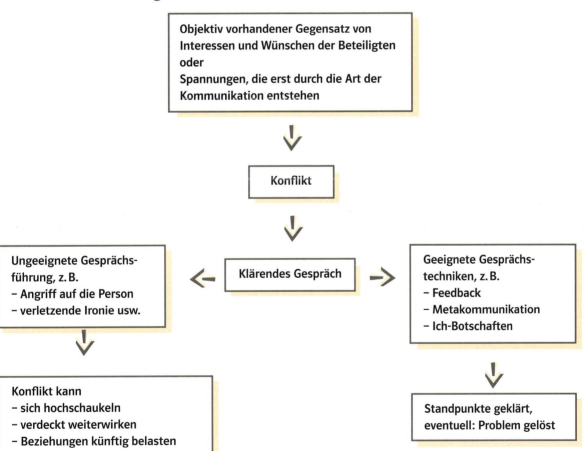

1 Erläutern Sie die Grafik.

Kompetenzbereich 10 . Gespräche führen II

2) Situation:
Abteilungsleiterin Kruse möchte mehrere Mitarbeiter/innen auf einen Kurs zum Thema Qualitätsmanagement schicken. Die Fortbildung ist sehr teuer, gilt aber als wichtiger Schritt auf dem Weg zum beruflichen Aufstieg. Frau Kruse verlangt, dass die in Frage kommenden Personen selbst klären, wer zu dem Kurs gehen darf.

Untersuchen Sie mithilfe der Übersicht auf Seite 77 die Konflikte, die sich in den folgenden Gesprächen zeigen.
a) Klären Sie, wo das Problem liegt.
b) Diskutieren Sie jeweils, ob sich die Situation durch ein verändertes Kommunikationsverhalten grundlegend verbessern ließe.

A Situation
Max Kalo weiß nicht so recht. Er war ziemlich oft weg in letzter Zeit und dann arbeitet er gerade an einem Projekt, das richtig spannend ist, aber reizen würde ihn diese Fortbildung schon. Sein Kollege Manuel Zizak stürzt sich richtiggehend auf die Fortbildung. Er ist derzeit nicht sehr zufrieden in der Firma, weil er sich unterfordert fühlt.

Kalo: Dieser Kurs scheint wirklich eine tolle Sache zu sein. Ich könnte mir das schon vorstellen. Wie ist das bei dir, Manuel?
Zizak: Ich würde wirklich sehr gerne da hingehen. Weißt du, ich brauche dringend eine neue Herausforderung. Mir fällt hier die Decke auf den Kopf. Ich mache immer nur den gleichen Mist. Du hast deine Arbeit als Betriebsrat, und dein neues Projekt scheint ja auch sehr gut zu laufen.
Kalo: Da hast du schon Recht und ich war ja auch erst vor kurzem auf Fortbildung. (Er zögert.) Ok, ich denke, dieses Mal bist du dran.

B Situation
Hubert Büchel möchte unbedingt an der Fortbildung teilnehmen. Er ist sehr ehrgeizig. Aber auch sein Kollege Siegfried Reuter möchte nicht auf die Fortbildung verzichten. Er beschäftigt sich seit einiger Zeit mit Qualitätsfragen.

Büchel: Ja, Siegfried, wir sollen doch über diesen Kurs reden. Ich würde schon gerne dort hingehen, aber ich vermute mal, dass es bei dir ganz ähnlich aussieht.
Reuter: Stimmt. Natürlich würde ich dir die Fortbildung gönnen, aber ich möchte selber auch gerne teilnehmen. Du weißt ja, dass das genau die Richtung ist, die mich besonders interessiert. Und wer weiß, wann sich so eine Gelegenheit wieder bietet.
Büchel: Ist mir vollkommen klar. Ich verstehe dich gut. Ja, ich denke, wir haben da ein Problem. Blöd, dass wir nicht beide gehen können.

Kompetenzbereich 10 . Gespräche führen II

C Situation

Carola Steininger ist ebenfalls sehr an der Fortbildung interessiert. Sie hofft auf beruflichen Aufstieg. Ihre Kollegin Jasmin Zeisig dagegen ist eher unentschlossen. Sie hat gerade geheiratet und weiß noch nicht so recht, wie es beruflich weitergehen soll. Auch der Gedanke tagelang irgendwo im Hotel zu wohnen stößt sie ab.

Steininger: Du Jasmin, wir sollen doch klären, wer von uns an der Fortbildung teilnimmt. Ich könnte mir das eventuell schon vorstellen, obwohl das ja eine Menge Arbeit bedeutet und so weiter. Für dich kommt der Kurs ja wohl eh nicht in Frage, oder?
Zeisig: Warum denn nicht?
Steininger: Na komm, dich interessiert doch die Arbeit im Moment nicht die Bohne. Du denkst doch nur an deinen Josip und die neue Küche und deine Gardinen.
Zeisig (eisig): Das heißt noch lange nicht, dass ich meine Pflichten in der Firma vernachlässige.
Steininger: Das hat ja kein Mensch gesagt. Aber der Job läuft doch so nebenher, oder? Wahrscheinlich kommt bald ein Baby, und dann hast du ohnehin andere Sorgen.
Zeisig: Das sehe ich nicht so. Und Qualitätsmanagement ist ja heute ein ganz wichtiger Bereich. Da würde ich mich schon gerne weiterbilden.

D Oskar lächelnd zu der jungen Lehrerin: „Könnten Sie das mit der Lohn-Preis-Spirale noch mal erklären. Ich raff das nicht." Die Lehrerin wird rot im Gesicht. „So langsam reicht mir das mit Ihnen. Vielleicht ist Ihnen das Niveau hier einfach zu hoch. Wissen Sie was, probieren Sie es doch einfach bei Aldi, Regale einräumen. Da braucht man immer jemanden!"

E Abteilungsleiter Krause zum Auszubildenden Peter Luse: „Auf meinem Schreibtisch liegt eine CD. Würden Sie die bitte Herrn Gorp vom Personalbüro bringen?" Eine halbe Stunde später. „Herr Luse, gerade hat mich Herr Gorp angerufen. Er fragt, was er mit dem Computerspiel meines Sohnes anfangen soll. Sagen Sie mal, sind Sie eigentlich bescheuert?" „Wenigstens brenne ich mir nicht illegal Spiele auf dem Firmenrechner", antwortet Peter Luse trotzig.

F Manni ist glücklich. Der Zufall wollte es, dass er den Nachmittag allein mit seiner Traumfrau Yvonne verbringen kann, einem Mädchen aus Mannis Clique, das er schon lange heimlich verehrt. Voller Zärtlichkeit blickt er sie an: „Du, Yvonne, das ist ein supergeiles Gefühl so mit dir." „Manni, red kein' Scheiß", antwortet Yvonne.

3) Spielen Sie im Rollenspiel einzelne Situationen weiter.
– Erfinden Sie, wenn nötig, weitere Hintergrundinformationen.
– Erproben Sie dabei verschiedene Gesprächstechniken.

Kompetenzbereich 10 . Gespräche führen II

Einer Besprechung Struktur geben

1) Situation:

Marion, Fabian, Steffi und Giacomo, Mitglieder der Jugend-Vertretung der Pusteblume KG, einer Firma, die vor allem Spielzeuge zum Seifenblasenmachen herstellt, sollen ein Sommerfest für die Ausbildungsabteilung ihres Betriebes planen. Sie treffen sich in der Mittagspause und haben für die Besprechung ungefähr eine Stunde Zeit. Beschreiben Sie den Verlauf dieses Gesprächs.

Marion: Also, fangen wir an. Als Termin steht doch der 31. Mai fest, oder sollen wir darüber auch reden?
Fabian: Von mir aus ist der Termin ok. Wie ist das mit Getränken? Letztes Jahr gab es nur Cola, Limo, Säfte und so Zeug. Ich finde, wir sollten auch Bier ausschenken.
Giacomo: Wieso muss es der 31. sein? Da hat meine Freundin Geburtstag. Ginge es nicht an einem anderen Tag?
Steffi: Ich bin total gegen Bier. Da stehen dann die Jungs alle in der Ecke und saufen. Und was ich auch ganz blöd finde, ist, wenn einige wenige die ganze Arbeit machen. Ich habe letztes Jahr 3 Stunden lang am Getränkeausschank gestanden und konnte mich mit niemandem unterhalten.
Marion: Die Finanzierung ist auch noch ein ganz wichtiger Punkt. Ich denke, wir müssen wieder eine Umlage machen. Jeder zahlt, sagen wir 10 €, und unsere Ausbilder laden wir ein.
Giacomo: Weshalb sollen wir die einladen? Die verdienen doch viel mehr als wir. Und überhaupt, was soll dieses Fest eigentlich bringen? Wir könnten doch gemeinsam in einen Biergarten gehen, und dann ist gut.

2) Machen Sie Vorschläge, wie sich diese Besprechung besser gestalten ließe.

Kompetenzbereich 10 . Gespräche führen II

③ Listen Sie die einzelnen Aspekte des Themas Sommerfest auf, die in den Äußerungen von Marion und ihren Kolleginnen/Kollegen anklingen.

④ Bringen Sie diese Punkte in eine logische Reihenfolge.

⑤ **Situation:**
Fabian hat Schwierigkeiten in der Berufsschule. Seine Leistungen sind nicht so, wie sie sein sollten, und er fehlt häufig. Zudem gibt es gewisse Unstimmigkeiten zwischen der Schule und seinem Betrieb. Auf Wunsch des Betriebes kommt es zu einer Besprechung, an der zwei von Fabians Lehrerinnen, der zuständige Abteilungsleiter der Berufsschule und Fabians Ausbilder aus dem Betrieb teilnehmen.
   a) Bereiten Sie das Gespräch vor:
      – Festlegung der Struktur des Gesprächs
      – Sitzordnung
      – Unterlagen und Hilfsmittel
      – Festlegung der Verantwortlichkeiten (z. B. Gesprächsleitung)
      – gegebenenfalls Medien zur Visualisierung.
   b) Führen Sie das Gespräch in einem Rollenspiel. Bilden Sie auch eine Gruppe, die das Gespräch beurteilt.

⑥ a) Ordnen Sie den Themen, die von der Jugendvetretung der Öhme KG besprochen werden (S. 82 ff., Spalte A–E), je eine geeignete Struktur zu (Spalte I–VI). Probieren Sie dabei jeweils verschiedene Strukturen aus und legen Sie sich auf die am besten geeignete fest.
   b) Erstellen Sie zu jedem Thema (A–E) eine eigene Strukturskizze nach dem Muster von I–VI.
      – Tragen Sie die vorgegebenen Punkte in Ihre Skizzen ein.
      – Ergänzen Sie die Skizze gegebenenfalls durch weitere (erfundene) Informationen.
   c) Führen Sie ein Rollenspiel durch, in dem Sie die Besprechung der Jugendvertretung nachspielen.
      – Benutzen Sie dabei Ihre Visualisierungen als Hilfsmittel.
      – Achten Sie besonders auf die Struktur der Besprechung.
      – Eine Beobachtergruppe konzentriert sich ebenfalls auf diesen Aspekt.

Kompetenzbox

Möglicher Verlauf einer Besprechung

Kontaktphase
– Begrüßung, Smalltalk, „miteinander warm werden"

↓

Zielsetzung
– Festlegung der Themen und Gesprächsziele und des zeitlichen Rahmens
– Äußerungen der jeweiligen Erwartung
– Vereinbarung von „Spielregeln"

↓

Analyse
– Problem wird gemeinsam erfasst und untersucht.

↓

Suche nach Lösungen
– Ausgehend von der Analyse werden konkrete Lösungswege gefunden.

↓

Verabredung konkreter Maßnahmen
– Wer macht was? (Mit wem? Bis wann?)
– Wie soll das Ergebnis der Maßnahmen aussehen?
– Weiteres Gespräch erforderlich? Wenn ja, wann?

Strukturen für alle visualisieren

Hilfsmittel:
Pinnwand, Flipchart, Beamer usw.

Zweck:
– Zusammenhänge werden deutlich gemacht.
– Die Einordnung von einzelnen Aspekten wird erleichtert.
– Abschweifungen und Wiederholungen werden verhindert.
– Eine Gruppe wird bei der konzentrierten Arbeit unterstützt, eine geordnete, zielorientierte Besprechung ist leichter möglich.

Kompetenzbereich 10 . Gespräche führen II

Kompetenzbox

Visualisierung von Themen
Beispiele aus Besprechungen der Firmenleitung der Fa. Pusteblume

I Mindmap

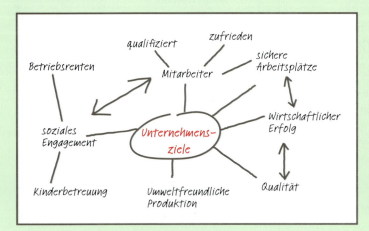

- Aspekte des Themas werden gesammelt.
- Beziehungen und Verknüpfungen einzelner Aspekte können verdeutlicht werden.
- Struktur ist nicht streng linear.

II Problem-Analyse-Schema

Marktposition ist gefährdet			
Worin zeigt sich das Problem?	mögliche Ursachen	Was können wir tun?	Hindernisse bei der Problemlösung
Umsatzrückgang	Preis des Produktes	– Einsparungen – Rationalisierung	– Widerstände der Mitarbeiter – Qualität?
	attraktivere Produkte der Konkurrenz	– neue Produkte – Werbung	– Kosten – Glaubwürdigkeit
viele Reklamationen	Mängel am Produkt	Qualitätsmanagement	Kosten

- Systematische Beschreibung eines Problems
- Zergliedern eines Problems in Teilprobleme
- Finden von Lösungsansätzen

Themen, die in der Jugendvertretung der Fa. Pusteblume besprochen wurden (aufgezeichnet von Marion)

A Fabian spricht sich dafür aus, mit einer öffentlichen Demonstration Druck auf die Firmenleitung auszuüben. Auf diese Weise nähme die Öffentlichkeit Notiz von dem Problem und auch Politiker/innen und die Gewerkschaft würden bestimmt für die Auszubildenden Partei ergreifen. Allein die Öffentlichkeit des Vorgangs könnte dafür sorgen, dass die Firmenleitung – schon aus Image-Gründen – ein großes Interesse an einer Einigung habe. Andere Mitglieder der Versammlung geben zu bedenken, dass sich die Firmenleitung auf diese Weise wohl nicht dazu bringen lässt, die acht Jugendlichen, die dieses Jahr mit der Ausbildung fertig werden, zu übernehmen. Vielmehr könnten sich die Manager an den Pranger gestellt fühlen, dies könnte eine einvernehmliche Lösung erschweren. Die Firmenleitung könnte weitere Gespräche mit der Jugendvertretung ablehnen. Auch die übrige Belegschaft könnte eine derartige Aktion als unsolidarisch empfinden.

B Es wird vereinbart, dass Giacomo bis zum 15. Mai Angebote von verschiedenen Getränkehändlern einholt und prüft. Steffi und Marion schreiben bis zum 20. Mai einen Einladungsbrief an alle Jugendlichen und ihre Ausbilder. In einem Gespräch mit dem Abteilungsleiter soll möglichst bald geklärt werden, wann am Tag des Festes Feierabend ist. Es ist noch unklar, wer dieses Gespräch führt. Auf jeden Fall soll Marion dabei sein.

Kompetenzbereich 10 . Gespräche führen II

C Bei einem Gedankenaustausch zum Thema Ausbildung bei der Pusteblume KG wurden folgende Aspekte zur Sprache gebracht: Betrieb, Berufsschule, Möglichkeiten der Verbesserung, Zukunftsfähigkeit, Zukunftschancen innerhalb und außerhalb der Firma, Weiterbildung nach Ende der Ausbildung, Meisterschule oder Technikerschule, Fächer in der Schule, Arbeiten und Lernen im Team, stärkere Gewichtung von Kommunikations- und Präsentationstechniken.

D Um ein besseres Betriebsklima und höhere Zufriedenheit in der Ausbildungsabteilung zu erreichen, soll an der Ausstattung der Räume gearbeitet werden. Die Lehrwerkstatt soll freundliche, helle Wände bekommen, im Aufenthaltsbereich soll es Pflanzen geben. Wichtig für das Betriebsklima ist auch das Verhältnis der Vorgesetzten zu den Jugendlichen (freundlich, kompetent, entgegenkommend, hilfsbereit), vor allem aber auch der Zusammenhalt der Jugendlichen untereinander (teamorientiert, kollegial, höflich und nett). Nicht vergessen sollte man die organisatorischen Rahmenbedingungen (Arbeitszeiten, Urlaubsregelungen, Arbeitseinsatz usw.), die auch einen großen Einfluss auf die Zufriedenheit der Jugendlichen haben.

Kompetenzbox

III Matrix

Welche Abfüllanlage sollten wir anschaffen?

	Xanox 20 MP	Müller OSI 3	Ralle ZOOM	Kessel 2P3
Leistung	2200 Röhren/Stunde	2000	3700	unklar
Handhabung	schwierig	einfach (bisheriges Modell)	mittelschwierig	schwierig
Preis	76.00 €	98.000 €	142.000 €	53.000 €
Folgekosten	ca. 15.000 €/Jahr	ca. 1.000 €/Jahr	ca. 500 €/Jahr	unklar

- Daten werden zueinander in Beziehung gesetzt.
- Leichter Gesamtüberblick
- Beziehungen werden deutlich.
- Vergleiche werden möglich.

IV Maßnahmenplan

Kostensenkung bei Zulieferern
Tätigkeitskatalog

	Was?	Wer?	Wann?	Mit welchem Ergebnis?
1	Verhandlung mit Zulieferern	Frau Krohn	bis KW 38	Vertrag über bessere Lieferbedingungen unterschriftsreif
2	andere Angebote einholen und prüfen	Herr Scholz	bis KW 38	Vertrag über bessere Lieferbedingungen unterschriftsreif

- Konkrete Aufgabenverteilung
- Überblick über anstehende Aufgaben
- Ergebnis einer Besprechung

Kompetenzbereich 10 . Gespräche führen II

Kompetenzbox

V Ursachen-Wirkungs-Diagramm

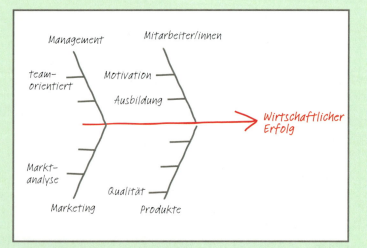

- Vorstrukturierung eines Problems
- Zusammenspiel verschiedener Faktoren wird deutlich.
- Aufgaben werden in ihrer ganzen Komplexität erfasst.

VI Zwei-Felder-Tafel (Pro/Kontra)

Aussehen der Pusteröhrchen ändern?

Pro	Kontra
– zeitgemäßes Design	– Bruch mit Tradition
– neue Zielgruppe	– Bindung der Kundschaft an Produkt gefährdet

- Vor- und Nachteile werden einander gegenübergestellt.
- Entscheidungshilfe

E Die Jugendlichen planen die Ausbildungsabteilung schöner zu gestalten. Betroffen sind: Büro, Ausbildungswerkstatt, PC-Raum, Aufenthaltsraum. Für jeden Raum soll überlegt werden, welche der folgenden Maßnahmen sich anbieten: Bilder aufhängen, Pflanzen, Dekorationsobjekte aufstellen, Wände farbig gestalten.

F Marion und die anderen Jugendvertreter/innen überlegen, was sie tun können um die Qualität ihrer Ausbildung zu erhöhen. Sie sehen immer wieder, dass vieles von dem, was sie lernen, eigentlich veraltet ist und dass in anderen Firmen die Beherrschung modernster Technik verlangt wird. Als Ursachen für die Probleme sehen Sie den Kostendruck, der auf der Firma lastet und eine Modernisierung verhindert, und die Ausbilder, die offenbar wenig Interesse an Modernisierung haben. Die Jugendlichen fragen sich, was sie tun können und mit welchen Schwierigkeiten sie dabei zu rechnen haben.

Gespräche führen II

Projektbörse

Trainingslager Gesprächsführung

Ziel des „Trainingslagers" ist es, das Gesprächsverhalten in schwierigen Situationen zu verbessern.

Sammeln Sie zunächst, welchen „Trainingsbedarf" die einzelnen Teilnehmer/innen haben (z. B. auf dumme Sprüche reagieren, mit Beleidigungen und Angriffen umgehen, mit unfairer und unsachlicher Kritik umgehen, sich durchsetzen, mit Fremden ins Gespräch kommen usw.)
- Wählen Sie ein Problem aus (z. B. mit unfairer und unsachlicher Kritik umgehen).
- Denken Sie sich eine geeignete Situation aus und führen Sie ein Rollenspiel durch, bei der eine Person gezielt diesem Problem ausgesetzt wird.
- Die anderen Teilnehmer/innen beobachten und geben Feedback: Sie beurteilen z. B., wie die Reaktion auf die unsachliche Kritik wirkte.
- Die Teilnehmer/innen besprechen gemeinsam, welche anderen Möglichkeiten der Reaktion es gäbe.
- Diese anderen Reaktionen werden in weiteren Rollenspielen erprobt.
- Es erfolgt erneut Feedback durch die Beobachter/-innen.
- Dokumentieren Sie den Verlauf des Trainingslagers in geeigneter Form.

Kritik üben – Lesebuch mit Beispielen und Analysen

Sammeln Sie Beispiele von Gesprächen, in denen Kritik geübt wurde (z. B. aus eigener Erinnerung, durch Befragung anderer Menschen, durch Beobachtung von Talkshows und anderen Fernsehsendungen, durch Lektüre von Zeitschriften usw.).
- Notieren Sie diese Beispiele (entweder als indirekte Gesprächswiedergabe oder in direkter Rede).
- Kommentieren Sie die Beispiele, indem Sie aufschreiben,
  – wie die kritisierte Person das Gespräch (vermutlich) empfand.
  – wie Sie sich diese Wirkung erklären.

Smalltalk

Notieren Sie, wie man sich in solchen Gesprächen verhalten muss, um
  – Menschen kennen zu lernen,
  – ein angenehmes Gespräch zu führen,
  – sympathisch zu wirken.
- Erarbeiten Sie einen Ratgeber, der dabei hilft, in solchen Situationen zu bestehen. Greifen Sie auf eigene Erfahrungen zurück, befragen Sie andere.
- Erproben Sie Ihre Tipps im Rollenspiel.

Richtiges Zuhören – Merktafel erstellen

Führen Sie Gespräche im Rollenspiel durch, bei dem eine Person über ihre Probleme redet und die zweite Person versucht, die erste Person beim Umgang mit dem Problem zu unterstützen.
- Definieren Sie dabei jeweils die Situation und die Rollen der Spielenden (z. B. Freundinnen, von denen eine über ihren Liebeskummer sprechen möchte usw.).
- Erproben Sie im Rollenspiel verschiedene Strategien (z. B. dem Partner klar machen, dass die Probleme nicht so schlimm sind, trösten, Tipps geben usw.).
- Führen Sie anschließend jeweils eine Feedback-Runde durch, bei der Beteiligte und Beobachter die jeweilige Strategie bewerten.
- Verallgemeinern Sie Ihre Ergebnisse.
- Stellen Sie eine „Merktafel" her, auf der steht, wie man sich in einer solchen Gesprächssituation richtig verhält.

Kompetenzbereich 11: Höflich kommunizieren

Höflichkeitsbarometer

> Sei einfach nur du selbst! Äußere stets offen und direkt, was du empfindest! Das ist die einzige richtige Art ein Gespräch zu führen. Höflichkeit ist verlogenes Getue und Schnee von gestern. Darauf verzichte ich gern.

> Schon im Sprichwort heißt es: Höflichkeit und gute Sitten machen wohlgelitten. Das gilt auch heute noch. Viele Menschen wissen gar nicht mehr, was Höflichkeit ist. Und sie wissen auch nicht, welche Nachteile sie dadurch haben.

Kompetenzbox

Höflichkeit

Ursprünglich: das gesittete Verhalten bei Hofe
Heute: immer noch sehr wichtig

Freundlichkeit (Barometer 0 bis 5)
Man tut aktiv etwas dafür, das Wohlbefinden der Gesprächspartnerin oder des Gesprächspartners zu erhöhen.
- Man bemüht sich um **Übereinstimmung** und **Harmonie**.
- Man sucht **Gemeinsamkeiten** beispielsweise bei so genannten sicheren Themen (z. B. das Wetter).
- Man betont eine gemeinsame Gruppenzugehörigkeit (z. B. durch Redeweisen, Dialekt usw.).
- Man zeigt, dass man den anderen als Person wahrnimmt, dass man seine Meinung respektiert, seine Leistung schätzt usw.
- Man signalisiert der Partnerin oder dem Partner **Anerkennung**, **Bestätigung** und **Sympathie**.
- Man wirkt damit nett und freundlich.
- Man schafft Nähe und verringert den Abstand zwischen den Personen.

1) Nehmen Sie zu den beiden Aussagen Stellung.

2) a) Listen Sie Beispiele für Benimmregeln und für höfliches Verhalten auf.
b) Entscheiden Sie jeweils, ob Sie ein solches Verhalten noch für zeitgemäß halten.

3) Ordnen Sie den folgenden Äußerungen einen Wert auf dem Höflichkeitsbarometer zu.

A Faxen Sie diesen Text.
B Könntest du das als Fax schicken? Wenn du es machst, weiß ich wenigstens, dass die Sache klappt.
C Würden Sie diesen Text bitte faxen?
D Wären Sie so nett, diesen Text zu faxen?
E Faxen Sie den Text und schlafen Sie nicht ein dabei.
F Hallo Herr Peters. Ich bin es schon wieder. Könnten Sie bei Gelegenheit diesen Text faxen? Das wäre sehr nett.
G Schätzchen, sei lieb, fax das mal für mich. Super!
H Frau Schmidt, ich weiß, dass Sie viel zu tun haben, aber könnten Sie vielleicht bei Gelegenheit diesen Text faxen?
I Mädchen, beweg' deinen Hintern und schick endlich das Fax weg, verdammt noch mal.

Kompetenzbereich 11 . Höflich kommunizieren

4) Entscheiden Sie für die folgenden Situationen, welche Haltung gegenüber den Gesprächspartnerinnen und Gesprächspartnern (vgl. Höflichkeitsbarometer) jeweils angemessen wäre.

A Endlich trifft Markus den Kerl wieder, der ihm die gebrauchten Inliner verkauft hat. Markus ist sehr ärgerlich, weil er sich betrogen fühlt.

B Carola trifft ihre beste Freundin Marion wieder, die gerade von einem längeren Auslandsaufenthalt zurückgekehrt ist.

C Nadine muss diese Woche die Reklamationen in der Haushaltsabteilung annehmen. Da kommt schon die erste Kundin.

D Joschka darf seine Chefin zu einem Essen mit englischen Geschäftspartnern begleiten.

Höflichkeitsbarometer

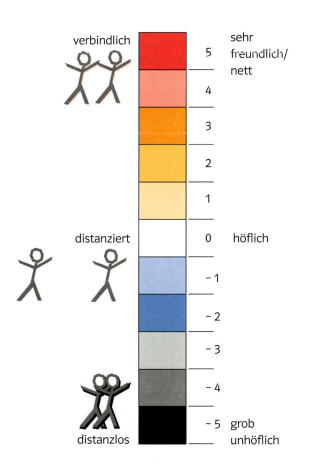

Kompetenzbox

Höflichkeit (Barometer 0)
Die Höflichkeit besteht vor allem darin, dass man etwas **nicht** tut. Man vermeidet Grobheiten, sodass sich der andere nicht unwohl oder verletzt fühlt:
– Abgemilderte **indirekte Äußerungen** (z. B. Wären Sie so freundlich, kurz den Computer herunterzufahren?) statt Befehl
– Man hält sich an die **Umgangsformen** (Bitte, …).
– Widerspruch und Einwand als **Frage** oder **Vermutung** (Ist das wirklich so?) formulieren
– Man stellt den anderen nicht bloß.
– Man tritt dem anderen nicht zu nahe.

Unhöflichkeit (Barometer 0 bis –5)
Man verhält sich so, dass sich der andere unwohl oder verletzt fühlen kann:
– Man formuliert direkte Befehle oder Aufforderungen.
– Man zeigt Geringschätzung.
– Man stellt den anderen bloß.
– Man ist aufdringlich.
– Man tritt dem anderen zu nahe.

Kompetenzbereich 11 . Höflich kommunizieren

5) Entscheiden Sie anhand des Höflichkeitsbarometers, wie das jeweilige Verhalten in den folgenden Situationen einzuschätzen ist.

A Der 18-jährige Sascha zu einem 35-jährigen Kollegen, der ihn einarbeitet: „Ist es ok, wenn ich du zu dir sage?"

B Der 30-jährige Tennistrainer zu seiner 42-jährigen Schülerin: „Dörte, wenn du 20 Jahre jünger und etwas hübscher wärst, würde ich lieber mit dir spielen."

C Jens spricht mit seiner Kollegin über das Wochenende. Dabei starrt er die ganze Zeit auf das Herpes-Bläschen, das sie an ihrer Unterlippe hat.

D Abteilungsleiter Mayer, der gerade aus dem Urlaub zurückkommt, zu seiner Sekretärin: „Frau Kiesl, wie schön Sie zu sehen. Wie war es hier?"

E Frau Kiesl antwortet lächelnd: „Total chaotisch. Wie immer, wenn Sie weg sind."

F Eine Hochzeitsfeier. Ein Gast zu einem anderen: „Ein wunderbarer Sommer, finden Sie nicht? Ein wenig heiß, aber so muss das doch schließlich sein, oder?"

G Der andere Gast antwortet: „Mir geht die verfluchte Hitze total auf den Keks!"

H Betriebsausflug. Die Chefin zum Auszubildenden Peter: „Wie schätzen Sie Ihren Platz in unserem Unternehmen inzwischen ein? Kann ich davon ausgehen, dass Sie die anfänglichen Schwierigkeiten überwunden haben?"

I Peter: „Alles cool. Viele nette Mädels in dem Laden. Auch wenn die meisten ziemlich zickig sind. Sie sind eigentlich auch ganz nett. So als Chefin, meine ich."

J Meister zum Auszubildenden: „Verdammt noch mal! Willst du nicht oder bist du einfach zu blöd? Ich sagte Kreuzschlitzschrauben!"

K Buchhalter Schmitt, der bei der Frühstückspause lustlos auf seinem Butterbrot herumkaut, zu den Kollegen: „Irgendwie schmeckt es mir nicht richtig. Ich habe seit vier Tagen Verstopfung."

L Chef zum Mitarbeiter: „Wie geht es Ihrem netten Sohn? Das ist wirklich ein ganz prächtiger Junge!"

M Vorarbeiter zum Gesellen: „Karl, könntest du die Armaturen im Bad montieren? Dieser Bauherr ist so ein 150-Prozentiger. Wenn du es machst, weiß ich, dass es keinen Ärger gibt."

6) Rollenspiel: Definieren Sie eine Gesprächssituation (z. B. Kundenberatung, Reklamation, Verkaufsverhandlung usw.) und wählen Sie Spielpartner aus. Während des Rollenspiels konzentriert sich eine Gruppe von Beobachtern nur auf das verbale, eine zweite Gruppe nur auf das nonverbale Verhalten der Spieler (Mimik, Gestik, Sprechweise, Lautstärke). Beschreiben Sie das beobachtete Verhalten und ordnen Sie ihm Werte auf dem Höflichkeitsbarometer zu.

Höflich kommunizieren

Projektbörse

① Kommunikationsratgeber

Fertigen Sie eine Liste von Situationen an (z. B. festliches Essen mit den Schwiegereltern, Beerdigung …), die besondere Anforderungen an das Auftreten und die Kommunikation stellen. Listen Sie dann jeweils auf, was man nicht tun sollte.
- Formulieren Sie Tipps, die ernst gemeint klingen und Grobheiten umschreiben, statt sie direkt zu benennen (*Es ist nicht angebracht, die Gesellschaft bei Tisch über Einzelheiten von Verdauungsvorgängen zu unterrichten.*).
- Sammeln Sie Ihre Tipps in einem kleinen Heft (eventuell mit passenden Zeichnungen).

② Verhaltensregeln im Betrieb/in der Schule

Erarbeiten Sie einen Katalog von Verhaltensweisen für Schule und Betrieb, die Sie für wünschenswert (z. B. *Man sollte auf andere Rücksicht nehmen.*) bzw. für nicht wünschenswert (*Man sollte über Mitschüler nicht hinter deren Rücken reden.*) halten. Finden Sie zu jeder dieser Verhaltensregeln ein eingängiges Beispiel und ein passendes Bild (Foto, Zeichnung, Symbol usw.).
- Gestalten Sie auf diese Weise ein Plakat, das Sie – wenn möglich – im Klassenzimmer/am Arbeitsplatz gut sichtbar aufhängen. Ergänzen Sie das Plakat immer dann, wenn Ihnen neue Verhaltensweisen auffallen, die besonders passend oder unpassend sind.

③ Wann hält man jemanden für „nett"?

Untersuchen Sie, welche Verhaltensweisen in Gesprächen dafür verantwortlich sind, dass jemand als „nett" oder „charmant" gilt.
- Beobachten Sie „nette" Leute in Ihrer Umgebung (z. B. Freundinnen/Freunde, Kundinnen/Kunden, Kolleginnen/Kollegen) oder Schauspieler/innen in Filmen, Moderatorinnen/Moderatoren im Fernsehen.
- Schreiben Sie auf, welche verbalen und nonverbalen Verhaltensmuster Ihnen aufgefallen sind.
- Erproben Sie im Rollenspiel, welche der beobachteten Verhaltensmuster sich bewusst einsetzen lassen.

④ Kommunikation in verschiedenen Kulturen

Untersuchen Sie, wie sich die Regeln für die Kommunikation in verschiedenen Kulturen und bei verschiedenen gesellschaftlichen Gruppen unterscheiden.
- Bilden Sie Arbeitsgruppen, die sich jeweils auf ein Land, eine Kultur, eine Gruppe (z. B. Japan, Türkei, Araber, Jäger, Punks) konzentriert.
- Sammeln Sie Informationen (persönliche Befragung, Internet, Bücher usw.) darüber, welche Rituale es gibt (z. B. bei der Begrüßung), was als höflich gilt (z. B. Gastfreundschaft), wie man Konflikte austrägt usw.
- Sammeln Sie möglichst eingängige Beispiele.

Kompetenzbereich 12: Werben

Wie Werbung wirkt

Kompetenzbox

✓ **Informierende Werbung**

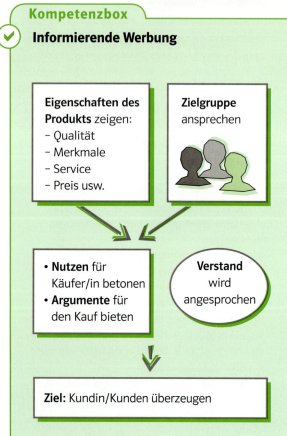

Eigenschaften des Produkts zeigen:
- Qualität
- Merkmale
- Service
- Preis usw.

Zielgruppe ansprechen

- **Nutzen** für Käufer/in betonen
- **Argumente** für den Kauf bieten

Verstand wird angesprochen

Ziel: Kundin/Kunden überzeugen

Gelegenheit!!!

Englischbuch: English is good for you!
Super Buch, mit interessanten Themen und vielen Übungen, mit extra Vokabelteil!
Sollte man zu Hause haben (zum Nachschlagen, Üben usw.)!
Das Beste: Ich habe viele Lösungen bereits ins Buch eingetragen. Das erleichtert die Arbeit.

Der Preis? Ein Knaller! Statt 23,80 EUR (Neupreis) nur 19,99 EUR.

Meldet euch schnell bei Leon Karl (3. Ausbildungsjahr, Klasse von Herrn Maier), bevor es ein anderer tut!

---

1) Erläutern Sie, wie Leon hier sein „Produkt" anpreist. Bestimmen Sie dazu
   a) die Zielgruppe, die er im Sinn hat.
   b) die Argumente, die er für den Kauf anführt (Eigenschaften seines „Produktes", Nutzen für die Käuferin/den Käufer).

2) Beurteilen Sie die Wirksamkeit dieser Werbeaktion.

Kompetenzbereich 12 . Werben

3 Ermitteln Sie, welche Argumente für den Kauf die folgenden Werbebeispiele bieten.

4 Notieren Sie Ihre Vermutungen zu folgenden Fragen:
a) Über welche Kenntnisse, Fähigkeiten, Erfahrungen verfügt ein Spitzensportler, die seinem Urteil über Mineralwasser besonderes Gewicht verleihen?
b) Warum steigert es den Absatz, wenn sich ein bekannter Sportler lobend über ein Getränk äußert?
c) Wodurch will die Shampoowerbung die Verbraucher veranlassen dieses Produkt zu benutzen?

> **Kompetenzbox**
>
> **Der Slogan**
>
> Ein Slogan (ursprünglich „Schlachtruf") ist eine knappe, besonders eingängige und einprägsame Aussage (z. B. „Geiz ist geil!"), die zum Erkennungszeichen für eine Marke oder ein Produkt wird.

5 Ein Gegenstand kann bei Personen, die ihn betrachten, Vorstellungen (Assoziationen) und Gefühle hervorrufen.
a) Notieren Sie, woran die folgenden Personen beim Anblick einer Parkbank denken könnten.
  A Die Schreinerin schaut interessiert.
  B Der ältere Herr lächelt versonnen.
  C Der Jugendliche mit der Spraydose in der Tasche mustert sie verstohlen.
b) Nennen Sie verschiedene Gegenstände und die Assoziationen, die Sie mit ihnen verbinden.

6 Werbeleute verwenden große Anstrengungen darauf, dass ihr Produkt mit bestimmten Vorstellungen verknüpft wird.
Erläutern Sie, wie das Image des Einmal-Rasierers „Gillette", das in der folgenden Mindmap dargestellt wird, zustande kommt.

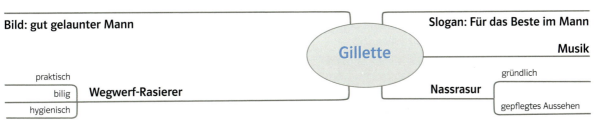

91

Kompetenzbereich 12 . Werben

7) Situation:
Stellen Sie sich einen Mann vor, der im Supermarkt vor einem Regal mit verschiedenen Einmalrasierern steht.
Erklären Sie, weshalb ihn diese Assoziationen dazu bewegen können, dass er sich für Gillette entscheidet.

> **Kompetenzbox**
>
> **Das Image**
>
> Die Ansammlung verschiedener Assoziationen, die eine Marke, ein Gegenstand oder eine Person hervorrufen, nennt sich Image. Dabei handelt es sich also um das „Bild im Kopf" von dem Gegenstand oder der Person.

8) In Doris Dörries Erzählung „Honig" findet eine Frau ihren Kater Leo angefahren auf der Straße, so schwer verletzt, dass es nur noch darum geht, ihn von seinen Leiden zu erlösen.
Erstellen Sie eine Mindmap, die zeigt, welche Sinneswahrnehmungen und Gefühle die Erzählerin nach diesem Vorfall mit dem Markenprodukt (Gillette) verknüpft.

> Okay, Leo, hör zu, sagte ich, ich werde etwas tun. Es wird dir wehtun, aber dann wird alles gut. Hörst du? Dann ist alles gut.
> Er hob den Kopf so weit er konnte und rieb
> 5 ihn ganz langsam einmal an meinem Arm.
> Ich holte das Auto, drehte laut das Radio an – vor dem Geräusch fürchtete ich mich am meisten.
> Es gab diese Rundfunkwerbung Gillette – für
> 10 das Beste im Mann. Habe ich noch nie verstanden.
> Sie? Im Mann. Was soll das heißen? Jetzt kann ich diese blöde Werbung nie mehr hören ohne an Leo zu denken. Es gab nur einen klei-
> 15 nen Holperer, sonst nichts. Tränenblind konnte ich kaum die Straße vor mir erkennen.
>
> Doris Dörrie: Honig. In: Bin ich schön? Zürich 1994, S. 197

9) Ermitteln Sie das Image einer prominenten Persönlichkeit Ihrer Wahl. Verfahren Sie dabei wie im Beispiel „Das Image der Schweiz": Schreiben Sie den Namen der gewählten Persönlichkeit in die Mitte eines Blattes und gruppieren Sie alles, was Ihnen zu dieser Person einfällt, um den Namen.

10) Wenden Sie dasselbe Verfahren für ein beliebiges Markenprodukt an.

11) Erstellen Sie nach dem folgenden Muster eine Tabelle. Tragen Sie als Person 1 Ihr Beispiel aus Aufgabe 9, als Produkt A Ihr Beispiel aus Aufgabe 10 ein. Erweitern Sie die Tabelle beliebig und legen Sie fest, welche Persönlichkeit zu welchem Produkt passt.

	Person 1	Person 2	...	...
Produkt A				
Produkt B				

12) Sprachliche Übung

Erstellen Sie einen Text, in dem Sie das Image einer Region oder eines Landes und der dort lebenden Menschen darstellen.
a) Notieren Sie Ihre Assoziationen.
b) Sortieren Sie Ihre Angaben nach Wortarten: Adjektive, Verben, Substantive.
c) Bilden Sie nun Sätze, in denen Sie diese Wörter je nach Wortart aufzählen.
Achten Sie bei den Aufzählungen auf die Kommasetzung (Siehe Anhang!).

Beispiele:
Die Schweiz gilt bei den Testpersonen als klein, eigenständig, unangepasst, reich usw.
Die Befragten denken dabei an Uhren, Käse, Banken, Skigebiete usw.

13) Bereiten Sie einen Kurzvortrag über die Wirkung von Werbung vor.
a) Benutzen Sie die Kompetenzboxen zu informierender Werbung (S. 90) und zur Imagewerbung.
b) Notieren Sie sich eigene Beispiele, die die dargestellten Zusammenhänge verdeutlichen.
c) Tragen Sie Ihre Ausführungen vor (Zeit: 2–5 Minuten). Achten Sie dabei auf eine klare Struktur Ihres Vortrags.

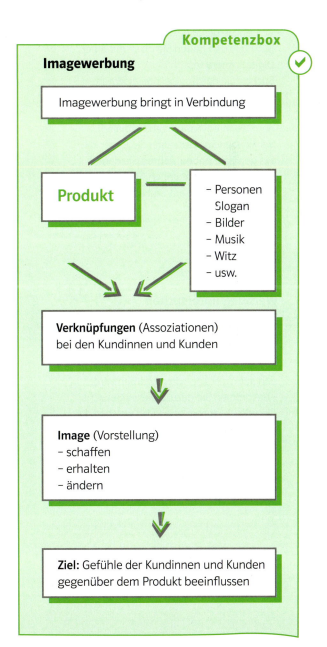

Projektbörse — Werben

① Werbewelt

Verfolgen Sie eine Woche lang ganz bewusst die „Werbewelt". Beobachten Sie die verschiedenen Formen (Plakate, Aufdrucke auf Autos, Spam-E-Mails, Pop-ups im Internet usw.).
- Achten Sie besonders auf ungewöhnliche Beispiele und halten Sie diese mit einer Digitalkamera fest.
- Suchen Sie das originellste, albernste, langweiligste, witzigste Beispiel.
- Schreiben Sie ein „Werbetagebuch", in dem Sie Ihre Erfahrungen festhalten. Verwenden Sie dazu auch die Bilder, die Sie gemacht haben. Achten Sie darauf, dass Ihre Aufzeichnungen für Leser/innen möglichst interessant und amüsant sind.

② Werbekampagne planen

Entwickeln Sie eine Werbekampagne für Ihren Betrieb.
- Formulieren Sie zunächst das Problem (z. B. schlechtes Image, geringe Bekanntheit usw.). Sie können zur Ermittlung des Problems auch Leute befragen.
- Formulieren Sie das Ziel Ihrer Kampagne.
- Legen Sie die Einzelheiten Ihrer Werbestrategie fest: Zielgruppe, Art der Werbung usw.
- Entwerfen Sie ein Plakat, eine Broschüre oder Ähnliches, um die Werbestrategie umzusetzen.

③ Werbung untersuchen

Untersuchen Sie Werbung für verschiedene Produktgruppen (z. B. Autos, Reisen, Parfüm, Zigaretten, Computer etc.). Konzentrieren Sie sich auf die Frage, wie geworben wird.
- Bestimmen Sie dazu, welches Gewicht jeweils die Information und welches die Imagebildung hat.
- Zeigen Sie, welche Bedeutung dabei Sprache bzw. Bilder haben.
- Stellen Sie Ihre Ergebnisse in geeigneter Form vor.

④ Für die eigene Person werben

Finden Sie Situationen, in denen es darum geht, dass man sich selbst in einem vorteilhaften Licht darstellt (z. B. Bewerbung / Vorstellungsgespräch).
- Untersuchen Sie, welche „Mechanismen der Werbung" in diesen Situationen wirksam sind (z. B. Foto bei der Bewerbung bzw. Auftreten im Vorstellungsgespräch).
- Erstellen Sie eine Ratgeber-Broschüre, in der gezeigt wird, wie man wirkungsvoll für sich selbst wirbt und wie man es nicht machen soll.

Kompetenzbereich 13: Medien einschätzen

Das Thema Gewalt in der Presse

Aus der Tageszeitung Die Welt, abgedruckt in der Stuttgarter Zeitung vom 13. 2. 2004

1) Erläutern Sie die Aussage dieser Karikatur.

2) Berichten Sie von eigenen Erfahrungen
   a) mit Gewalt in der Schule,
   b) mit Gewalt in den Medien.

3) Lesen Sie die folgenden Texte bzw. Textauszüge (A–E) und die Erläuterungen zu den journalistischen Darstellungsformen.

Untergang des Abendlandes A

Was mussten wir wieder Schlimmes in der Zeitung lesen? Ein Schüler wurde verprügelt! Und es erhebt sich ein großes Wehklagen! Von Gewaltserie ist die Rede, von Brutalität und
5 Unmenschlichkeit.
Macht doch alle einmal halblang und lasst die Kirche im Dorf! Als ich selbst vor über 50 Jahren in die Schule ging, gab es solche Dinge genau so wie heute. Ich selbst habe so manche
10 Abreibung bekommen und ich habe auch ganz schön ausgeteilt. Und rückblickend kann ich sagen: Mir hat das nichts geschadet, ganz im Gegenteil. Etwas weniger Aufgeregtheit und etwas mehr Gelassenheit bei diesen Din-
15 gen würde uns allen gut zu Gesicht stehen.

Manfred Maier, Stuttgart

Kompetenzbox

Informierende Darstellungsformen

Nachricht
Information über aktuelle Ereignisse in knapper Form (Umfang ca. 10–20 Zeilen)

Aufbau
Das Wichtigste zuerst – das weniger Wichtige weiter hinten
Beantwortung der W-Fragen
Was? (Ereignis)
Wer? (beteiligte Personen)
Wann? (Zeitpunkt)
Wo? (Ort)
Eventuell
Wie? (die näheren Umstände)
Warum? (Ursache, Motiv, Grund)
Welche Quelle? (Herkunft der Information)

Sprache
Sachlich, ohne persönliche Wertung

Meldung
Kurzform der Nachricht (bis ca. 10 Zeilen)

Bericht
Langform der Nachricht (über 20 Zeilen)

Der Bericht
– zeigt Hintergründe, Zusammenhänge, Auswirkungen auf,
– ist anschaulich geschrieben.

Reportage
Tatsachenbetonter, aber aus subjektiver Perspektive geschriebener Erlebnisbericht

Die Reportage
– enthält anregende, interessante Einzelheiten,
– dient der Information und Unterhaltung,
– zeichnet sich durch eine lebendige und packende Darstellung aus.

Kompetenzbereich 13 . Medien einschätzen

Kompetenzbox

✓ Meinungsbetonte Darstellungsformen

Kommentar
Meinung einer Journalistin/eines Journalisten mit Namensangabe

Aufbau
- Einstieg
- Argumentation (Bewertung und Interpretation eines Ereignisses mit seinen Ursachen und Auswirkungen)
- Schlussfolgerung (Konsequenzen und Forderungen)

Glosse
Ironisch-witzige Form des Kommentars

Die überspritzte und amüsante Darstellung eignet sich nicht für schwer wiegende Probleme.

Leserbrief
Meist Stellungnahme zu einem Beitrag aus der Zeitung

Aufbau
- Bezug deutlich machen
- Argumentation
- Schluss

Karikatur
Witzige Kritik mit Mitteln der Zeichnung

Die Karikatur bezieht sich meist auf aktuelles Ereignis.

B Offenes Geheimnis

Dem Jungen ist sogar seine Identität egal. Die Mutter nennt ihn Dennis. Die Freunde rufen ihn Dieter. Und für die Lehrer ist der träge Schüler ohne Antrieb und Ideen behördlich korrekt Dieter-Dennis D. Einer, der bereits mit 17 am untersten Ende jener sozialen Hierarchie angekommen ist, die den 1700 Jugendlichen der Werner-von Siemens-Schule in Hildesheim als modernes Kastensystem dient: Die 3b gilt als „Berufsvorbereitungsklasse" für künftige Arbeitslose ohne Hauptschulabschluss.

Hier sind die Verlierer unter sich. Zwölf Jungs aus Russland, Deutschland und der Türkei, die ihrer „Schulpflicht" in etwa so engagiert nachkommen wie dem Absitzen einer Jugendstrafe. Zwischen Langeweile und Perspektivlosigkeit gilt eine Hackordnung, die dem Schwächsten der Gruppe die Rolle des wörtlich gemeinten Fußabtreters zuteilt: als wäre die Realität nur eines ihrer Videospiele, machten Dennis' Klassenkameraden über Monate gnadenlos Jagd auf den schmächtigen Jungen. Mittwochs und donnerstags, im Materialraum der Metallwerkstatt, wurde er geschlagen und getreten, misshandelt und gedemütigt. (…)

Der SPIEGEL 7/2004

C Schüler schlugen mit Eisenstangen

Hildesheim (dpa) Nach der monatelangen Peinigung durch seine Mitschüler hat der misshandelte Berufsschüler aus Hildesheim erstmals Details seines Martyriums preisgegeben. Sogar mit Eisenstangen hätten seine Klassenkameraden während des Unterrichts im Materiallager bis zu 20 Minuten lang auf ihn eingeprügelt, berichtete der 17-Jährige der „Hildesheimer Allgemeine Zeitung". Der allein im Werkraum zurückgebliebene Lehrer habe von all dem nichts mitbekommen. Gewaltvideos aus den USA wie „Bum Fights" könnten nach Ansicht der Ermittler Pate bei den jüngsten Misshandlungen an deutschen Schulen gestanden haben. Im Hildesheimer Fall seien die Ermittler bei ihren Untersuchungen auf solche brutalen Videos gestoßen, schreibt das Magazin „Focus".

Alb-Bote, 9. Februar 2004

Gewaltserie an Schule

Vier Hannoveraner Jugendliche im Visier des Staatsanwalts

HANNOVER (dpa). Nach dem monatelangen Martyrium eines Hildesheimer Berufsschülers ist in Niedersachsen eine neue Gewaltserie ans Licht gekommen. Die Staatsanwaltschaft ermittelt an einer Hannoveraner Berufsschule gegen vier 17-Jährige.

Vier Monate lang sollen die vier Jugendlichen an einer Berufsschule in Hannover einen Klassenkameraden verprügelt und dabei auch mit einem Gummihammer zugeschlagen haben. Zudem steht ein anderer Jugendlicher im Verdacht an der Schule eine 17-Jährige sexuell belästigt zu haben, berichtete ein Sprecher der Staatsanwaltschaft in Hannover am Dienstag. Die wegen der Prügeleien verdächtigen Schüler wurden am Montag vorläufig festgenommen und vernommen, dann aber wieder auf freien Fuß gesetzt.

Die Staatsanwaltschaft ermittelt wegen gemeinschaftlicher gefährlicher Körperverletzung. Bis zur Klärung der Gewalttaten sind die vier Beschuldigten vom Unterricht ausgeschlossen. Es gebe auch Anhaltspunkte, dass andere Schüler von den Gewalttaten wussten, aber „unter Zwang dichthalten mussten", sagte der Sprecher.

Die betroffene Berufsschülerin hatte sich laut Staatsanwaltschaft ihrem Schuldirektor offenbart und den Fall ans Licht gebracht. Die 17-Jährige – einziges Mädchen in einer Klasse für Metallverarbeitung – hatte zuvor immer häufiger im Unterricht gefehlt. Sie berichtete der Polizei dann auch, dass ein Mitschüler von Klassenkameraden gequält werde. In diesem Fall ermittelt die Staatsanwaltschaft gegen die vier 17-Jährigen wegen gemeinschaftlicher gefährlicher Körperverletzung.

Stuttgarter Zeitung, 11. Februar 2004

Gewalt an der Schule – Wer ist schuld?

Wie schon oft in letzter Zeit kann man es auch heute in der Zeitung lesen: Schüler haben andere Schüler gequält und misshandelt, dieses Mal in einer Berufsschule in Hannover. Möglicherweise war es auch dabei so wie in anderen Fällen, dass nämlich die Peiniger die Qualen ihrer Opfer mit einer Filmkamera aufnahmen, um sie anschließend im Internet einer interessierten Öffentlichkeit zugänglich zu machen: schöne neue Welt technischer Kommunikation!

In einem anderen Teil derselben Ausgabe geht es auch um Gewalt. Über den Film „Monster", der auf der Berlinale gezeigt wurde, heißt es in einer Besprechung, das Blut würde dabei nur so spritzen, die andauernden Schüsse in Bäuche und Köpfe bewirkten – welch geschmackvolles Wortspiel! – ein „schönes Verzucken".

Die gewalttätigen Schüler müssen bestraft werden, keine Frage. Andere Fragen aber bleiben: Gehören nicht auch die Medien auf die Anklagebank? Und mit ihnen eine Gesellschaft, die es zulässt, dass die Opfer öffentlich verhöhnt und die Täter bewundert werden? Muss es wirklich sein, dass unter dem Deckmantel der Filmkunst schlimmste Bestialitäten als Mittel der Unterhaltung akzeptiert werden?

Jasmina Hofmann

---

4) Untersuchen Sie die Texte A–E. Bestimmen Sie dazu jeweils,
   a) welche inhaltlichen und formalen Besonderheiten die Texte aufweisen,
   b) welchen Nutzen sie für die Leser/innen haben, die an dem Thema interessiert sind, aber nicht viel darüber wissen.

Kompetenzbereich 13 . Medien einschätzen

Das Thema Gewalt und Medien im Interview

Im folgenden Interview äußert sich ein 18-jähriger Schüler, der Heinze genannt werden möchte, zu dem Thema „Gewalt in den Medien".

Frage: Welche Rolle spielt Gewalt in deinem Leben?
Heinze: *Eine wichtige, allerdings meine ich nicht reale Gewalt, sondern bei Filmen, wo ich weiß, dass die nicht real sind. Oder auch bei eigenen Texten. Ich schaue mir schon ziemlich viele solche Filme an.*
5 Frage: Du trennst also Gewalt in den Medien und Gewalt im richtigen Leben streng voneinander?
Heinze: *Ja, auf jeden Fall. Wenn ich „Tagesthemen" sehe oder ich gehe auf der Straße und sehe ein paar Skinheads, da habe ich wesentlich mehr Angst, als wenn ich mich hinsetze und im Film sehe, wie irgendwelche Leute geschlachtet werden. Außerdem weiß ich, dass ich so meine Aggressionen abbauen kann, wenn ich welche habe.*
10 Frage: Der Gewalt im Alltagsleben stehst du also nicht positiv gegenüber?
Heinze: *Ich kann zwar nicht von mir sagen, dass ich Pazifist bin, aber ich war noch nie in eine Schlägerei verwickelt und ich würde so etwas auch nie anfangen. Ich glaube, dass man mit Worten mehr sagen kann als mit Fäusten.*
Frage: Was interessiert dich an Gewaltdarstellungen in den Medien?
15 Heinze: *Im normalen Fernsehen, da schaue ich mir solche Sachen gar nicht an. Es weiß nämlich jeder, dass dort die Gewaltszenen alle geschnitten sind. Es erscheint mir lachhaft, dass man hier immer noch mehr zensieren möchte um noch weniger Gewalt im Fernsehen zu haben.*
Frage: Worin liegt das Vergnügen, wenn du dir Horrorfilme anschaust?
Heinze: *Also am besten gefallen mir die Splatterfilme. „Splatter" ist Englisch und heißt „spritzen" und in*
20 *diesen Filmen spritzt eben das Blut. In jedem Film sind fünf oder sechs solche Szenen, in denen es richtig abgeht.*
Frage: Beschreibe doch einmal eine solche Szene.
Heinze: *Was weiß ich. Also beispielsweise ein Mann steht mit nacktem Oberkörper vor dem Spiegel. Er hat ein Rasiermesser und fängt an sich selber aufzuschlitzen, bis alles voller Blut ist und er zusammen-*
25 *bricht.*
Frage: Und das war dann schön?
Heinze: *Na ja, zumindest gut gemacht und sehr effektvoll.*
Frage: So eine Szene soll doch Horror, also Schrecken hervorrufen und das ist doch an sich kein angenehmes Gefühl.
30 Heinze: *Ich weiß auch nicht. Das ist wie eine Sucht nach der Angst oder nach Ekel.*
Frage: Aber Angst und Ekel sind doch zutiefst unangenehme Empfindungen, die man möglichst zu vermeiden sucht.
Heinze: *Es geht eine Faszination davon aus. Es ist nicht alltäglich. Nicht das, was man jeden Tag sieht, die Schule, die Leute usw. Es ist eine Fantasiewelt, in der man seine eigenen Fantasien auslebt.*
35 Frage: Und dich ärgert, dass diese Fantasiewelt nur mit Schwierigkeiten zugänglich ist?
Heinze: *Deutschland ist ein Extremfall. Es gibt kein anderes Land, in dem man so stark gegen Gewalt im Fernsehen vorgeht, Filme zusammenschneidet usw. In Amerika ist es gang und gäbe, dass man sich abends mal zusammen hinsetzt und einen Splatterfilm anschaut, wo dann auch Herzen rausgerissen werden oder so. Das ist für die Alltag.*
40 Frage: Wäre Deutschland demnach ein schöneres, besseres, attraktiveres Land, wenn es diese Zensur nicht gäbe?

Kompetenzbereich 13 . Medien einschätzen

Heinze: Ja, für mich schon. Die meisten Horrorfilm-Fans leben in ziemlicher Angst vor der Polizei. Wir können auch öffentlich wenig auftreten. Mich kotzt das schon an. Ich bin erwachsen, bin 18 Jahre alt und da gehe ich in eine Videothek und leihe einen Film aus und da haben die dann 20 Minuten geschnitten.

Frage: Kann man davon sprechen, dass du immer härtere Filme brauchst?

Heinze: Ja, das stimmt schon. Man geht eben mit der Zeit. Was die Leute früher schockiert hat, Dracula oder so, darüber lachen wir heute nur.

Frage: Aber ist nicht irgendwann das Ende der Fahnenstange erreicht und eine weitere Steigerung nicht mehr möglich?

Heinze: Das sage ich besser nicht. Es gibt wirklich die allerextremsten Filme. Für mich ist so was normal, wenn einer mit der Kettensäge rumläuft und ein paar Arme absägt. Aber es gibt noch ganz andere Sachen, die eine gewaltige Stufe härter sind.

Frage: Was empfindest du, wenn du Gewalt in den Nachrichten siehst?

Heinze: Ich muss zunächst sagen, dass ich mir Nachrichten kaum anschaue. Wenn ich Nachrichten sehe, denke ich schon manchmal, dass bei den Leuten was nicht stimmt. Da gibt es Massaker irgendwo in der Welt und dann schaue ich Deutschland an und das einzige Problem, das wir hier haben, ist die Gewalt in den Medien immer noch mehr zu zensieren.

Frage: Was ist wohl der Grund dafür, dass Jugendliche sich heute für Splatterfilme, Death-Metal-Musik, Satanismus und was weiß ich was interessieren?

Heinze: Der Frust über die Gesellschaft. Der Frust die ganze Zeit Leistung bringen zu müssen. So ist es bei mir jedenfalls. Ich weiß es von jedem, dass es ihn ankotzt, wenn er morgens in die Schule muss. Er weiß: Heute wird gelernt, heute musst du wieder dieses machen und jenes. Du lebst für die Arbeit und nicht für den Spaß.

1) Betrachten Sie das Foto von Heinze und formulieren Sie, welchen Eindruck er auf Sie macht.

2) Beantworten Sie die folgenden Fragen zum Inhalt von Heinzes Ausführungen.
   a) Wie erklärt der Schüler die Faszination, die Horrorfilme für ihn haben?
   b) Worin sieht Heinze die Folgen, die das Ansehen von Gewaltfilmen hat?
   c) Was ist für den 18-Jährigen das größte Problem im Zusammenhang mit solchen Filmen?

3) Nehmen Sie Stellung zu Heinzes Ausführungen, indem Sie auf die folgenden Fragen eingehen.
   a) Wo finden Sie die Argumentation einleuchtend, wo würden Sie widersprechen?
   b) Wie überzeugend ist für Sie die Aussage, „Frust über die Gesellschaft" sei die tiefere Ursache für eine solch extreme Form der Freizeitgestaltung.

4) Beurteilen Sie die Auswirkungen von Gewalt in den Medien.

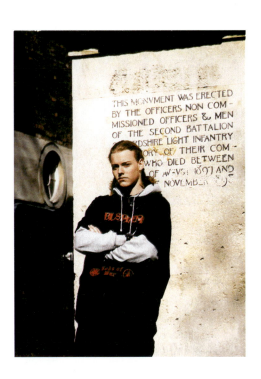

Kompetenzbereich 13 . Medien einschätzen

Theorien über die Wirkung von Gewalt in den Medien

1 Die folgende Übersicht soll über die wissenschaftliche Beschäftigung mit dem Thema „Gewalt und Medien" informieren.
Untersuchen Sie zwei der dargestellten Theorien unter folgender Fragestellung:

a) Welches Verhalten soll erklärt werden (z. B. aggressives Auftreten)?
b) Wodurch entsteht dieses Verhalten (z. B. stundenlanges Ansehen von Gewaltfilmen)?

Die wichtigsten Theorien der TV-Gewaltforschung

Rund 5000 Untersuchungen existieren bisher weltweit zum Themenkomplex Gewaltdarstellungen in den Medien und deren Wirkung auf Zuschauer oder Leser. Dass TV-Gewalt auf irgendeine Weise beim Betrachter wirkt, bezweifelt kaum noch ein seriöser Wissenschaftler – wie aber die Wirkung tatsächlich aussieht, darüber gibt es eine ganze Reihe von Theorien. FOCUS stellt die wichtigsten vor:

Sozial-kognitives[1] Lernen: Der Zuschauer, ein Kind eher als ein Erwachsener, nimmt Teile der im Fernsehen dargestellten Verhaltensmuster latent[2] in sein eigenes Verhaltensrepertoire[3] auf – oder verändert bereits bestehende Verhaltensweisen. Wird gezeigte Gewalt auch in tatsächliches aggressives Handeln umgesetzt? Das hängt davon ab, ob das im TV gezeigte Verhalten belohnt oder bestraft wird.

Habitualisierungstheorie[4]: Vertreter dieser Richtung betonen die langfristige Wirkung des Fernsehkonsums. Kernthese: Durch permanenten Konsum fiktionaler[5] Gewalt, etwa in Spielfilmen, gewöhnt sich der Zuschauer allmählich auch an reale Gewalt. Er stumpft ab.

Ängstliche Weltbilder: Ebenfalls eine Theorie, die sich mit langfristigen Wirkungen von TV-Gewalt befasst. Sie besagt, dass Personen, die über einen längeren Zeitraum gewalthaltige Filme und Serien ansehen, eine negative Weltsicht entwickeln: Sie neigen dazu, reale Gefahren im Leben zu überschätzen.

Imitation[6]/Stimulation[7]: Gewaltdarstellungen regen zur Nachahmung an und fördern die Bereitschaft des Zuschauers selbst aggressiv zu handeln. TV-Gewalt wirkt quasi enthemmend.

Emotionale Erregung: Das Betrachten von actiongeladenen Gewaltszenen versetzt den Zuschauer, bevor er über das Geschehen nachdenkt, in einen Zustand physiologischer[8] Erregung. Es fällt ihm zunehmend schwer, das TV-Gerät abzuschalten, weil er sonst in eine Art „Erregungsloch" fallen würde. Dieser Ansatz erklärt das Phänomen der „Vielseher".

Frustration – Aggression: Aggressive Inhalte wirken nur dann aggressionsfördernd, wenn sie auf bereits vorhandene Frustrationen beim Zuschauer treffen.

Katharsistheorie: Früher populärer, gilt diese Theorie heute als eindeutig widerlegt. Der Katharsistheorie (griechisch: „Läuterung, Reinigung") zufolge baut der Konsum von Mediengewalt aggressive Triebe ab und verhindert daher reale Gewaltausübung.

FOCUS, Nr. 26, 1994

1) sozial-kognitiv: mit dem Verstand erfasste Gesetzmäßigkeiten des menschlichen Zusammenlebens; 2) latent: versteckt, verborgen, nicht offenkundig; 3) Verhaltensrepertoire: „Vorrat" an Verhaltensmustern; 4) Habitualisierung: Bildung von Gewohnheiten; 5) fiktional: erfunden, ausgedacht, nicht real; 6) Imitation: Nachahmung; 7) Stimulation: das Anregen, Reizen zu einem Verhalten; 8) physiologisch: körperliche Vorgänge betreffend

2 Erfinden Sie einen konkreten „Fall", bei dem sich die Handlungen einer Person mit einer der Theorien erklären lassen (z. B. Silke F., eine 17-jährige Auszubildende, sitzt abends alleine vor dem Fernseher und sieht sich den Film „Der Killer klingelt nie" an …).

3 Entscheiden Sie, welche der dargestellten Theorien Sie bestätigen können und welche nicht.

4 Nennen Sie Gründe, die für bzw. gegen ein Verbot von Gewaltdarstellungen in den Medien sprechen.

Medien einschätzen — Projektbörse

Gewalt im Alltag

Sammeln Sie auf einer Wandzeitung Ihre Ergebnisse zu folgenden Fragen:
- Welche Erscheinungsformen von Gewalt kennen Sie?
- Wo beginnt verbale bzw. körperliche Gewalt?
- Welche Ursachen sehen Sie für gewalttätiges Verhalten?
- Was kann man gegen Gewalt im Alltag tun?

• Achten Sie auf eine übersichtliche Darstellung. Verwenden Sie Beispiele. Visualisieren Sie Ihre Darstellung.

Präsentation: Schule ohne Gewalt

Gehen Sie von folgender Situation aus: Eine Kommission beschäftigt sich mit der Frage, wie die Schule der Zukunft aussehen sollte. Sie sind eine Gruppe von Experten, die sich mit dem Aspekt Gewalt beschäftigt und der Kommission ihre Vorschläge unterbreitet.

• Sammeln Sie Material zu Erscheinungsformen von Gewalt an Schulen (z. B. im Internet).
• Ermitteln Sie, welche Ursachen es dafür gibt.
• Listen Sie auf, welche Merkmale einer Schule die Gewalt begünstigen bzw. verhindern.
• Bauen Sie auf der Grundlage dieser Ergebnisse eine schlüssige Argumentation für die Kommission auf, in der Sie Vorschläge machen, wie die Schule der Zukunft aussehen müsste. Achten Sie bei Ihrer Präsentation auf eine klare Gliederung. Setzen Sie – wenn möglich und sinnvoll – Visualisierungen ein.

Lesemappe zu den journalistischen Darstellungsformen

Wählen Sie ein Thema und stellen Sie eine Mappe zusammen, in der Sie die wichtigsten journalistischen Textsorten getrennt sammeln.
• Benutzen Sie eine Registereinteilung, sodass jede Textsorte ein eigenes Fach bekommt.
• Stellen Sie die Merkmale der Textsorte zusammen (Informationsbeschaffung z. B. über das Internet).
• Sammeln Sie aus Zeitungen, Zeitschriften und dem Internet möglichst treffende Beispiele für die jeweilige Textsorte.

Merkmale des Boulevardjournalismus

Kommen Sie dem Geheimnis der Boulevardzeitungen (z. B. BILD) auf die Spur. Warum finden sie so viele Leser? Untersuchen Sie
- Schlagzeile,
- Themenschwerpunkte,
- Sprachliche Gestaltung,
- Aufbau der Texte,
- Art und Funktion der Bilder usw.

• Berichten Sie der Klasse von Ihren Ergebnissen. Setzen Sie dabei möglichst viele Beispiele ein.

Kompetenzbereich 14: Informationen einholen

Der Wert von Informationen

1) Entscheiden Sie,
 a) welche Antwort die richtige ist,
 b) wie Sie überprüfen können, ob Ihre Lösung stimmt.

2) Beurteilen Sie, welchen Wert es für eine Person im Alltag hat, wenn sie über das Wissen verfügt, das in Quizshows abgefragt wird.

3) Notieren Sie in Stichpunkten, welche Informationen in den folgenden Situationen von Nutzen sind.

Situationen:

A Sie haben vor, sich mit Ihrer Freundin zu verabreden.

B Sie wollen mit einer Präsentation zum Blutspenden aufrufen.

C Sie möchten Ihr altes Auto verkaufen.

D Sie planen, nebenberuflich Dalmatiner zu züchten.

E Sie lieben Mais, wollen aber keinen gentechnisch veränderten Mais essen.

F Sie werden bei einem Vorstellungsgespräch gefragt: „Warum bewerben Sie sich gerade bei uns?"

4) Nehmen Sie zu den folgenden Aussagen Stellung.
 a) Wissen ist Macht.
 b) Wer Wissen hat, wird bewundert.

Kompetenzbereich 14 . Informationen einholen

Informationsquellen vergleichen

1 a) Erstellen Sie eine Tabelle nach dem folgenden Muster.

Bewertung	Informationsträger									
	Internet	Zeitschriften	Zeitungen	Fachbücher	Broschüren	Lexika	Telefon	CD-ROM	Fernsehen	Mitmenschen
Welche Chance bietet dieser Informationsträger, benötigte Informationen zum Thema zu bekommen? (10) große Chancen (1) keine Chancen										
Ist die Form der Information für mich geeignet? (10) gut geeignet (1) gar nicht geeignet										
Ist es leicht oder schwierig, die Information zu beschaffen? (10) leicht (1) schwierig										
Wie teuer ist die Beschaffung der Informationen? (10) günstig (1) teuer										
Stehen die Informationen regelmäßig zur Verfügung oder nur zufällig? (10) regelmäßig (1) zufällig										

b) Bewerten Sie die einzelnen Informationsquellen nach den vorgegebenen Kriterien mit einem bis 10 Punkten.

2 Beurteilen Sie, wie hilfreich die einzelnen Informationsquellen Ihrer Meinung nach sind, wenn Sie genaue und aktuelle Antworten auf die folgenden Fragen suchen.

A Wie wird in den nächsten beiden Wochen das Reisewetter in Skandinavien sein?
B Welche Impfungen benötigt man für einen Urlaub in Südwestafrika?
C Welche Nebenwirkungen haben Muskelaufbaupräparate?
D Wie viele Sitze stehen den einzelnen EU-Staaten im Europaparlament zu?
E Wie hoch ist die Ausbildungsvergütung für eine Goldschmiedin?

3 Nennen Sie Fälle, in denen die Glaubwürdigkeit einer Informationsquelle angezweifelt werden könnte.

103

Kompetenzbereich 14 . Informationen einholen

In Büchern nachschlagen

 In den meisten Büchereien kann man den Bücher- und Medienbestand an einem PC-Arbeitsplatz abfragen, manchmal auch über das Internet in einem Online-Katalog recherchieren.

Erläutern Sie anhand des Schemas, wie man mit verschiedenen Suchverfahren in einem Buch Informationen zum Thema „Ecstasy" findet.

 Situation:
Als Vertreter/in der Jugend-Rot-Kreuz-Gruppe wollen Sie vor einer Gruppe Jugendlicher vor den Gefahren des Drogenkonsums warnen. In diesem Zusammenhang sollen Sie etwas über „Halluzinogene", einer speziellen Art von Drogen, sagen.

Stellen Sie aus Fachbüchern und Lexika, die Sie im Bestand einer Bibliothek gefunden haben, dazu Informationen zusammen.

Inhaltsverzeichnis des Buches

Suche unter einem Sachgebiet

2. Halluzinogene:
LSD, DOM (STP), PCP, MDMA
UND „Ice" 158

Was sie enthalten und wie sie wirken • Was passiert in einem LSD-Rausch? • „Magic Mushrooms": Der Missbrauch von Giftpilzen

3. ECSTASY (XTC) 168

Ecstasy und Designer-Drogen: Was ist das und was ist drin? • Konsum und Qualität von Ecstasy und Designer-Drogen • Wie wirkt Ecstasy. Macht Ecstasy süchtig? • Isabel A. (19): „Auf Pille kam ich mir tierisch genial vor." • Welche Risiken du mit Ecstasy/XTC eingehst • Sind alle Raver drauf? Oder: Wer nimmt überhaupt Ecstasy? • Nino R. (17): „Erst XTC, dann Koks, dann Rosch ..." ...

Kompetenzbereich 14 . Informationen einholen

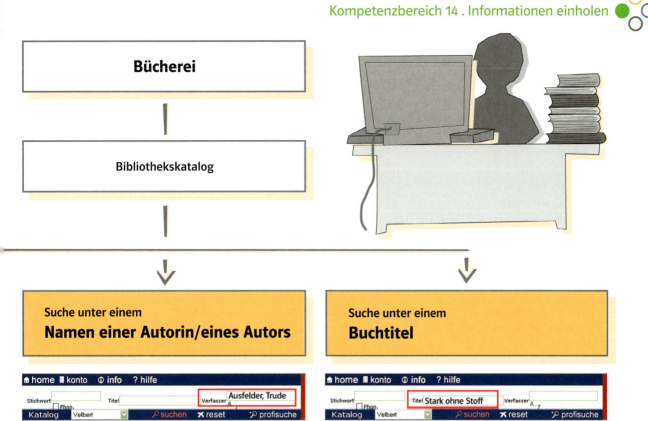

Textstelle S. 179

> Eine **psychische Abhängigkeit** von Ecstacy ist dagegen sehr wohl möglich. Wenn du auf einer tollen Party warst, Ecstacy eingeworfen und richtig abgetanzt hast, dann möchtest du das vielleicht wiederholen. Und damit es genau so wird wie letztes Mal, ist die Verführung groß, wieder so eine Pille zu nehmen. Es entwickelt sich so ein stiller Automatismus nach dem Motto: Wenn's mir gut gehen soll, dann schmeiß ich eben Ecstacy ein. Vielleicht ist die Droge selbst zweitrangig für dich, aber die Stimmung, dieses Glücksgefühl und das ganze Drumherum – die Musik, die flackernden Lichter, das Abtanzen, die Harmonie und all die coolen und voll netten Leute – das willst du wieder haben. Die Party, das Ereignis als Ganzes, macht dich süchtig. Und manche, die ihre Lust auf Tanzen, Toben, Rasen und Fantasieren auf dem Dancefloor ausleben, haben die fixe Idee, dass sie Ekstase und Rauscherlebnis nur durch Drogengebrauch erleben können. Das ist natürlich Quatsch, aber wer so eine Einstellung hat, der ist gefährdet, von Partydrogen abhängig zu werden.

Kompetenzbereich 14 . Informationen einholen

Aus Texten exzerpieren

A

Opiate sind u. a. Opium und Morphin. Opium wird aus dem Milchsaft der unreifen Schlafmohnkapsel gewonnen. Opium und das daraus gewonnene Morphin sind starke Schmerzmittel und werden meist bei der Linderung von Tumorschmerzen eingesetzt.

Opium erzeugt in niedriger Dosis ein wohliges und entspannendes Gefühl. Einige Patienten berichten von Tagträumerei und einem verbesserten Denkvermögen. Bei höherer Dosis ist die Wirkung euphorisch und genussvoller. Die Tagträume nehmen zu, ohne in Halluzinationen überzugreifen. Bei sehr hohen Dosen ist der Konsument so beruhigt, dass er ständig einschläft. Bei einer Überdosierung folgen Atemlähmungen und Herz-Kreislauf-Stillstand.

Schwitzen, Juckreiz, Muskelerschlaffung, Schwindel, Kopfschmerzen, Mundtrockenheit, Erbrechen, Einengung der Pupillen, Verstopfung, Verkrampfung der Gallenwege, niedriger Blutdruck bis Schock, Gleichgewichtsstörungen, Verlangsamung der Herzfrequenz bis zum Stillstand, Spannung in der Harnblase, Schwierigkeiten beim Wasserlassen sind die Risiken während des Rausches.

Aus: www.drug-infopool.de

B

Opiate sind Wirkstoffe, die aus dem Pflanzensaft der Kapseln des Schlafmohnes gewonnen werden: Morphium, Heroin, Opium etc. Nach dem Trocknen wird der Pflanzensaft zu einer festen hartgummiartigen schwarzen Masse. Der Hauptinhaltsstoff ist das Morphin, von dem durch chemische Prozesse halbsynthetische Derivate hergestellt werden können. Die wichtigsten sind:
Morphium, Hydromorphin, Diacetylmorphin (= Heroin), Opium, Codein, Methadon. Opiate können geschnupft, gespritzt, geschluckt und geraucht werden.

Akute Wirkungen
– Zentrale Wirkung mit Angriffspunkt im Gehirn oder Rückenmark: Schmerzstillung (Medizin: Schmerzmittel)
– Dämpfung des Atemzentrums im Gehirn (Die Atemlähmung ist auch die Ursache für den Tod bei einer Überdosis)
– Dämpfung des Hustenzentrums
– Dämpfung des Brechzentrums

Wirkungen im übrigen Körper
– Verkrampfung der Muskeln im Magen-Darm-Trakt
– Harnverhaltung (führt zu Koliken der Gallen- und Harnwege)
– Schweiß- und Tränendrüsensekretion ist eingeschränkt.
– Blutdruckregulierungsstörungen

Psychische Wirkungen: Intensität steigt vom Opium über Morphium zum Heroin. Kurz nach der Einnahme kommt es zu einem starken Glücksgefühl, gefolgt von emotionaler Distanz, Schmerzfreiheit und Wachträumen.

Aus: www.stangl-taller.at/ARBEITSBLAETTER/SUCHT/Opiate.shtml

Kompetenzbereich 14 . Informationen einholen

Kompetenzbox

Exzerpieren

- Vor der Anfertigung der Notizen in den Texten wichtige Stellen markieren (unterstreichen, Farbmarker, Randsymbole verwenden)
- Textauszüge (Exzerpte) übersichtlich auf Blätter (DIN A4) oder Karteikarten (DIN A5 bzw. A6) schreiben
- Nur thematisch Zusammenhängendes auf einem Blatt/einer Karte erfassen
- Wesentliches notieren, nicht zu viel herausschreiben (möglichst nicht mehr als 10 %)
- Kurze Sätze, Stichwörter, Abkürzungen benutzen
- Nur wichtige Definitionen, Zitate, Formeln, Werte wörtlich übernehmen
- Gliederung übersichtlich gestalten (Platz für spätere Ergänzungen lassen)
- Visuelle Darstellungsmöglichkeiten (Skizze, Diagramm, Mindmap …) und Symbole verwenden

1) **Situation:**
In einem sachlich informierenden Vortrag über Drogen wollen Sie erklären, was Opiate sind, welche Arten es gibt und wie sie wirken.

Markieren Sie auf einer Kopie der Texte die Stellen, die Sie eventuell für Ihren Vortrag auswerten können.

2) Schreiben Sie auf den Rand der Kopie Bemerkungen, wie z. B. „Definition", „Arten", „Wirkung".

3) Notieren Sie auf einer Karteikarte oder einem Zettel
   a) wörtlich die Definition der Opiate,
   b) in kurzen Sätzen oder in Stichworten die Arten und die unterschiedlichen Wirkungen.

Opiate

① *Definition:*

② *Arten:*

③ *Wirkung:* a) –
　　　　　　　　 –
　　　　　　　　 –
　　　　　　b)
　　　　　　c)

4) Beschaffen Sie sich zusätzliche Textquellen zum Thema „Opiate" und erstellen Sie Textauszüge zu weiteren Aspekten des Themas, z. B.

- Synthetische Opiate
- Geschichte der Opiate
- Sucht: Langzeitfolgen
- Entzug
- Strafrechtliche Situation

Projektbörse   Informationen einholen

Quizshow kompetent (1)

Stellen Sie aus einem Fachgebiet, in dem Sie sich auskennen (z. B. Sportart, Musikrichtung, bekannte Persönlichkeit, Länder, Internet, Unterhaltungsmedien usw.) zehn Auswahlfragen mit zunehmendem Schwierigkeitsgrad zusammen.

Finden Sie zu jeder Frage eine Informationsquelle (Lexikon, Biografie, Statistik), aus der eindeutig hervorgeht, welche der Auswahlantworten die richtige ist.

Organisieren Sie eine unterhaltsame Form für die Durchführung der Quizshow in Ihrer Klasse.

Testknacker (2)

In vielen Einstellungstests gibt es einen Teil mit „Fragen zur Allgemeinbildung". Besorgen Sie sich mehrere dieser Tests und vergleichen Sie Ihren Testerfolg
a) bei der Bearbeitung des Tests ohne jegliche Hilfsmittel,
b) bei der Lösung der Testfragen mit Benutzung aller Hilfsmittel (Lexika, Internet usw.) mit oder ohne zeitliche Begrenzung.

Leitfaden Informationssuche (3)

Informieren Sie sich über das System, wie man in Ihrer Stadt-, Orts- oder Schulbibliothek recherchieren kann.

Erstellen Sie einen Leitfaden, mit dessen Hilfe neue Büchereibenutzer/innen mit diesem System erfolgreich umgehen können.

Kompetenzbereich 15:
Inhalte visualisieren und strukturieren

Die Bedeutung der Visualisierung

„Mein Codewort **11.S.01s2J → WTC+t›2000M** habe ich mir auf der Grundlage dieses Satzes zusammengestellt: „Am 11. September 2001 stürzten 2 Jets in das World Trade Center und töteten mehr als 2000 Menschen."

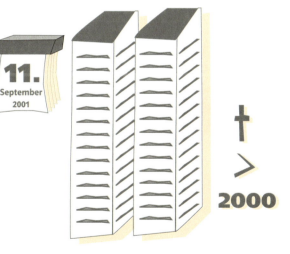

1) Übertragen Sie die nebenstehende Skizze auf ein Blatt Papier. Ergänzen Sie die Zeichnung mit einfachen grafischen Symbolen, sodass alle Elemente des Codewortes enthalten sind.

2) Erfinden Sie je eine Geschichte, mit der Sie sich
a) Ihre Handynummer,
b) Ihr Autokennzeichen,
c) Ihre Kontonummer
einprägen könnten.

3) Stellen Sie Ihre Geschichten (siehe Aufgabe 2) jeweils bildhaft dar, sodass Sie sich die Geschichten leichter merken können.

4) a) Lesen Sie folgende Texte.

A

Informationsaufnahme und -verarbeitung

Sinneswahrnehmungen und Informationen (Texte, Zahlen, Bilder, Geräusche usw.) kann der Mensch auf zwei sehr unterschiedlichen Wegen aufnehmen und weiterverarbeiten. Nach einem sehr vereinfachenden Modell ist die linke Gehirnhälfte dafür verantwortlich, die abstrakten Informationen zu verarbeiten und zu speichern, z.B. Texte, mathematische Aufgaben, Tabellen, Definitionen. Unterscheidungen und

Kompetenzbereich 15 . Inhalte visualisieren und strukturieren

⁵ die Anwendung von Regeln (z. B. Grammatik, Rechengesetze, Logik) stehen bei dieser Art des Denkens im Vordergrund. In Anlehnung an die Arbeitsweise eines Computers, der kleinste Informationseinheiten (Bits) erfasst und nach präzisen Regeln weiterverarbeitet, wird dieses Denken auch **digitales** Denken genannt.

Dagegen „denkt" die rechte Gehirnhälfte, indem sie ganzheitliche Zusammenhänge und Bilder aufnimmt, ¹⁰ verarbeitet und speichert. Diese Prozesse werden als **analoges** Denken bezeichnet.

Es hat sich herausgestellt, dass es für das Lernen und Behalten von neuen Informationen und Kenntnissen entscheidend ist, Zusammenhänge zu erfassen, Strukturen zu erkennen, Vergleiche und Symbole zu verwenden, um sich „ein Bild" von der neuen Situation „zu machen".

Mit dem visuellen Gedächtnis gelingt es dem Menschen, sich über wenige Symbole, Bilder oder Eindrü-¹⁵ cke an komplizierte Sachverhalte oder Zusammenhänge zu erinnern. Diese Fähigkeit sich bildhaft zu verständigen, ist in vielen Situationen des Alltags nützlich. Oft ist eine übersichtliche grafische Wegskizze verständlicher als eine Wegbeschreibung in Form eines mündlichen oder schriftlichen Textes. Über bildliche Darstellungen, den Einsatz von Farben und Symbolen kann man Informationen weitergeben oder verstehen, wenn dies über Schriftsprache umständlich und unübersichtlich wäre, z.B. auf Flughäfen mit ²⁰ internationalem Publikum. Für das Lernen in Schule und Beruf haben die analogen Formen der Informationsverarbeitung ebenfalls große Bedeutung. Durch die Verbindung mit Bildern und ganzheitlichen Zusammenhängen werden die Informationen leichter gespeichert, lassen sich schneller erkennen und dauerhaft behalten. Übersichtlich gegliederte Informationen werden schneller verstanden und prägen sich intensiver ein als Berge von ungeordneten „Informationshäppchen". Bilder, besonders solche mit starken ²⁵ optischen Reizen, kann man besser behalten als Sätze, Formulierungen oder Texte.

B Informationsaufnahme durch die verschiedenen Wahrnehmungskanäle (Sinne) in bit/Sek.:

 Visuell: 10.000.000 bit/Sek.

 Riechen: 20 bit/Sek.

 Auditiv: 1.000.000 bit/Sek.

 Schmecken: 13 bit/Sek.

 Haptisch: 400.000 bit/Sek.

C Wir behalten von dem, was wir

lesen	10 %
hören	20 %
sehen	30 %
sehen und hören	50 %
selbst vortragen	70 %
selbst ausführen	90 %

*Stephan Gora: Schule der Rhetorik.
Ernst Klett Schulbuchverlag, Leipzig 2001, S. 58*

b) Erläutern Sie die grundlegenden Unterschiede zwischen der analogen und digitalen Informationserfassung und -verarbeitung durch den Vergleich einer analogen Uhr (mit Zifferblatt und Zeiger) mit einer digitalen Uhr.

c) Formulieren Sie Schlussfolgerungen, die man aus diesem Text und den Hinweisen zur Informationsaufnahme
  – für das eigene Lernen,
  – für die Präsentation von Informationen
  ziehen kann.

Kompetenzbereich 15 . Inhalte visualisieren und strukturieren

Elemente der visuellen Sprache: Farben, Formen, Gestaltung

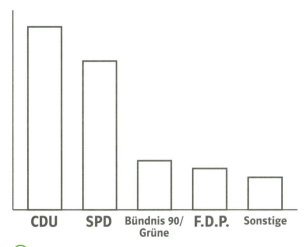

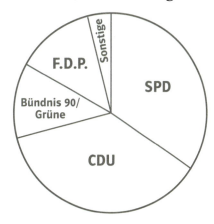

1) Nennen Sie die Farben, in denen im Säulendiagramm die Prozentsätze bzw. im Kreisdiagramm die Anzahl der Sitze für die jeweiligen Parteien wiedergegeben werden.

2) Erläutern Sie an passenden Beispielen, wie sich die Bedeutung der beiden Farben
a) Rot,
b) Schwarz
ändert, wenn die Farben in verschiedenen Zusammenhängen (Kontexten) gebraucht werden:
– menschliches Leben allgemein
– Straßenverkehr
– Wirtschaft
– Mode
– Religion

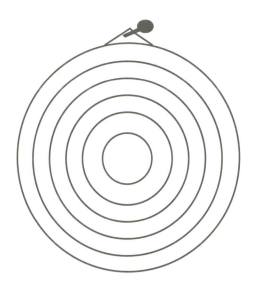

3)
a) Zeichnen Sie eine Zielscheibe und ordnen Sie den einzelnen Kreisen geeignete Farben zu.
b) Begründen Sie Ihre Entscheidung.

4) **Situation:**
Sie haben sich für dieses Jahr Ziele gesetzt.

Gestalten Sie jedes Ziel mit Formen und Farben.

| A | Abschlussprüfung bestehen | B | Führerschein machen |
| C | Mit der Fußballmannschaft aufsteigen | D | Zwei Wochen Urlaub in der Sonne |

Kompetenzbereich 15 . Inhalte visualisieren und strukturieren

5) Erläutern Sie, welche der abgebildeten Pfeile zur visuellen Unterstützung der nachfolgend genannten Zusammenhänge oder Sachverhalte geeignet sind.

A Kreislauf-, Recyclingprozesse
B Wirtschaftlicher Aufschwung
C Gegensatz, Konflikt
D Folge, Auswirkung
E Beschleunigte, explosive Entwicklung
F Abschwung, Niedergang

Behandlung von Krankheitsfällen unter den Einwohnern einer Kleinstadt

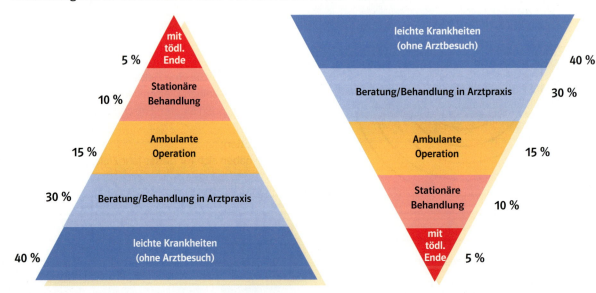

6) a) Entscheiden Sie, ob die visuelle Form der „Pyramide" oder eher die Form des „Trichters" zu der Sachinformation der grafischen Darstellung passt.

b) Begründen Sie Ihre Entscheidung.

Kompetenzbereich 15 . Inhalte visualisieren und strukturieren

7) Die sprachliche Bedeutung, die Wörter und Sätze den Leserinnen und Lesern übermitteln, kann in ausgewählten Fällen durch eine geeignete Gestaltung der Schrift visuell unterstützt werden.

Beispiele:

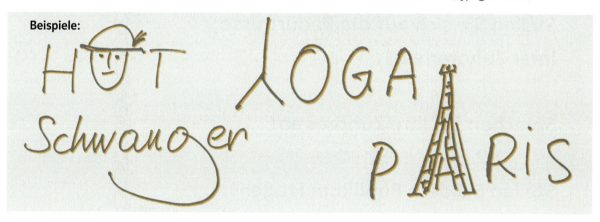

Verdeutlichen Sie durch eine passende Gestaltung der Schrift (Schriftart, -größe, -verlauf, …) die nachfolgenden Wörter bzw. Aussagen.
A Konjunkturverlauf   **B** Sich im Kreise drehen   **C** Vor die Wand laufen   **D** Technischer Arbeitsschutz

8) Viele Buchstaben haben geometrische, grafische Eigenschaften, die sich zur Visualisierung im Schriftbild des Wortes nutzen lassen. Die daraus entstehenden Wort-/Bildmuster nennt man „Typogramme".

Beispiele:

Erfinden Sie eigene Typogramme für die folgenden Wörter.
A Zigarette   **B** Mittelpunkt   **C** Kuss   **D** Tod

9) a) Entscheiden Sie, ob die folgende Schriftgestaltung die Aussage der Wörter unterstützt oder eher davon ablenkt.
b) Entwerfen Sie einen Schriftzug, der grafisch/visuell zu der Aussage passt.

Kompetenzbereich 15 . Inhalte visualisieren und strukturieren

10 a) Begründen Sie, warum auf der abgebildeten Präsentationsfolie die ausgewählten grafischen Symbole ungeeignet sind.

b) Finden Sie eine passende visuelle Gestaltung, die die Aussagen der Überschrift und der einzelnen Unterpunkte unterstützt.

So **fesseln** Sie die Aufmerksamkeit Ihrer Zuhörer!

Stellen Sie sich auf die Bedürfnisse Ihrer Zuhörer ein!

Sprechen Sie Ihre Zuhörer an!

Stellen Sie dem Publikum Fragen!

Halten Sie Blickkontakt!

Beenden Sie Ihre Präsentation mit einem „Knalleffekt"!

Kompetenzbereich 15 . Inhalte visualisieren und strukturieren

Zahlenangaben visualisieren

1) Veranschaulichen Sie die folgenden Sachverhalte, die mit Zahlenangaben versehen sind, jeweils in einem passenden Diagramm.

Schulabgänger im Jahr 2004 — A

Im Jahr 2004 verlassen insgesamt 942.000 Schülerinnen und Schüler die Schule. Davon sind 9 % ohne Hauptschulabschluss, 26 % mit Hauptschulabschluss, 41 % mit Realschul- oder gleichwertigem Abschluss, 1 % mit Fachhochschulreife, 23 % mit allgemeiner oder fachgebundener Hochschulreife.

Quelle: Globus Infografik GmbH 2001 (9033 glo)

Todesfälle Berufserkrankter mit Tod infolge Berufskrankheit — B

Jahr	Todesfälle
1993	2.192
1994	2.389
1995	2.489
1996	2.396
1997	2.185
1998	2.040
1999	2.043
2000	1.886
2001	1.904

Quelle: Bundesanstalt für Arbeitsschutz und Arbeitsmedizin (www.baua.de)

Zahl der Unfälle von Kindern und Jugendlichen — C

Im Hausbereich: 334.000
  (58 % Jungen, 42 % Mädchen)
Beim Sport: 90.000
  (58 % Jungen, 42 % Mädchen)
In der Freizeit: 190.000
  (58 % Jungen, 42 % Mädchen)

Quelle: Beratungsstelle für Unfallverhütung. Aktion des www.adsh.de

Kompetenzbox

Zahlenangaben visualisieren

Diagramme

Häufig ist es notwendig, komplexe Abläufe oder Sachverhalte, z. B. unübersichtliche Zahlenreihen, durch eine bildhafte Darstellung zu veranschaulichen. Diagramme können beispielsweise Größenverhältnisse oder Veränderungen von Werten auf einen Blick erkennen lassen und damit die Informationsaufnahme beschleunigen und intensivieren.

Säulen- oder Balkendiagramme eignen sich besonders gut für den Vergleich von Größen bzw. Werten.

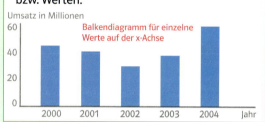

Balkendiagramm für einzelne Werte auf der x-Achse

Kreis- bzw. Tortendiagramme (in dreidimensionaler Darstellung) stellen immer eine Gesamtheit und deren einzelne Anteile dar. Bei einer prozentualen Darstellung muss die Gesamtheit immer einem Wert von 100 % entsprechen.

Kreisdiagramme zeigen prozentuale Verteilungen

Mit **Linien- oder Kurvendiagrammen** lassen sich Entwicklungen in ihrem zeitlichen Ablauf am besten visualisieren.

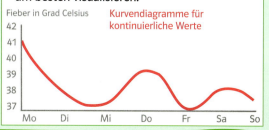

Kurvendiagramme für kontinuierliche Werte

Kompetenzbereich 15 . Inhalte visualisieren und strukturieren

Manipulation in Diagrammen durchschauen

1) a) Beschreiben Sie, wie sich der bildliche Eindruck ändert, wenn die Y-Achse (Marktanteil in Prozent) am Schnittpunkt mit der X-Achse (Jahreszahlen) nicht mit 12 %, sondern mit 0 % beginnt und für die Übertragung der Prozentwerte ein anderer Maßstab gewählt wird.
b) Erstellen Sie ein entsprechendes Liniendiagramm.

2) a) Erläutern Sie, welchen Eindruck von der Erhöhung der Werbeausgaben das visuelle Symbol der Münzen erweckt.
b) Nennen Sie die tatsächliche Erhöhung.
c) Machen Sie einen Vorschlag für eine korrekte visuelle Darstellung.

Quelle: F.A.Z./F.A.Z.-Grafik Walter

Kompetenzbereich 15 . Inhalte visualisieren und strukturieren

Strukturbilder erstellen

1 Lesen Sie den Text „Die Berufsausbildung im dualen System".

Die Berufsausbildung im dualen System

In der Bundesrepublik Deutschland sind an der beruflichen Ausbildung zwei Partner beteiligt, nämlich Berufsschule und Ausbildungsbetrieb.

Berufsschule   Ausbildungsbetrieb

5 Diese Art Berufsausbildung wird als duales System bezeichnet, weil sich zwei Partner die Ausbildungsaufgabe teilen.

Die Hauptaufgabe der Betriebe besteht in der Vermittlung fachtheoretischer und fachpraktischer
10 Kenntnisse. Die Schule hingegen vermittelt vorwiegend Allgemeinbildung und Fachtheorie. Im Ausbildungsbetrieb erworbene fachpraktische Fertigkeiten werden in der Schule im praktischen Unterricht sinnvoll ergänzt, entsprechend den
15 berufsbezogen gestalteten Lehrplänen.

Eine erfolgreiche Ausbildung wird nachgewiesen durch eine bestandene Schulabschlussprüfung und durch das Bestehen der entsprechenden Kammerprüfung. Die erfolgreiche Teilnahme an diesen
20 Prüfungen wird durch das Schulabschlusszeugnis und vonseiten der Kammern durch den Gesellen- oder Gehilfenbrief bescheinigt.

Duale Ausbildung

- Ausbildung im Betrieb
  - 3–4 Tage pro Woche
  - Praktische Ausbildung
  - Prüfung nach 2 bis 3 1/2 Jahren durch Handwerkskammer oder Industrie- und Handelskammer
- Ausbildung in der Schule
  - 1–2 Tage pro Woche
  - Theoretische Ausbildung und praktische Unterweisung, Allgemeinbildung
  - Prüfung nach 2 bis 3 1/2 Jahren durch Schule (nicht überall in Deutschland)

Abstimmung zwischen Praktischer Ausbildung und Theoretischer Ausbildung.

Abgeschlossene Berufsausbildung

Vorteile des dualen Systems	Nachteile des dualen Systems
• Die Ausbildung erfolgt praxisbezogen, da sie vorwiegend im Betrieb stattfindet. • Die Steuerzahler sparen Geld, da eine rein schulische Ausbildung wesentlich teurer wäre. • Die Ausbildung wird abwechslungsreicher.	• Die von den Betrieben angebotenen Ausbildungsplätze reichen häufig nicht aus. • Die Qualität der Ausbildungsplätze ist unterschiedlich. • Die Abstimmung der Ausbildungsinhalte zwischen Betrieb und Schule ist schwer zu organisieren.

Quelle: Wirtschaftskunde. Ernst Klett Verlag GmbH, 3. Auflage 2003

Kompetenzbereich 15 . Inhalte visualisieren und strukturieren

2) Beschreiben Sie,
   a) welche wichtigen Informationen aus dem Text in dem Strukturbild visualisiert werden,
   b) wie im Strukturbild der Hauptgedanke des Textes (Duales System) visuell umgesetzt wird,
   c) auf welche Informationen im Text die Darstellung im Strukturbild verzichtet,
   d) welche Beziehungen, Abhängigkeiten und Einflüsse im Strukturbild mit grafischen Mitteln betont werden.

3) a) Lesen Sie den folgenden Text.

Alcopops: Der Kick aus der Flasche

Sie schmecken wie Saft, sind knallig bunt und liegen bei Jugendlichen im Trend. Die Rede ist von Alcopops, Mischungen aus Spirituosen und Limonade. Leider kommen immer mehr Minderjährige zunehmend auf den Geschmack. Eine aktuelle Umfrage besagt, dass 75 Prozent der 14- bis 17-Jährigen Alcopops konsumieren. Experten warnen vor den Folgen: Die beliebten Partydrinks entwickeln sich zu einer Einstiegsdroge in die Abhängigkeit.

Tückische Brause
Egal ob Smirnoff Ice, Puschkin Vibe oder Bacardi Breezer, Alcopops enthalten so viel Alkohol wie ein starkes Bier: zwischen fünf und sechs Volumprozent*. Nur schmeckt man es nicht. Süßstoffe und exotische Aromen täuschen darüber hinweg, dass die bunten Mixgetränke reichlich Alkohol aufweisen. Zum Beispiel eine Flasche Breezer: Sie enthält 5,6 Volumprozent Alkohol, was etwa zwei kleinen Schnapsgläsern entspricht. Den jungen Konsumenten ist das meistens nicht bewusst. Denn der süße Geschmack verführt dazu, die Wirkung des Alkohols zu unterschätzen, zu schnell und zu viel davon zu trinken. Im Klartext heißt das: Wenn ein 15-jähriges Mädchen mit einem Körpergewicht von 45 Kilogramm auf einer Geburtstagsparty auf nüchternen Magen zwei Flaschen Breezer trinkt, hat sie annähernd 0,9 Promille Alkohol im Blut.

Zu viel davon macht krank
Wird Alkohol in geringen Mengen konsumiert, verursacht er im gesunden Körper normalerweise keinen Schaden. Chemisch gesehen ist Alkohol (Äthanol) jedoch ein Gift. Er mischt sich leicht mit Blut und wandert ungehindert durch die Zellmembranen bis ins Gehirn. Regelmäßig im Übermaß genossen greift Alkohol auf Dauer fast alle Organe an. Er macht krank, seelisch und körperlich abhängig und kann den frühzeitigen Tod bedeuten. Je früher man sich an regelmäßigen Alkoholkonsum gewöhnt, desto schlimmer. Junge Körper reagieren besonders empfindlich auf Alkohol. Sie werden schon von geringen Mengen regelrecht vergiftet. Ähnliches gilt für Frauen. Sie vertragen Alkohol schlechter als Männer, auch schädigt er die Organe bei ihnen stärker als bei Männern. Alkoholmissbrauch zerstört nicht nur die Gesundheit. Mit ihm steigt auch das Unfallrisiko drastisch. Bereits ab 0,2 Promille verschlechtert sich das Wahrnehmungsvermögen. Bei 0,5 Promille ist die Unfallgefahr deutlich erhöht, bei 0,8 steigt sie auf das Vierfache. Viele Unfälle am Arbeitsplatz und im Straßenverkehr gehen auf Alkoholkonsum zurück.

Auf dem Weg ins Aus
Der Übergang vom Alkoholgenuss zum Alkoholmissbrauch und zur -abhängigkeit ist fließend. Alkoholabhängigkeit entwickelt sich schleichend über Jahre hinweg. Jungen Menschen droht ein Abrutschen in die Abhängigkeit allerdings viel früher. Bei einem 20-Jährigen, der mit dem Trinken anfängt, dauert es im Schnitt fünf Jahre, bis das Verlangen nach Alkohol sein Leben beherrscht.

*Abk. Vol.-%: Anteil eines Stoffes, der in 100 cm^3 einer Lösung enthalten ist

Kompetenzbereich 15 . Inhalte visualisieren und strukturieren

Da hilft auch kein Kaffee

Alkohol wird vom Körper schnell aufgenommen. Bei Alcopops geht es wegen der Kohlensäure und des hohen Anteils an Zucker besonders fix. Aber: Die Abbaugeschwindigkeit ist vergleichsweise langsam. Nur fünf Prozent des Alkohols werden über die Lunge oder die Haut ausgeschieden – deshalb die „Fahne". Den Rest erledigt die Leber und das dauert. Im Schnitt schafft eine gesunde Leber 0,1 bis 0,2 Promille Abbau je Stunde. Das heißt: Bei 0,8 Promille Blutalkoholkonzentration kann der Alkoholabbau bis zu acht Stunden dauern. Wer sich also auf einer Party fast ans Koma herangetrunken hat, kann danach bis zu 20 Stunden alkoholisiert sein. Das bedeutet unter Umständen für den ganzen folgenden Tag, dass Arbeitsfähigkeit und Fahrtüchtigkeit eingeschränkt sind. Wer glaubt, man könne den Alkoholabbau beschleunigen, weil man zur Arbeit muss, irrt sich. Der Körper lässt sich nicht überlisten. Weder kalte Duschen, starker Kaffee, eine Überdosis Vitamine, Medikamente oder sonst etwas kann den Alkoholabbau beschleunigen. Das einzige Mittel, das hilft, ist Zeit.

TIPP: Wer regelmäßig versucht, mit Alkohol seine Stimmung anzukurbeln, verfällt langfristig einem echten Stimmungskiller. Besser ist es, sich selbst zu vertrauen. Regelmäßig Sport treiben hilft, vermehrt Endorphine zu produzieren – das sind unübertreffliche körpereigene Stimmungsverbesserer. Übrigens: Auch entspannen kann man prima ohne Alkohol. Wer häufig unter Stress steht, kann sich durch Entspannungstechniken, zum Beispiel Yoga, wieder ins Gleichgewicht bringen.

*Gabriele Mosbach in:
Arbeit und Gesundheit. UnterrichtsHilfe April 2004. Informationen und Lehrmaterial für die berufliche Bildung*

b) Visualisieren Sie den Inhalt in einem geeigneten Strukturbild.

Projektbörse   Inhalte visualisieren und strukturieren

Plakat (1)

Gestalten Sie mit Ihrer Klasse ein Plakat mit der Aussage: *Wir werden unseren Weg machen!*
Legen Sie im Einzelnen fest:
- Grundlegende Bildidee und Aussage,
- Größe und Aufteilung des Plakates,
- Farbkonzept für den Hintergrund und die einzelnen Bildelemente.

Entscheiden Sie, wie Sie die Fotos der Schülerinnen und Schüler auf dem Plakat miteinbeziehen.

Beschilderungssystem (2)

Entwerfen Sie ein System für die Beschilderung der verschiedenen Räume Ihrer Schule/Ihres Betriebes, z. B. Klassenzimmer, Werkstatt, Lehrerzimmer, Bibliothek.

Setzen Sie dazu unterschiedliche Symbole, Farben, Formen und Bezeichnungen ein.

„Landkarte meines Lebens" (3)

Stellen Sie
- Ihr bisheriges Leben,
- Ihre Zukunftspläne,
- den Verlauf Ihres letzten Lebensjahres

als Reise auf einer imaginären Landkarte dar.

- Geburt (Datum: … / … / …)
- Kindergarten
- Erste Erinnerungen
- Grundschule
- Massiv gehänselt
- Umzug ins neue Haus
- Lieblingshaustier gestorben
- Erstes Zimmer selbst gestrichen
- Prüfung nicht bestanden
- Von der Schule geflogen
- Schulwechsel
- Oberstufe
- Eigene Wohnung
- Prüfung bestanden
- Erster Job

Kompetenzbereich 16: Präsentieren

Wann hat eine Präsentation Erfolg?

Gegenstand

z. B.
- Ware
- Unternehmen
- Idee
- Problemlösung
- Person

→

Ziel

angesprochenes Publikum
1) informieren und
2) beeinflussen

z. B.
- überzeugen
- Interesse wecken
- Einstellung verändern

→

Mittel

z. B.
- Vortrag
- Broschüre
- Schaufenster
- Messestand
- Homepage

1) Beschreiben Sie Situationen, in denen etwas präsentiert wird (z. B. Vorstellen eines neu entwickelten Autos). Bestimmen Sie dabei jeweils, was präsentiert wird (Gegenstand), wie dies geschieht (Mittel) und welche Absicht mit der Präsentation verbunden ist (Ziel).

2) a) Erstellen Sie eine Tabelle nach folgendem Muster.

Präsentation	Gegenstand	Ziel	Mittel
Beispiel A			

b) Untersuchen Sie mithilfe der Tabelle die folgenden Beispiele.

A Eine Ärztin des Gesundheitsamtes hält vor einer Berufschulklasse einen Vortrag über AIDS.

B Die neue Homepage des mittelständischen Küchengeräteherstellers KOCHMATIC hat sehr viel Geld gekostet. Aber man kann dort nun alles über das Unternehmen und seine Produkte erfahren.

C Das Schulzentrum soll einen Namen erhalten. Die Deutschlehrerin Dagmar Kaiser stellt vor der Schulkonferenz den Dichter Georg Büchner vor. Frau Kaiser möchte, dass die Schule seinen Namen trägt.

3) Beschreiben Sie, unter welchen Umständen die jeweiligen Präsentationen A–C erfolgreich sein können.

4) a) Nennen Sie Präsentationsthemen, die Sie aus der Schule kennen.
b) Oft werden Präsentationsthemen verkürzt, indem nur die Informationen über einen Gegenstand im Mittelpunkt stehen (z. B. „Angeln – mein Hobby").
Formulieren Sie zu einem Ihrer Themen eine Situation (Rollenspiel), in der das angesprochene Publikum nicht nur informiert, sondern auch überzeugt werden muss, z. B.
– *Präsentation über das Angeln vor einem Sportförderkreis. Zeigen Sie, dass Angeln Sport ist.*
– *Präsentation vor dem Umweltausschuss Ihrer Gemeinde. Überzeugen Sie den Ausschuss, dass Angler Naturschutz betreiben.*

Kompetenzbereich 16 . Präsentieren

5) Bestimmen Sie bei den folgenden Situationen 1 und 2,
  a) welche Rolle Präsentation spielt.
  b) wie sich deren Erfolg bzw. Misserfolg jeweils erklären lässt.

Situation 1:
Die exklusive Damen-Boutique führt in Hochglanz-Werbebeilagen zur Tageszeitung die neue Frühjahrskollektion des Star-Designers Gianni Rucoletti vor. Hübsche Models, an einem Mittelmeerhafen stimmungsvoll fotografiert, tragen die Kleidung, darunter ein raffiniert geschnittenes Top, das in verschiedenen Farben für 239 € angeboten wird. Innerhalb von zwei Tagen ist die gesamte Ware ausverkauft, lediglich zwei Exemplare in Lachsrosa und der etwas unglücklichen Größe XXS hängen noch an den eleganten Ständern aus gebürstetem Edelstahl.

Als Folge eines Irrtums wird zeitgleich die identische Ware bei einem Lebensmittel-Discounter angeboten: eingeschweißt in Zellophan (Packungen teilweise aufgerissen), versehen mit den Hinweisen, dass es sich um eine „schicke Business-Bluse aus echter thailändischer Seide" handle, die nicht in der Waschmaschine gewaschen werden dürfte. Der Preis beträgt 23,99 €. Das Interesse an diesem Artikel hält sich in Grenzen.

Situation 2:
Ein wichtiger Tag für Bruno Horst: Seit einem halben Jahr arbeitet er zusammen mit zwei Kollegen an der Entwicklung eines völlig neuartigen Konzepts zur automatischen Bewässerung von Pflanzen im Garten. Heute soll er die Betriebsleitung mit einer Präsentation über die Fortschritte der Arbeit informieren. Was Bruno Horst nicht ahnt, ist, dass die Einstellung seines Projekts aus Kostengründen eigentlich schon beschlossene Sache ist. Die Präsentation läuft gut. Es gelingt Bruno Horst, deutlich zu machen, dass die Ansätze viel versprechend, die technischen Probleme beherrschbar, die Kosten kalkulierbar und die Marktchancen für ein solches Produkt groß sind. Herr Horst fordert, dass seine Projektgruppe noch ein halbes Jahr daran arbeiten darf. Bis dann müsste die Serienreife erreicht sein, führt er aus. Auf jede kritische Frage hat Herr Horst eine gute Antwort. Die Geschäftsleitung berät 20 Minuten lang. Dann steht es fest: Die Gruppe darf weiterarbeiten.

Die richtigen Inhalte für das angesprochene Publikum auswählen

Situation:
Bei einer Präsentation zum Thema „KOCHMATIC – ein Unternehmen erfindet das Kochen neu" erfährt man alles über den Küchenhersteller: Geschichte des Unternehmens, Firmenphilosophie, Umsatzentwicklung, Produktionsstandorte, Firmenbeteiligungen, Aus- und Weiterbildung der Mitarbeiter, soziale Leistungen usw.

Super Präsentation, oder? Guter Redner, sehr souverän, tolle Folien. Was will man mehr? Meinen Chef wird das Konzept von KOCHMATIC bestimmt interessieren.

Zugegeben, das ist nicht schlecht gemacht. Aber ich dachte, dass es hier um das Kochen geht. Wäre ich nur zu Hause geblieben.

1) Erläutern Sie, weshalb die beiden Personen so unterschiedlich auf die Präsentation reagieren.

Kompetenzbereich 16 . Präsentieren

2 Erläutern Sie mithilfe eigener Beispiele, weshalb es so wichtig ist, die Vorkenntnisse, Interessen und Bedürfnisse des angesprochenen Publikums zu berücksichtigen.

3 Entscheiden Sie bei den folgenden Beispielen, ob Sie die Informationsauswahl für richtig halten.

A Herr Horst, ein junger Techniker, präsentiert am Messestand die neu entwickelte Steuerung für die automatische Bewässerung. Stolz zeigt er, wie die zahlreichen elektronischen Detailprobleme gelöst wurden und welche Bauteile er verwendet hat. Seine Zuhörer sind Gartenbesitzer, die sich für Bewässerung interessieren.

B Herr Horst stellt die Steuerung den Produktionsleitern (allesamt Ingenieure) von zwei Niederlassungen vor. Die wollen wissen, wie bei der Produktion die Qualität gesichert werden kann. Horst erklärt, was ein Mikrochip ist und welche Vorteile es für den Einsatz des Geräts bringt, dass es so klein ist.

C Herr Horst, der ohnehin überlastet ist, soll jetzt auch noch seinen Betrieb präsentieren, und zwar für eine Gruppe von Schülerinnen und Schülern, die sich für einen Ausbildungsplatz interessieren. Da Herr Horst keine Zeit für die Vorbereitung hat, benutzt er einfach seine Messepräsentation (Bewässerungssteuerung). „Da sehen sie auch, was wir hier so machen.", denkt er sich.

Kompetenzbox

Präsentieren

Auswahl der Inhalte

Informationsauswahl hängt ab von

- **dem angesprochenen Publikum:**
  - Vorkenntnisse
  - Interessen
  - Bedürfnisse

- **der angestrebten Wirkung:**
  - Verständnis schaffen
  - überzeugen
  - beeindrucken

Hinweis
Bei der Auswahl der Inhalte sollte man das Thema aus dem Blickwinkel des angesprochenen Publikums betrachten.
Entscheidend sind also nicht die eigenen Kenntnisse und Interessen, sondern die Situation der Zielgruppe.

Kernaussage, Aufbau, Ablaufplan

Situation:
Sie arbeiten in einem landwirtschaftlichen Institut, in dem man sich seit längerer Zeit intensiv mit Stevia, einer Pflanze aus Südamerika, beschäftigt. Ihre Aufgabe besteht darin, zu diesem Thema drei Präsentationen vorzubereiten. Ihr Chef erklärt Ihnen, worum es dabei jeweils geht.

Kompetenzbereich 16 . Präsentieren

1 Versetzen Sie sich in die Rolle der jeweiligen Zielgruppe der drei Präsentationen.
a) Formulieren Sie als Fragen, was das Publikum dieser Vorträge jeweils am meisten interessiert.
b) Formulieren Sie, welche Einwände und Bedenken das Publikum jeweils haben könnte.

Präsentation 1:

Diese Präsentation ist sehr, sehr wichtig für uns. Sie fahren nach Berlin und sprechen zu Marketing-Fachleuten des großen Süßwarenkonzerns Rucola. Es wäre toll, wenn dieses Unternehmen Steviaprodukte auf den Markt bringen würde. Dazu wäre erforderlich, dass sie zunächst einmal die Untersuchungen finanzieren, die die EU vorschreibt. Für das Unternehmen ist das ein teurer Spaß, und sie werden sich nur darauf einlassen, wenn Sie sie überzeugen können, dass die Marktchancen in Europa ausgezeichnet sind. Termin: 11. November, kein Zeitlimit.

Präsentation 2:

Es gibt einen Kongress zum Thema „Die Zukunft des Tabaks", an dem vor allem Leute teilnehmen, die mit dem Tabakanbau in Europa ihr Geld verdienen. Die haben Riesenprobleme, weil bald die EU-Subventionen für Tabakanbau komplett gestrichen werden. Damit sind sie nicht mehr wettbewerbsfähig. Wir sollten sie dazu bringen, dass einige von ihnen Stevia statt Tabak anbauen. Termin: 23. Oktober, Zeitlimit: 15 Minuten.

Präsentation 3:

Sie sollen vor den Mitgliedern der Deutschen Botanischen Gesellschaft einen Vortrag halten. Das sind Hobbygärtner und Pflanzenfreunde, die einmal im Jahr die „Pflanze des Jahres" wählen. Das läuft so ähnlich wie bei einer Misswahl. Wir möchten natürlich, dass Sie dieses Mal Stevia wählen. Das wäre toll für das Image der Pflanze und würde uns sehr helfen. Ich fürchte aber, die Chancen sind nicht groß. Termin: 29. September, max. 10 Minuten Zeit.

2 Lesen Sie die folgenden Informationen über Stevia.

www.freestevia.de
www.uni-hohenheim.de/~www440/VTP/stevia/stevia.html

Informationen über Stevia

Stevia Rebaudiana: Korbblütler aus der Familie der Chrysanthemengewächse (Asteraceae, Unterfamilie Asteroideae), wächst in Paraguay und Brasilien, unscheinbar, kleine Blüten, sieht aus wie Pfefferminze, wird bis zu 1 m hoch, mehrjährige Staudenpflanze, nicht winterhart, geeignet als Zimmer- oder Gartenpflanze, liebt Licht und Wärme, bildet Speicherwurzeln, reagiert empfindlich auf Staunässe → bakterielle Welke → Pflanze stirbt ab, Triebspitzen können geerntet und verzehrt werden.

Geschichte: Blätter werden in Südamerika schon seit Jahrhunderten zum Süßen von Getränken verwendet, 1897 erstmals wissenschaftlich beschrieben, in Japan seit 1973 auf dem Markt (Pulver, flüssiges Konzentrat, verarbeitet in Kaugummis, Süßwaren, Kuchen usw.), hat heute in Japan einen Marktanteil bei den Süßstoffen von 40 %.

Eigenschaften: Wichtigster Inhaltsstoff (Steviosid) unglaublich süß (300 mal süßer als Zucker), rein natürliches Erzeugnis, wasserlöslich, hitzebeständig, keine Kalorien.

Geschmack: Angenehme, volle Süße, Versuchspersonen konnten in Tests Stevia nicht von Zucker unterscheiden, dagegen werden künstliche Süßstoffe (Cyclamat, Saccharin) sofort erkannt. Der leicht bittere Geschmack (wie Gras mit Lakritze), der in Asien sehr geschätzt wird, kann durch technisches Verfahren entfernt werden.

Wirkung auf die Gesundheit: In Japan und Südamerika wurden keine negativen Wirkungen beobachtet, auch für Diabetiker geeignet, erhöht nicht den Blutzuckerspiegel, plaquehemmende Wirkung, darum vorbeugend gegen Karies, also sehr zahnfreundlich, keine Abhängigkeit beobachtet.

Anbau: Dieselben Anbauvoraussetzungen wie Tabak, erste Versuche in Spanien zeigen, dass Stevia hier besser wächst als in Paraguay, es liegen Erfahrungen über Aussaat, geeignete Böden, richtige Bewässerung und Düngung vor, keine Probleme mit Schadinsekten.

Wirtschaftlicher Nutzen: Gesunde Alternative zu Zucker, könnte Krankheitskosten senken, Pflanze könnte den Import künstlicher Süßstoffe in die EU (ca. 160 Millionen EUR pro Jahr) überflüssig machen, könnte teuren Tabakanbau ersetzen, der ohne Subventionen nicht mehr wettbewerbsfähig ist. Mit EU-Geldern wurden Anbauversuche unterstützt, Erntemaschinen gebaut, ein Verfahren entwickelt, das den bitteren Nachgeschmack entfernt.

Rechtliche Situation: In der EU noch nicht zugelassen, EU verlangt teure Studien, die Unbedenklichkeit des Stoffes beweisen, japanische und amerikanische Studien werden nicht anerkannt, nach den strengen EU-Richtlinien würden heute weder Kartoffeln noch Tomaten zugelassen (enthalten Inhaltsstoffe, die in großen Mengen giftig sind), Stevia ist ein Naturprodukt, deshalb kein Patentschutz möglich.

Kompetenzbereich 16 . Präsentieren

3 Erstellen Sie eine Tabelle nach dem folgenden Muster.

	Präsentation 1	Präsentation 2	Präsentation 3
Angesprochenes Publikum			
Kernaussage			
Mögliche Einwände/Zweifel			
Auswahl der wichtigsten Informationen			

4 Legen Sie mithilfe der Tabelle das jeweilige Vorgehen fest.
  a) Tragen Sie jeweils das angesprochene Publikum in die Tabelle ein.
  b) Formulieren Sie zu jeder Präsentation eine Kernaussage, die geeignet ist, das Publikum zu überzeugen.
  c) Tragen Sie Einwände und Zweifel, die das Publikum an der Kernaussage haben könnte, in die Tabelle ein.
  d) Wählen Sie die Informationen aus, die geeignet sind, um das Publikum zu überzeugen.

5 Erstellen Sie für die drei Präsentationen jeweils eine Grobgliederung.
  a) Entscheiden Sie sich jeweils für eine geeignete Struktur aus der Kompetenzbox.
  b) Ordnen Sie die Informationen, die Sie jeweils ausgewählt haben, in die Struktur ein.
  c) Legen Sie fest, an welcher Stelle Sie die Kernaussage unterbringen.

6 Erstellen Sie einen Ablaufplan für die drei Präsentationen.

7 Beurteilen Sie die folgenden Äußerungen zur Platzierung der Kernaussage.
  A Ich nenne die Kernaussage bereits in der Einführung, damit es keine Missverständnisse gibt. Danach wiederhole ich die Aussage noch ein paar Mal, damit sie sich einprägt.
  B Ich warte mit der Kernaussage bis ganz zum Schluss, damit es am Ende noch einen Knaller gibt.

Kompetenzbox

Präsentieren

Aufbau einer Präsentation

- **Einführung**
  Begrüßung, Vorstellung, eventuell Anlass, Ankündigung des Hauptteils (Ablaufplan), eventuell motivierender Einstieg (z. B. Beobachtung, Geschichte, Witz)

- **Hauptteil***

- **Schluss**
  Zusammenfassung, Ausblick, Dank an die Zuhörer/innen

*Gliederungsmöglichkeiten für den Hauptteil

> **Vergleich zweier Problemlösungen**
> - Analyse der Ursachen
> - Lösungsmöglichkeiten
>   Möglichkeit 1
>   Vorteile
>   Nachteile
>   Möglichkeit 2
>   Vorteile
>   Nachteile
> - Vergleich der beiden Möglichkeiten

Kompetenzbereich 16 . Präsentieren

> **Kompetenzbox**
>
> **Vorstellen einer Problemlösung**
> - Ausblick auf die Zukunft (künftige Probleme)
> - Vorstellen eines Auswegs (Lösung)
> - Gegenargumente zu dieser Lösung (Stolpersteine, Risiken)
> - Argumente für diese Lösung (Umgang mit Stolpersteinen und Risiken)
>
> **Darstellung eines Produkts**
> - Produkt, wie es zu sein scheint
>   Eigenschaft 1 usw.
> - Produkt, wie es wirklich ist
>   (Eigenschaften, die dem Anschein widersprechen)
>   Eigenschaft 1 usw.
> - Gesamturteil
>
> **Marktchancen eines Produkts**
> - Wünsche, Bedürfnisse der Verbraucher/-innen, aktuelles Angebot
> - Vorstellen eines neuen Produkts
>   Eigenschaft 1 usw.
> - Marktchancen des neuen Produkts
> - Schwierigkeiten bei der Einführung des Produkts
> - Möglichkeiten diese Schwierigkeiten zu meistern
> - Abwägen von Chancen und Risiken

C Manchmal beginne ich mit der Kernaussage. Die ist dann aber entweder als Frage formuliert oder als eine provozierende These, die das Publikum verblüfft. Der Rest des Vortrags dient dann dazu, die Frage zu beantworten bzw. zu zeigen, dass die These nicht so unsinnig ist, wie sie zunächst erscheint.

D Der erste Teil der Präsentation dient dazu, die Kernaussage vorzubereiten: Darstellung des Problems usw. Dann kommt die Kernaussage. Der zweite Teil des Vortrags stützt und verteidigt die Kernaussage: verschiedene Aspekte, Auseinandersetzung mit Zweifeln, mit anderen Lösungsmöglichkeiten usw. Ganz am Schluss wird die Kernaussage noch einmal wiederholt.

> **Kompetenzbox**
>
> **Ablaufplan**
> Der Ablaufplan sollte stets sichtbar bleiben (Tafel, Flipchart, Folie etc.), denn er ist eine wichtige Orientierungshilfe für das Publikum und die vortragende Person.
>
> **Beispiel:**
>
> *Neue Ideen für die Gartenbewässerung*
> Ablauf:
> 1. Einführung
> 2. Das Problem der Gartenbewässerung
> 3. Gängige Bewässerungsarten
>   Eigenschaften
>   Nachteile
> 4. Para 12 – ein neues Bewässerungskonzept
>   Funktionsweise
>   Voraussetzungen
>   Kosten
> 5. Vergleich: Para 12 – gängige Bewässerungsarten
> 6. Schluss

Anschaulich und einprägsam präsentieren

1) Beurteilen Sie, ob bei den folgenden Beispielen die Mittel zur Veranschaulichung richtig eingesetzt wurden.

A Rüdiger, ein Kollege aus Bruno Horsts Arbeitsgruppe, soll der Geschäftsleitung die Ergebnisse der Belastungstests der neuen Steuerung präsentieren. „Diese Kurven zeigen die wichtigsten Leistungsmerkmale. Wenn wir schon bei Kurven sind, ich kenne da einen Witz …"

Kompetenzbereich 16 . Präsentieren

B Formel-1-Fan Rüdiger benutzt mehrere Fotos von Rennwagen, um zu zeigen, dass moderne Technik einiges an Belastungen wegstecken kann. Dazu verwendet er auch noch das Foto einer hübschen Frau mit knapper Bluse aus der Boxengasse. „Das peppt die Sache auf", sagt er sich.

C Rüdiger benutzt animierte Folien, um die Belastungstests vorzustellen. Er hat sich mit den Effekten viel Mühe gegeben. Zuerst purzeln farbige Buchstaben von oben ins Bild und bilden die Wörter, dann setzt sich ein Strichmännchen, dem der Schweiß von der Stirn tropft, auf das Wort *Belastung*, und schließlich fährt noch ein kleiner Rennwagen mit lautem Motorengeräusch durch das Bild.

D Bruno Horsts Arbeitsgruppe bestand zunächst aus 2 Mitgliedern, dann kam Rüdiger dazu und jetzt noch Jonas. Rüdiger verwendet farbige Diagramme um die dynamische Mitarbeiterentwicklung in der Gruppe zu verdeutlichen.

2) Entscheiden Sie, mit welchen Mitteln der Veranschaulichung sich die folgenden Aussagen unterstützen ließen. Fertigen Sie dazu eine Skizze an. Wenn Sie mehrere Ideen haben, vergleichen Sie diese und entscheiden Sie, welche die wirkungsvollste ist.

A Stevia ist eine unscheinbare Pflanze mit kleinen Blüten.

B In Japan ist der Marktanteil von Steviaprodukten seit den 70er Jahren fortwährend gestiegen, der Anteil von Zucker ging entsprechend zurück, künstliche Süßstoffe sind völlig vom Markt verschwunden (Verbot 1969).

C Stevia wächst ursprünglich im Grenzgebiet von Paraguay und Brasilien.

D Stevia schmeckt 300 mal süßer als Zucker.

E Versuchspersonen konnten bei Tests Stevia nicht von Zucker unterscheiden.

F Wenn man Stevia mit Zucker und anderen Süßstoffen vergleicht, spricht vieles für Stevia.

G Für Verarbeitung und Anwendung des Stoffes ist es wichtig, dass er wasserlöslich und hitzebeständig ist.

H Die EU verbraucht ca. 10.000 Tonnen künstliche Süßstoffe pro Jahr, die zu 95 % eingeführt werden.

Kompetenzbox

Mittel zur Veranschaulichung (Visualisierung)

- Witz, Anekdote, kurze Erzählung (kann auch vorgelesen werden)
- Tonaufzeichnungen (Musik, Geräusche usw.)
- Demonstration am Objekt (Ein Gerät wird vorgeführt, ein Gegenstand gezeigt, man lässt das Publikum riechen, fühlen, schmecken.)
- Filmaufnahme (Video, DVD, CD)
- Szenische Darbietung (z. B. Dialog mit verteilten Rollen)
- Auf Moderationswänden oder durch Computer (mit Beamer), Overhead-Projektor usw. gezeigte
  – Diagramme
  – Tabellen
  – Skizzen
  – Mindmaps
  – Zeichnungen
  – Cliparts
  – Fotos
  – Symbole

Hinweis
Es ist bezeichnend für eine Präsentation, dass Mittel der Veranschaulichung verwendet werden. Dabei sollen diese Mittel die beabsichtigte Wirkung unterstützen, zu Thema und Publikum passen und nicht zum Selbstzweck werden.

Siehe dazu „Visualisieren" (S. 109 ff.) und „Einer Besprechung Struktur geben" (S. 80 ff.)

I Die Pflanze gedeiht in Spanien überraschend gut.

J Es wurden neue Erntemaschinen für Stevia entwickelt.

K Für die EU gibt es einen Konflikt: Einerseits bedeutet Stevia wirtschaftlich eine große Chance, andererseits möchte man mögliche gesundheitliche Risiken mit Sicherheit ausschließen.

Kompetenzbereich 16 . Präsentieren

Eine Präsentation kompetent vortragen

Äh, also gut! Dann fang ich einfach mal an. Also, mit der Stevia ist das so eine Sache …

Also. Viel gibt es eigentlich nicht zu sagen. Das meiste ist ohnehin klar. Darum mache ich nicht viele Worte. Das ist doch auch in Ihrem Sinne …

O.K., dann kann's also losgehen. Ich habe mich 4 Wochen lang auf diese Präsentation vorbereitet und bin froh, wenn das endlich vorbei ist. Dann lese ich Ihnen mal vor, was ich geschrieben habe. Wenn es dann noch Fragen gibt …

Sehr geehrte Damen und Herren, die meisten so genannten Experten, die über Stevia reden, haben keine Ahnung. Darum haben Sie Glück, dass Sie an mich geraten sind. Aber ich warne Sie: das Thema ist kompliziert. Ich befasse mich seit vielen Jahren damit und selbst ich habe nicht alles verstanden.

1 Beurteilen Sie diese Einführungen in eine Präsentation zum Thema Stevia.

> **Kompetenzbox**
>
> ✓ **Präsentieren**
> **Einführung**
>
> – Begrüßung
> – Vorstellung
> – Eventuell Anlass
> – Ankündigung des Hauptteils (Ablaufplan)
> – Eventuell motivierender Einstieg (z. B. Beobachtung, Geschichte, Witz)
>
> **Beispiel:**
> *Guten Tag, meine sehr geehrten Damen und Herren. Mein Name ist Bruno Horst, ich bin Techniker bei der Firma Rain Anytime und ich habe zusammen mit drei Kollegen eine neue Bewässerungssteuerung für Garten- und Zimmerpflanzen entwickelt. Ich freue mich, dass ich die Gelegenheit habe, Ihnen heute das Ergebnis unserer Arbeit vorzustellen.*
>
> *Sie als Pflanzenfreunde kennen das wahrscheinlich. Man kommt aus dem Urlaub zurück und findet die geliebten Pflanzen in einem erbärmlichen Zustand: entweder weil sie zu wenig oder weil sie zu viel Wasser bekommen haben, weil es ein freundlicher Nachbar gar zu gut gemeint hat. Über dieses Problem möchte ich heute sprechen. Ein Blick auf den Ablaufplan zeigt Ihnen, was Sie erwartet. Ich werde zunächst das Problem näher beschreiben und Ihnen verschiedene Lösungsmöglichkeiten vorstellen. Nachdem ich über die Vor- und Nachteile der gängigen Bewässerungslösungen gesprochen habe, stelle ich Ihnen ein vollkommen neues Bewässerungskonzept vor. Dieses neue Konzept werden wir gemeinsam unter die Lupe nehmen: Funktionsweise, Voraussetzungen, Kosten. Ich schließe dann mit einem kurzen Vergleich des neuen Verfahrens mit den bisher bekannten.*
> *Damit komme ich direkt zu Punkt 2: Beschreibung des Problems …*

2 Verfassen Sie nach dem Muster in der Kompetenzbox eine Einführung zu einer der drei Präsentationen auf S. 124. Beziehen Sie sich auf den Ablaufplan, den Sie erstellt haben.

3 Beschriften Sie für die Einführung ein Stichwortkärtchen.

Kompetenzbereich 16 . Präsentieren

Kompetenzbox

Präsentieren
Vortragsweise

- **Gliederung verdeutlichen**
  - Auf den Ablaufplan
    (Tafel, Flipchart, Folie etc.) zeigen
  - Ankündigungen verwenden
    Beispiel:
    Ich komme zu Punkt 3: Verschiedene Lösungsmöglichkeiten
  - Abschließende Sätze verwenden
    Beispiel:
    So weit zum allgemeinen Problem von Pflanzenbewässerung
  - Wichtiges sprachlich hervorheben
    Beispiel:
    Das nächste Beispiel verdeutlicht meine Kernaussage am besten.

- **Blickwinkel des Publikums übernehmen**
  - Zeigen, dass man das Publikum wahrnimmt
    Beispiel:
    Sie als Gärtner wissen, welche Folge Staunässe bei einer solchen Pflanze hat.
  - Rhetorische Fragen verwenden
    Beispiel:
    Warum nun aber dieser große technische Aufwand?
  - Schwierigkeiten thematisieren
    Beispiel:
    Das Diagramm wirkt zunächst etwas kompliziert.

- **Sicher auftreten**
  - Kärtchen mit Stichworten zum Inhalt verwenden, nicht ablesen
  - Auf Kärtchen Grobgliederung + Medieneinsatz usw. notieren
  - Blickkontakt zum Publikum halten
  - Sicher und ruhig mit beiden Beinen auf dem Boden stehen
  - Hände nicht in die Taschen stecken
  - Freundlich sein, lächeln
  - Angemessenes Sprechtempo einhalten

4) Tragen Sie die Einführung vor. Achten Sie dabei auf sicheres Auftreten.

5) Üben Sie, wie man den Hauptteil einer Präsentation vorträgt. Benutzen Sie z. B. den Aufbau, den Sie in Aufgabe 5, S. 125, erstellt haben.

6) Beurteilen Sie die folgenden Schlussteile der Präsentation.

Also das war's dann. Tschüssi!

O.K. Ich bin fertig. Bis zum nächsten Mal!

7) Verfassen Sie ein Stichwortkärtchen für den Schluss einer der drei Präsentationen auf S. 124.

8) Tragen Sie den Schluss vor.

Kompetenzbox

Präsentieren
Schluss

- Zusammenfassung
- Ausblick
- Dank an die Zuhörer/innen

Beispiel:
Ich hoffe, Sie stimmen mir zu, wenn ich zusammenfassend sage, dass unser neues Bewässerungskonzept schon heute eine interessante Alternative zu den bisherigen Bewässerungslösungen darstellt. Auf die Schwierigkeiten, die es im Augenblick noch geben kann, habe ich hingewiesen. Wir sind aber zuversichtlich, dass wir diese Probleme in absehbarer Zeit in den Griff bekommen. Ich bedanke mich herzlich für Ihre Aufmerksamkeit.

Projektbörse   Präsentieren

Chindogu-Wettbewerb

Das japanische Wort „Chindogu" bedeutet so etwas wie *seltsames Gerät* oder *merkwürdiges Werkzeug*. Chindogus sind geniale Lösungen für Probleme, die eigentlich niemand hat, z. B. Schuhe mit abnehmbarem Absatz inklusive Aufbewahrungsbeutel für die modebewusste Frau, ein Helm für das Baby, der Alarm gibt, wenn die Windel voll ist, ein faltbarer Bus, der je nach Anzahl der Passagiere seine Größe verändert usw.

- Denken Sie sich ein Chindogu aus (Wenn Sie gar keine Idee haben, können Sie sich Anregungen im Internet holen).
- Bereiten Sie eine Präsentation vor, bei der Sie das Publikum davon überzeugen, dass ihm Ihre Idee gerade noch gefehlt hat.
- Nehmen Sie die Präsentationen auf Video auf.
- Eine Jury ermittelt die Sieger/innen (50 % Idee, 50 % Präsentation).

Teleshopping untersuchen

Zeichnen Sie mehrere Verkaufspräsentationen auf und wählen Sie solche aus, die Ihnen besonders ergiebig zu sein scheinen.
- Untersuchen Sie die Darbietungen unter den Gesichtspunkten Stoffauswahl, Auftreten, Visualisierung, Beziehung zum Publikum usw.
- Beurteilen Sie, wie die Präsentationen auf unterschiedliche Menschen wirken.
- Entscheiden Sie, welche Elemente der Präsentation Sie auch in Ihrem Beruf einsetzen könnten und welche nicht.
- Stellen Sie Ihre Ergebnisse in einer kleinen Präsentation vor.
- Alternativ: Parodieren Sie das aufdringliche Vorgehen, indem Sie z. B. einen Flaschenöffner für 20,00 € als große Neuigkeit anpreisen usw.

Präsentation im Internet

Wie werden Firmen, Privatpersonen, Produkte usw. im Internet präsentiert?
- Sammeln Sie besonders gute und gelungene Präsentationen.
- Sammeln Sie besonders schlechte Auftritte. Unter der Adresse www.netdreck.de finden Sie eine Sammlung von besonders peinlichen Internet-Präsentationen.
- Untersuchen Sie, was die guten Präsentationen so gut und die schlechten Präsentationen so schlecht macht.
- Erstellen Sie auf der Basis dieser Ergebnisse eine Liste mit „So" (Wie man es machen sollte) und „So nicht" (Wie man es nicht machen sollte).

Kompetenzbereich 17: Argumentieren

Wie man Interessen durchsetzt

Kompetenzbereich 17 . Argumentieren

1) a) Entscheiden Sie, welche Personen in den dargestellten Situationen Ihrer Meinung nach argumentieren, welche nicht. Begründen Sie ihre Auffassung.
b) Neben dem Argumentieren gibt es andere Möglichkeiten, um seine Interessen durchzusetzen. Nennen Sie diese aus den Beispielen.
c) Formen Sie die Äußerungen in den Beispielen um, in denen Ihrer Meinung nach argumentiert wird, indem Sie eine dieser anderen Möglichkeiten ausprobieren.
d) Vergleichen Sie die umformulierten mit den ursprünglichen Äußerungen. Wo sehen Sie Vor- und Nachteile des Argumentierens?

2) Nennen Sie Situationen, in denen argumentiert wird
a) im Privatleben,
b) in einem Unternehmen,
c) im öffentlichen Leben.

3) Beschreiben Sie, welche Auswirkungen es hat, wenn in einem Elternhaus/einem Unternehmen
a) wenig oder gar nicht argumentiert wird,
b) viel argumentiert wird.

4) a) Veranstalten Sie in der Klasse ein Rollenspiel, in dem Konflikte ausgetragen werden. Sie können sich dabei an den folgenden Situationen orientieren oder eigene (er)finden.
b) Beobachten Sie das Verhalten der Spielenden und diskutieren Sie anschließend, wo Sie deren Vorgehen besonders geschickt bzw. weniger wirkungsvoll fanden.

A Sie sind 200 km angereist, um ein Rockkonzert zu besuchen. Vor Ort wird Ihnen gesagt, aufgrund eines Fehlers sei die Halle bereits überfüllt. Der Preis für Ihre Eintrittskarte würde Ihnen erstattet.

B Ihr Klassenlehrer sagt, dass er sich wegen Ihrer häufigen Fehlzeiten mit Ihrem Betrieb in Verbindung setzen müsse.

C Sie begleiten ein Kind auf den Spielplatz. Dort sehen Sie, wie gerade ein Hund sein „Geschäft" im Sandkasten verrichtet. Als Sie sich beim Besitzer des Tieres beschweren, meint der: „Seien Sie zufrieden. Ich bezahle Hundesteuer. Sie bekommen Kindergeld."

Kompetenzbereich 17 . Argumentieren

Grundbausteine von Argumentation und Gegenargumentation

1) Diese drei Teile liegen jeder Argumentation zugrunde, allerdings gilt in vielen Gesprächssituationen, dass nicht alle Grundbausteine unbedingt ausdrücklich genannt (explizit) sein müssen, sondern auch stillschweigend mitgemeint (implizit) sein können.
 a) Bestimmen Sie bei den folgenden Beispielen die strittige Frage, die der Argumentation zugrunde liegt, und die drei Grundbausteine der Argumentation.
 b) Stellen Sie sich die Gesprächssituationen vor und entscheiden Sie, welche der drei Bestandteile auch weggelassen werden könnten, ohne dass der Sinnzusammenhang verloren geht.

A Frank im Gespräch mit seiner Büroleiterin, Frau Selters: „Sie sollten mich diesen Vorgang bearbeiten lassen. Das ist für meine Ausbildung wichtig. Nur wenn man solche Dinge selbstständig macht, lernt man richtig, wie das geht."

B Antwort von Frau Selters: „Die Sache eilt sehr und Sie sind morgen in der Berufsschule. Deshalb ist es nicht sinnvoll, wenn Sie diese Aufgabe übernehmen. Wenn ich Ihnen diese Arbeit übertrage, verzögert sich die Erledigung."

C Hans bei einer Besprechung der Auszubildenden: „Es ist keine gute Idee, Gabi zu unserer Jugendvertreterin zu machen. Sie ist eine Frau und ihr wisst genau, dass die Herren in der Personalabteilung alte Chauvis sind und eine junge Frau nicht ernst nehmen."

D Hans im Gespräch zu Frank: „Es wäre viel besser, bei der Müller AG zu arbeiten. Das ist eine richtig große Firma. In einer großen Firma hat man viele Entwicklungsmöglichkeiten."

E Antwort von Frank: „Ich finde es besser, hier zu arbeiten. Die Müller AG ist eine große Firma. In großen Betrieben geht alles so unpersönlich zu."

Kompetenzbereich 17 . Argumentieren

2 Sprachliche Übung

Grammatikalisch gibt es verschiedene Möglichkeiten, These und Argument zu verbinden:

Beispiele:

Haupt- und Nebensatz:
Frank ist der am besten geeignete Bewerber für die Ausbildungsstelle, weil er das beste Zeugnis hat.

Unverbundene Hauptsätze:
Frank ist der am besten geeignete Bewerber für die Ausbildungsstelle. Er hat das beste Zeugnis.

Verknüpfen Sie auf verschiedene Weise die folgenden Argumente mit der These und fügen Sie einen erläuternden Satz hinzu. Achten Sie auf die Kommasetzung.

These: Frank ist für diesen Ausbildungsplatz ungeeignet.

Argumente: Frauenanteil in der Firma; Fremdsprachenkenntnisse mangelhaft; war noch nicht bei der Bundeswehr; hat offenbar Rechtschreibprobleme; wohnt zu weit weg; zeigt zu wenig Interesse; wirkt sehr unreif; spricht Dialekt.

3 Da es das Ziel einer Argumentation ist, die Gesprächspartnerin/den Gesprächspartner zu überzeugen, müssen Argumente für diese Partnerin/diesen Partner nachvollziehbar sein. Werden persönliche Erfahrungen und Gefühle ins Spiel gebracht, so sollten diese respektiert werden, sie müssen aber nicht unbedingt als Argumente angesehen werden.

Entscheiden Sie, welche der folgenden Begründungen Sie für die These „Frank ist der am besten geeignete Bewerber" als Argument akzeptieren. Begründen Sie Ihre Entscheidung.

A Er hat gute Noten in Deutsch und Mathematik.

B Ich sehe ihm an, dass er zuverlässig ist.

C Das spüre ich einfach.

D Er erinnert mich an meinen Neffen. Auch ein prächtiger Junge.

E Seine Eltern sind sehr nette Leute.

F Sein Auftreten ist ruhig und überzeugend.

4 In der Werkskantine hat Frank eine Auseinandersetzung mit dem 52-jährigen Sachbearbeiter Mayer.
a) Ermitteln Sie, um welche strittige Frage es dabei geht und wie die (impliziten) Thesen der beiden lauten.
b) Nennen Sie für beide Thesen das zugehörige Argument und erläutern Sie den Zusammenhang.

„Einmal Menü 2!"

„Moment mal, ich war zuerst da!"

„Ich bin seit 26 Jahren in dieser Firma. So weit kommt es noch, dass ich mich hinter einem Lehrbuben anstelle."

5 Beschreiben Sie, wie Sie an Franks Stelle reagieren würden.

134

Kompetenzbereich 17 . Argumentieren

6) Einer Argumentation kann auch widersprochen werden. Entscheiden Sie, welche der drei Möglichkeiten in diesem Fall am wirkungsvollsten ist.

Sie sind gar nicht seit 26 Jahren in dieser Firma.

1. Möglichkeit der Gegenargumentation
(„Das stimmt doch gar nicht!" bezweifelt die Wahrheit des Arguments.)

Wenn jemand seit 26 Jahren hier arbeitet, dann folgt daraus nicht, dass er sich vordrängeln darf.

2. Möglichkeit der Gegenargumentation
(„Das ist kein Argument!" bezweifelt den Zusammenhang von Argument und These.)

Ich weiß, dass Sie seit 26 Jahren hier arbeiten und akzeptiere, dass Sie daraus Vorrechte ableiten, aber ich hole das Essen für unseren Geschäftsführer und der ist schon seit 28 Jahren in der Firma.

3. Möglichkeit der Gegenargumentation
(„Ja, aber …", die Argumentation wird im Prinzip anerkannt, aber man bringt ein neues Argument ins Spiel, das schwerer wiegt.)

7) Bei einer Besprechung der Geschäftsleitung wird über Frank und Herrn Mayer und über den Vorfall in der Kantine geredet.

Widersprechen Sie jeweils der geäußerten Meinung. Erproben Sie dabei die drei Möglichkeiten der Gegenargumentation und entscheiden Sie, welche die überzeugendste ist.

A Die Ausbildungszeit von Frank kann nicht verkürzt werden, weil er sich im Umgang mit Kolleginnen und Kollegen oft sehr unreif benimmt.

B Wir müssen Frank eine Abmahnung schreiben. Er hat in der Mittagspause Herrn Mayer provoziert.

C Diesen Mayer müssen wir bald entlassen. Jetzt pöbelt er schon unsere Auszubildenden an.

D Wir sollten die Mittagspause verlängern. Die knappe Zeit, die zum Essen zur Verfügung steht, führt zu ständigen Reibereien unter den Kolleginnen und Kollegen.

Kompetenzbereich 17 . Argumentieren

Überzeugend und wirkungsvoll argumentieren

 Stützen Sie die nebenstehenden Thesen mit den genannten Mitteln. Sie können dabei die Informationen, die Sie brauchen (z. B. wissenschaftliche Untersuchungen), erfinden.

A These: Man sollte möglichst früh eine feste Partnerin/einen festen Partner finden.

B These: In der Jugend sollte man möglichst sparsam sein.

Kompetenzbox

Wichtige Mittel, um ein Argument zu stützen

- **Beispiele**, die möglichst konkret, anschaulich und einleuchtend sein sollten
  Beispiel: „Ich hab vor zwei Jahren mit dem Rauchen aufgehört und seither …"

- **Vergleiche** aus anderen Bereichen
  Beispiel: „ … ein Verbot des Rauchens wäre sinnlos. Denken Sie an das Alkoholverbot in Amerika, wo …"

- **Allgemein anerkannte Normen und Regeln**
  Beispiel: „Es gibt in Deutschland das Grundrecht auf körperliche Unversehrtheit und wenn jemand in meiner Gegenwart raucht, …"

- **Lebensweisheiten, Sprichwörter u. Ä.**
  Beispiel: „Es ist eine alte Weisheit: Jeder Genuss hat seinen Stachel …"

- **Wissenschaftliche Ergebnisse und Statistiken**
  Beispiel: „Diese Untersuchung zeigt, dass die Lebenserwartung von Nichtrauchern …"

- **Verweis auf prominente Menschen**, deren Handlungen oder Aussagen als maßgebend angesehen werden
  Beispiel: „Denken Sie doch nur an Albert Schweitzer, der …"

Kompetenzbereich 17 . Argumentieren

2) Bei einer argumentativen Auseinandersetzung sollte sich der Diskussionsbeitrag auf die Sache beziehen. Man sollte die Argumente der Gegenseite angreifen, nicht die Personen, die diese Meinung vertreten. Angriffe gegen die Person sind oft unfaire „Tiefschläge", die aber trotzdem sehr wirkungsvoll sein können. Deshalb muss man wissen, wie man mit solchen Attacken umgeht. Formulieren Sie, wie Sie reagieren würden, wenn Ihnen bei einer Diskussion über das Rauchen Folgendes vorgehalten wird:

- **A** „Sie führen wissenschaftliche Ergebnisse an. Haben Sie überhaupt Abitur?"
- **B** „So eine Meinung kann nur jemand aus Bayern (bzw. Ihrem Bundesland) vertreten."
- **C** „So etwas kann nur jemand behaupten, der so aussieht wie Sie!"
- **D** „Wenn ich Sie so sehe, sollten Sie sich etwas weniger um das Problem des Rauchens und etwas mehr um das Problem des Trinkens kümmern."

3) Entscheiden Sie, ob in den folgenden Beispielen wirkungsvoll argumentiert wird. Begründen Sie Ihre Entscheidung.

> **Kompetenzbox**
>
> **Erfolg beim Argumentieren**
>
> Er ist abhängig:
> 1. von der Qualität der Argumentation
> 2. von der Sympathie bei den Adressaten
>
> Sympathie lässt sich u.a. durch den Einsatz folgender Mittel sichern:
> - **Ironie**
>   Beispiel:
>   „… aber vermutlich wird ja die Erhöhung der Tabaksteuer die schlimmsten Probleme der Menschheit lösen."
> - **Überspitzte Darstellung der Gegenposition**
>   Beispiel:
>   „Sie wollen das Rauchen verbieten. Stecken Sie die Raucher doch gleich ins Gefängnis!"
> - **Humor**
>   Beispiel:
>   „Wenn man sieht, wie mein Hund einer Katze hinterherrennt, weiß man sofort: Der raucht nicht."

Mündigkeit der Raucher?

Jeder ist seines Glückes Schmied, heißt es im Sprichwort. Gilt das auch für Raucher? Offenbar schon, berufen Sie sich doch lauthals auf ihre Mündigkeit und Freiheit, z.B. wenn es darum geht, die neuesten wissenschaftlichen Studien über die Gefährlichkeit des Passivrauchens zu ignorieren. Frei und selbstbestimmt sind die Raucher auch, wenn sie ihre Zigarettenpackung mit einem gehäkelten Überzug versehen, der den Schriftzug „Rauchen macht krank" überdeckt. Das Bild ändert sich dann, wenn das eingetreten ist, was groß auf der Packung steht. Dann ist es mit der Mündigkeit nicht mehr weit her. Der kranke Raucher, der kürzlich die Zigarettenindustrie verklagte und treuherzig beklagte, diese hätte ihm verschwiegen, dass Rauchen süchtig mache und die Gesundheit gefährde, ist ein Beispiel dafür.

Julia Kesselmayer, Mainz

Raucher und Unreine

Offenbar brauchen die Menschen jemanden, auf den sie herabsehen können. Im indischen Kastensystem sind das die „Unreinen", bei uns sind es die Raucher. Anscheinend tut das den Leuten gut. Deshalb müssen wir Raucher auch die stumpfsinnige Besserwisserei ertragen, die z.B. im Leserbrief von Angelika Müller zum Ausdruck kommt, wenn sie uns rät „endlich vernünftig zu werden".
Wir nehmen es auch hin, dass auf Zigarettenpackungen vor den schrecklichsten Gefahren gewarnt wird, und fragen uns lediglich, weshalb dasselbe Verfahren nicht auch bei anderen Gegenständen praktiziert wird.
Warum steht nicht auf der Pralinenpackung, dass man qualvoll an Herzverfettung sterben kann.

Oskar Wolke, Mainz

Projektbörse — Argumentieren

① Wie setzen Kinder ihre Interessen durch?

Beobachten Sie Kinder (z. B. Geschwister, Kinder im Kindergarten usw.) unter folgender Fragestellung:
- Auf welche Weise versuchen sie ihre Interessen durchzusetzen?
- Wie verhalten sie sich bei Konflikten?

• Sammeln Sie möglichst Beispiele von Kindern unterschiedlichen Alters. Entscheiden Sie, wo es dabei Argumentation bzw. Ansätze von Argumentation gibt.
• Dokumentieren Sie Ihre Ergebnisse.

② Schlagfertigkeit trainieren

Sammeln Sie blöde Sprüche, die zur „Anmache" und für unfaire Angriffe dienen können.

Beispiele:
Deinen Friseur würde ich verklagen.
Von Höflichkeit haben Sie noch nie was gehört, oder?
Für diese Bluse brauchst du eigentlich einen Waffenschein.

• Erproben Sie im Rollenspiel verschiedene Reaktionsmöglichkeiten, darunter witzig-schlagfertige Antworten.
• Sammeln Sie Ihre Ergebnisse und erstellen Sie so ein „Lexikon der Schlagfertigkeit".

③ Ein Argumentationsspiel herstellen und spielen

Stellen Sie zunächst Kärtchen her, auf denen jeweils eine These zu einer beliebigen Frage steht.
Beispiele:
Die Berufsschulen sollten abgeschafft werden.
Wir sollten dieses Jahr nicht in den Urlaub fahren.

Erstellen Sie andersfarbige Kärtchen mit je einem „Argument". Dieses besteht aus einer beliebigen recht allgemeinen Aussage.
Beispiele:
Das Verkehrsaufkommen führt zu immer mehr Umweltverschmutzung.
Die Städte haben heute Schwierigkeiten Zoos und Theater zu finanzieren.

Die beiden Stapel werden gemischt. Dann wird je eine Karte gezogen und die Argumentation vorgelesen.
Beispiel:
Die Berufsschulen sollen abgeschafft werden. Begründung: Die Städte haben heute Schwierigkeiten Zoos und Theater zu finanzieren.

Die Aufgabe besteht nun darin, den Zusammenhang zwischen These und Argument zu erläutern.
Beispiel:
Wenn man sich nicht alles leisten kann, muss man das Wichtige auswählen. Auf Berufsschulen können wir verzichten, da sie ohnehin wenig bewirken. Zoos und Theater dagegen machen die Lebensqualität in einer Stadt aus.

Für die Qualität dieser Argumentation werden von einer Jury jeweils 0–5 Punkte verteilt.

Kompetenzbereich 18: Diskutieren

Diskussionen und ihr Nutzen

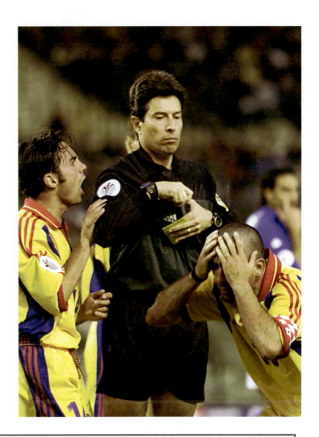

1) Eine Auseinandersetzung wie die auf dem Foto gezeigte wird in Sportkommentaren oft als „sinnlose Diskussion" bezeichnet.
   a) Erläutern Sie, weshalb das „Diskutieren" in diesem Fall als sinnlos gilt.
   b) Vergleichen Sie eine Auseinandersetzung wie die auf dem Foto mit einer echten Diskussion.

2) Nennen Sie Gemeinsamkeiten und Unterschiede von Gespräch, Diskussion und Debatte.

3) a) Berichten Sie von besonders guten bzw. schlechten Erfahrungen mit Diskussionen.
   b) Formulieren Sie allgemein, unter welchen Bedingungen Diskussionen sinnvoll und Erfolg versprechend sind, unter welchen nicht. Denken Sie z. B. an zur Verfügung stehende Zeit, Stellung der Diskussionsteilnehmer/innen zueinander, Wissen und Kenntnisse der Beteiligten, Einstellung zur Diskussion, Themen.

4) a) Belegen Sie die folgenden Aussagen jeweils mit einer Punktzahl zwischen 1 und 5 (5 = sehr wichtig, 1 = unwichtig).

Für mich ist bei einer Diskussion wichtig, dass ...

- sie ein konkretes Ergebnis hat.
- alle zu Wort kommen.
- interessante Gesichtspunkte vorgetragen werden.
- die Diskussionsleitung gelungen ist.
- nicht immer nur ein paar Leute reden.
- viele neue Ideen eingebracht werden.
- auch Konsequenzen aus den Diskussionsbeiträgen gezogen werden.
- nicht durcheinander geredet wird.

- die Redebeiträge einleuchtend/begründet sind.
- nicht alles zerredet wird.
- konkrete Beispiele genannt werden.
- die Beiträge verständlich sind.
- sie nicht zu lange dauert.
- keine Beleidigungen ausgestoßen werden.
- sich jeder an das Thema hält.
- die Sitzordnung angemessen ist.

---

b) Vergleichen Sie Ihre Ergebnisse.

Kompetenzbereich 18 . Diskutieren

Diskussionsbeiträge formulieren

Kompetenzbox

✓ **Diskussionsbeiträge formulieren**
Ein gut gegliederter Diskussionsbeitrag besteht aus drei Teilen.

Der 1. Teil macht deutlich, wohin der Beitrag gehört, also welcher Zusammenhang zu anderen Diskussionsbeiträgen besteht, zu welcher Frage bzw. zu welchem Aspekt man sich äußert.

Beispiel:
Vorhin wurde gesagt, dass … Dieser Meinung bin ich nicht … Im Zusammenhang mit dem Vorschlag, den Frau Fritz gerade gemacht hat, möchte ich zu bedenken geben …

Der 2. Teil enthält die eigentliche Argumentation. Der Aufbau soll klar und folgerichtig, der Gedankengang möglichst anschaulich und verständlich präsentiert werden.

Der 3. Teil enthält (bzw. wiederholt) den Kerngedanken. Was sollen die Zuhörer/Gesprächspartner bedenken, einsehen, bezweifeln, tun usw.?

Beispiel:
*Deshalb bitte ich alle, die bisher ihren Abfall …
Diese Erwägung sollte berücksichtigt werden, wenn …
Ich meine, wenn man die Frage von dieser Seite aus betrachtet, kann die Entscheidung nur lauten …*

1) Beschreiben Sie, wie der Diskussionsbeitrag ausgesehen haben könnte, auf den solche Reaktionen erfolgen.

2) **Situation:**
In einer Diskussion über Abfallvermeidung und Mülltrennung in der Schule sagt der Auszubildende Timo Nero: „… ich sehe überhaupt nicht ein, weshalb ich meine Zeit für so etwas verschwenden soll. Außerdem werden die Putzfrauen und der Hausmeister dafür bezahlt, dass sie sich um den Abfall kümmern."
Seine Kollegin Nadine Noller möchte ihm unbedingt antworten. Als sie fünf Minuten später zu Wort kommt, beginnt sie: „Das ist genau die Einstellung, die mir so auf die Nerven geht. Ich finde das arrogant und dumm …" Die Zuhörer/innen reagieren mit Unverständnis.

a) Erklären Sie, weshalb Nadines Äußerung nicht verstanden wird.
b) Formulieren Sie den gesamten Redebeitrag; orientieren Sie sich dabei an der Kompetenzbox.

Kompetenzbereich 18 . Diskutieren

3) Sprachliche Übung
Ermitteln Sie jeweils die richtige Schreibweise (wieder/wider). Benutzen Sie die Lösungshilfen im Anhang.

Gebe ich Ihren Standpunkt richtig w___der, wenn ich sage, dass Sie für Einfuhrzölle eintreten um die wirtschaftliche Stabilität w___derherzustellen? Sie wissen, wie sehr mir jeder Streit w___derstrebt, aber hier w___derspreche ich Ihnen und es ist nicht schwer, Ihre Thesen zu w___derlegen. Unsere Probleme spiegeln nur das w___der, was die gesamte Weltwirtschaft umtreibt. Das w___dervereinigte Deutschland darf nicht w___der die alten Fehler machen und muss deshalb falschen Propheten wie Ihnen w___derstehen. Ich habe es w___der und w___der gesagt und w___derhole es auch heute: Es ist w___der alle Vernunft, immer nur vermeintliche W___dersacher für die eigene Misere verantwortlich zu machen. Vielmehr müssen wir w___der lernen die Fehler bei uns selbst zu suchen.

Einer Diskussion Impulse geben

Situation:
Bei den Auszubildenden der Schlüter AG, einem großen Industriebetrieb, herrscht Missstimmung. Die Ursachen für den Unmut sind nicht ganz klar, es hat aber immer wieder Klagen über einen der Ausbilder, Herrn Überreuter, gegeben. Es findet eine Besprechung statt, an der die Auszubildenden, die beiden zuständigen Meister, Überreuter und Herrmann, und Frau Otten, die Leiterin der Personalabteilung, teilnehmen. Zunächst gibt die Jugendvertreterin Monika ihre Stellungnahme ab:

„So kann das nicht weitergehen. Ich fordere, dass etwas geschieht, dass endlich die Firmenleitung sich an ihre Verantwortung für uns erinnert. Wenn ich mir andere Betriebe anschaue oder vielmehr wenn ich höre, was meine Freunde in der Berufsschule so erzählen, dann ist es überall besser als bei uns, ausnehmen möchte ich höchstens die Firma Kolbenhauer und Söhne, dort ist es noch schlimmer. Wir fordern deshalb, dass wir einen anderen Ausbilder bekommen. Sie brauchen Herrn Überreuter ja nicht gleich zu entlassen. Obwohl, mir wär's egal, so wie der mit uns umspringt."

1)
a) Beurteilen Sie, inwieweit durch Monikas Stellungnahme die Ursachen des Problems deutlich werden.

b) Erläutern Sie, ob Monikas Forderungen für die folgenden Personen überzeugend sind:
– die anderen Auszubildenden,
– die Ausbilder,
– die Personalchefin.

Kompetenzbereich 18 . Diskutieren

2 Ersetzen Sie Monikas allgemeine Formulierung „so wie der mit uns rumspringt" durch eine konkrete und anschauliche Formulierung. Erfinden Sie dabei die nötigen Einzelheiten.

Beispiel:

Allgemeine Formulierungen:

Das Betriebsklima in unserer Abteilung ist schlecht.

Konkrete und anschauliche Formulierungen:

Immer wieder gibt es Streitereien in unserer Abteilung. Es drängt sich der Eindruck auf, dass wir oft weniger miteinander als vielmehr gegeneinander arbeiten. Einer kontrolliert den anderen und wartet auf Fehler. Zudem wird dann hemmungslos getratscht. Diesem seelischen Druck sind einige nicht gewachsen. Sie leiden so sehr unter dieser Situation, dass sie nur noch mit Widerwillen in die Firma kommen. Es ist kein Wunder, dass der Krankenstand bei uns so hoch ist. Wenn dann andere Kolleginnen und Kollegen zusätzliche Arbeit übernehmen müssen, wird die Stimmung noch schlechter.

Kompetenzbox

✓ **5-Schritt-Diskussionsbeiträge**
„Problemlöseformel"

Schritt 1 Darstellung der Situation
(Wie äußert sich das Problem?)

Schritt 2 Analyse der Ursachen
(Welche Gründe sind verantwortlich?)

„Diagnose"

Schritt 3 Ziel
(Wie soll die veränderte Situation aussehen?)

Schritt 4 Maßnahmen
(Wie lässt sich dieses Ziel erreichen?)

Schritt 5 Appell
(Was sollen die Zuhörer/Gesprächspartner tun?)

„Therapie"

3 Längere Diskussionsbeiträge, die einerseits informieren, andererseits eine Aufforderung enthalten, können die Diskussion anregen und sie in die richtigen Bahnen lenken.
Formulieren Sie eine Stellungnahme zum Problem der Auszubildenden in der Schlüter AG nach der „Problemlöseformel". Erfinden Sie alle Angaben, die Sie brauchen.

4 Machen Sie die Struktur Ihres Beitrags für die Zuhörer/Gesprächspartner durchschaubar, indem Sie rhetorische Fragen[1] verwenden.

Beispiel:
Schritt 1:
Wie sieht es denn im Augenblick bei uns aus?
Wir brauchen uns nur umzuschauen und sehen ...

[1] Fragen, auf die man keine Antwort erwartet bzw. die man selbst beantwortet

Kompetenzbereich 18 . Diskutieren

5 **Sprachliche Übung**

Eine Äußerung nach dem Muster der Problemlöseformel kann sehr sinnvoll sein, wenn eine Diskussion in Gang gesetzt werden soll oder wenn ein neues Problem angesprochen wird. Die Diskussion wird damit auf den oder die Punkte gelenkt, die strittig sind und geklärt werden müssen.

Entwerfen Sie einen Diskussionsbeitrag nach der Problemlöseformel zu den folgenden Themen. Ergänzen Sie Angaben, die Sie dazu brauchen.

A In der Klasse gibt es Disziplinschwierigkeiten und der Leistungsstand lässt sehr zu wünschen übrig.
B Die Arbeit der SMV an unserer Schule war im letzten Schuljahr nicht sehr erfolgreich.
C Die Abläufe in der Produktion sind alles andere als optimal.
D Der öffentliche Nahverkehr in unserer Stadt ist keine echte Alternative zum eigenen Auto.
E Unser Fußballverein spielt schlecht und ist jetzt sogar abstiegsgefährdet.

Verhalten in der Diskussion

„… Deshalb habe ich immer noch ein ungutes Gefühl bei der Sache. Es kann aber natürlich durchaus sein, dass Sie Recht haben. Wir können ja einmal probieren, ob sich Ihr Vorschlag umsetzen lässt. Nun, ich …"

„Gut, dass Sie das endlich einsehen. Damit dürfte wohl endgültig klar sein, dass Ihre Position absolut unhaltbar ist. Ich möchte Sie noch einmal daran erinnern, dass ich bereits vor drei Monaten dargelegt habe, dass …"

1 Es wird immer wieder behauptet, das Diskussionsverhalten von Frauen unterscheide sich von dem der Männer.
  a) Entscheiden Sie, welche der Äußerungen in den Sprechblasen eher von einem Mann, welche eher von einer Frau stammt. Begründen Sie Ihre Wahl.
  b) Berichten Sie, welche Erfahrungen Sie mit dem Verhalten von Männern bzw. Frauen in Diskussionen gemacht haben.

2 Ein Autor, der sich mit diesem Thema befasst, gibt folgende Empfehlungen …

♀ … für Frauen:
„Erwarten Sie von Diskussionen nicht, dass Ihre Wünsche nach Nähe, Bindung und Übereinstimmung erfüllt werden."

♂ … für Männer:
„Verwechseln Sie Diskussionen nicht mit kriegerischen Auseinandersetzungen."

Jürgen August Alt: Miteinander diskutieren. München/New York 1994, S. 139

Erläutern Sie, was damit gemeint ist und welches Ziel bei einer Diskussion im Vordergrund stehen sollte.

Kompetenzbereich 18 . Diskutieren

> **Kompetenzbox**
>
> ✓ **Die 10 Gebote guten Zuhörens (nach Davis)**
>
> **1** Nicht sprechen. Man kann nicht zuhören, wenn man spricht.
>
> **2** Die Gesprächspartnerin/Den Gesprächspartner entspannen. Zeigen Sie ihr/ihm, dass sie/er frei sprechen kann.
>
> **3** Zeigen Sie, dass Sie zuhören können. Zeigen Sie Interesse! Verzichten Sie auf andere Tätigkeiten (z. B. Post lesen) während des Gesprächs.
>
> **4** Halten Sie Ablenkung fern. Versuchen Sie Störfaktoren (offene Tür, Telefonate, Lärm usw.) auszuschalten.
>
> **5** Stellen Sie sich auf die Partnerin/den Partner ein. Versuchen Sie die Interessen und die Probleme der Partnerin/des Partners zu verstehen. (Die Welt mit den Augen der/des anderen sehen!)
>
> **6** Geduld. Nehmen Sie sich Zeit. Unterbrechen Sie nicht. Zeigen Sie keine Hetze!
>
> **7** Beherrschen Sie sich. Lassen Sie sich nicht provozieren, beachten Sie die Regeln des „Fairplay". Die gemeinsame Problemklärung und Lösungssuche müssen im Mittelpunkt stehen.
>
> **8** Lassen Sie sich durch Vorwürfe und Kritik nicht aus dem Gleichgewicht bringen. Streiten Sie nicht! Vermeiden Sie im Gespräch zu siegen. Jeder sollte sein Gesicht wahren können.
>
> **9** Fragen Sie. Das ermutigt die Partnerin/den Partner. Sie zeigen Interesse und führen.
>
> **10** Nicht sprechen. Dies ist die erste und letzte Regel. Und alle anderen hängen davon ab.
>
> *Albert Thiele: Rhetorik. Wiesbaden 1994, S. 108*

3) Erstellen Sie eine Positiv-negativ-Tabelle: Was sollte eine Diskussionsteilnehmerin/ein Diskussionsteilnehmer tun/nicht tun? Suchen Sie jeweils ein konkretes Beispiel.

4) Nicht nur das Verhalten der/des jeweils Redenden bestimmt die Diskussion. Auch aktives Zuhören ist wichtig.
Erläutern Sie anhand der 10 Gebote guten Zuhörens, was man unter aktivem Zuhören versteht.

5) Beschreiben Sie Situationen, in denen Sie von den Geboten guten Zuhörens abweichen würden.

Kompetenzbereich 18 . Diskutieren

Diskussionsübung: Pro und kontra

1. Suchen Sie sich ein Thema für eine Pro-kontra-Diskussion (z. B. aus dem Themenbereich „Mensch und Tier"). Bereiten Sie die Diskussion vor, indem Sie Material aus dem Internet bzw. aus Zeitungen, Zeitschriften und Büchern sammeln und auswerten.

2. Wählen Sie eine Person als Diskussionsleiter/in, die sich auf ihre Aufgaben vorbereitet.

3. Organisieren Sie die Diskussion nach dem folgenden Schema.

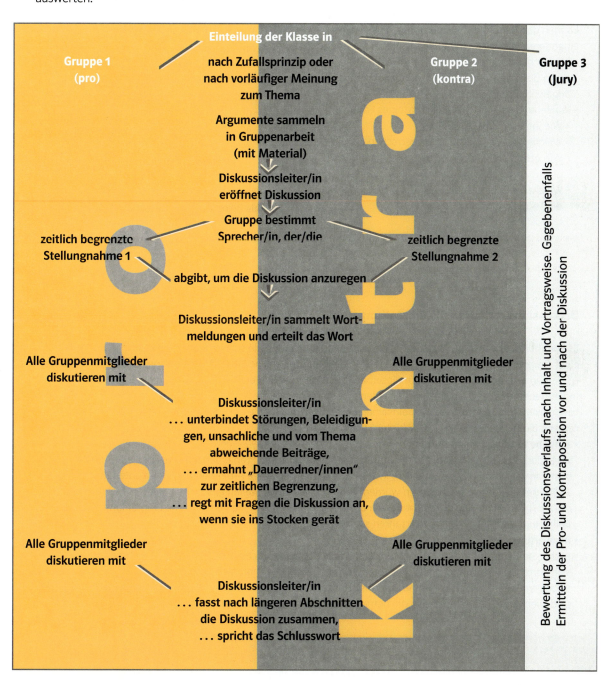

145

Projektbörse   Diskutieren

Bericht über Diskussionen im Internet ①

Verfassen Sie einen Bericht über Diskussionsforen im Internet. Streben Sie dabei an, dass Ihr Bericht möglichst interessant und anregend wird. Sie können den Bericht mit „Screenshots" illustrieren. Orientieren Sie sich an folgenden Fragen:
- Zu welchen Themen gibt es Foren? Geben Sie einen Überblick und gehen Sie auf besonders ungewöhnliche Foren ein.
- Konzentrieren Sie sich auf ein einzelnes Forum:
  – Wie intensiv wird es genutzt?
  – Welcher Diskussionsstil ist vorherrschend?
  – Wie gehen die Teilnehmer/innen miteinander um?
  – Welche Funktion hat das Diskussionsforum für die Teilnehmer/innen?

Diskussionen im Fernsehen untersuchen ②

Vergleichen Sie verschiedene Fernsehsendungen, in denen diskutiert wird (z. B. politische Debatten, Talkshows). Achten Sie darauf,
  – wie die Diskussionen ablaufen,
  – ob es in der Diskussion zu einer Klärung des Sachverhalts kommt,
  – ob sich Diskussionsteilnehmer/innen von anderen Beiträgen überzeugen lassen,
  – welchen Sinn die Diskussion für die Teilnehmer/innen überhaupt hat.

Tragen Sie Ihre Ergebnisse vor. Verwenden Sie als Beleg mitgeschnittenes Videomaterial.

Diskussionsverhalten als Einstellungstest ③

Es kommt heute häufig vor, dass die Bewerber/innen um eine Stelle sich im Rahmen eines Einstellungstests an einer Gruppendiskussion beteiligen müssen. Spielen Sie eine solche Situation im Rollenspiel durch: 6 Teilnehmer/innen, die sich alle um dieselbe Stelle (Assistent/in der Abteilungsleiterin eines großen Industriebetriebs) beworben haben, erhalten eine Aufgabe wie die folgende und sollen darüber ca. 30 Minuten lang diskutieren und zu einem gemeinsamen Ergebnis kommen. Sie bekommen dabei keinerlei Hilfe, d.h. sie müssen die Diskussion selbst organisieren.

- **Aufgabe für die Gruppendiskussion**
  Jugendarbeitslosigkeit gehört zu den größten gesellschaftlichen Problemen unserer Zeit. Jede/r Einzelne sollte an der Lösung dieses Problems interessiert sein. Wenn junge Arbeitnehmer/innen unter 28 Jahren auf 20 % ihres Einkommens verzichten würden, könnten viele neue Stellen geschaffen werden. Diskutieren Sie die Vor- und Nachteile einer solchen Maßnahme. Formulieren Sie eine gemeinsame Empfehlung, wie die Politik in dieser Angelegenheit verfahren sollte.
- **Auswertung**
  Bilden Sie Beobachtungsgruppen. Machen Sie sich Notizen. Entscheiden Sie für alle Teilnehmer/innen, ob sie sich durch ihr Verhalten in der Diskussion als Bewerber/innen empfohlen haben.
  Verallgemeinern Sie diese Erkenntnisse. Diskutieren Sie, welche Verhaltensweisen besonders aussagekräftig sind, wenn man beurteilt, ob sich die betreffende Person für die Stelle eignet.

Kompetenzbereich 19:
Stellung nehmen und erörtern

Eine Stellungnahme zu Interessen und Vorlieben abgeben

„In einem Artikel von SPIEGEL ONLINE wird behauptet, Mangas seien japanische Sex-Comics. Diese Auffassung ist vollkommen falsch! Es gibt ein ganz breites Spektrum von Mangas und die meisten haben mit Sex gar nichts zu tun. Wenn es in populären Serien, wie beispielsweise *Heidi*, in Wirklichkeit um Sex geht, dann muss mir da irgendetwas entgangen sein. Leute, die über Mangas einen Artikel schreiben, sollten sich erst einmal sachkundig machen, statt nur uralte Vorurteile neu aufzutischen."

1 Situation:
Der 19-jährige Berufsschüler Shin beschäftigt sich schon seit seiner Kindheit intensiv mit japanischen Comics (Manga bzw. Anime). Er liest Hefte, Zeitschriften und Bücher, sieht sich Filme an und zeichnet auch selbst. Bei einem Chat im Internet gibt Shin die obige Stellungnahme ab.

Berichten Sie, was Sie über Mangas wissen.

Kompetenzbereich 19 . Stellung nehmen und erörtern

> **Kompetenzbox**
>
> ✓ **Stellung nehmen**
> **Aufbau**
>
> > 1. Strittige Frage bzw. Meinung nennen
> > **Beispiel:**
> > *Man hört immer wieder, dass besorgte Menschen fürchten, Mangas seien schädlich für Jugendliche.*
>
> > 2. Eigenen Standpunkt dazu nennen
> > **Beispiel:**
> > *Ich halte dieses Sorge für völlig unbegründet.*
>
> > 3. Argument für eigenen Standpunkt ausführen
> > **Beispiel:**
> > *Für das Mangalesen gilt dasselbe wie für das Sammeln von Briefmarken oder jedes andere Hobby: Wenn man es in einem vernünftigen Rahmen betreibt, bereichert es das Leben und schadet nicht …*
>
> > 4. Beispiel zur Verdeutlichung des Arguments
> > **Beispiel:**
> > *Meine Schwester liest auch gerne Mangas und sie hat sich dadurch keineswegs in ein Monster verwandelt.*
>
> > 5. Schlussfolgerung/Forderung
> > **Beispiel:**
> > *Ich würde mir wünschen, dass man die Manga-Fans einfach in Ruhe lässt. Sie schaden weder sich noch anderen.*

② Vergleichen Sie den Aufbau von Shins Argumentation mit dem Muster aus der Kompetenzbox.

③ Versetzen Sie sich in die Situation einer Person, die eine solche Stellungnahme liest bzw. hört.
a) Erklären Sie, weshalb eine gut gegliederte Stellungnahme meist überzeugender ist als eine schlecht gegliederte.
b) Erläutern Sie jeweils, worin die Bedeutung der einzelnen Teile (1. – 5.) liegt.

Kompetenzbereich 19 . Stellung nehmen und erörtern

4) Bei den folgenden Stellungnahmen zum Thema Manga sind einzelne Bausteine innerhalb einer Zeile vertauscht oder fehlen.

Bringen Sie die Bestandteile der Stellungnahmen in die richtige Ordnung und ergänzen Sie die fehlenden Elemente.

5) Wählen Sie ein anderes Interessengebiet und verfassen Sie eine Stellungnahme nach diesem Muster.

	1. Stellungnahme	2. Stellungnahme	3. Stellungnahme	4. Stellungnahme
Strittige Frage bzw. Meinung	Manchmal hört man die Frage, ob Mangas nicht überflüssig sind, wo es doch schon so viele US-Comics gibt.	Es gibt Leute, die meinen, Mangas seien eine Eintagsfliege, eine Mode, die schnell wieder vergeht.	Es gibt Mitschüler, die Mangas für Kinderkram halten.	„Sind Mangas Kunst?" Diese Frage wird im Internet immer wieder diskutiert.
Eigener Standpunkt	?	?	Mangas werden ganz sicher nicht bald wieder verschwinden.	Natürlich brauchen wir die Mangas. Die Comics aus Amerika reichen nicht.
Argument	Natürlich richten sich viele Mangas an Kinder, aber es gibt andere für praktisch jede Altersgruppe.	Natürlich gibt es viele hingeschluderte Mangas, die Müll sind, aber man findet auch sehr kunstvolle.	Manga-Fans können mit den US-Comics meist nichts anfangen.	Es gibt Mangas bereits sehr lange und sie haben heute mehr Fans denn je.
Beispiel	Die Vorläufer der Mangas gab es schon vor Jahrhunderten in Japan, und die Millionen, die heute weltweit mit Begeisterung Mangas lesen, werden sich das sicher nicht so schnell abgewöhnen.	Wenn man die Meisterwerke von Miyazaki anschaut, dann stellt man erst fest, was man mit Mangas ausdrücken kann: gut gezeichnet, interessante Geschichten, glaubwürdige Figuren.	Wenn ich mir einen Manga wie „Die letzten Glühwürmchen" ansehe, so lässt sich ein solches Kunstwerk keinesfalls einfach durch Mickey Maus ersetzen.	Viele Mangas bieten höchst komplizierte Geschichten für Erwachsene, die für Kinder viel zu schwierig sind, z. B. aus den Bereichen Fantasy, Horror, Sciencefiction usw.
Schlussfolgerung	Wer Mangas nicht für Kunst hält, sollte erst einmal ein paar wirklich gute lesen.	Lasst die Leute selbst entscheiden, was sie lesen wollen. Darum geht es doch bei freier Marktwirtschaft, oder?	?	?

149

Kompetenzbereich 19 . Stellung nehmen und erörtern

Eine Stellungnahme zu einem schwierigen Problem verfassen

Bewährungstest
Aufgabe: Sie sind Einkäufer für ein großes Möbelhaus. Ihnen wird zu einem sehr günstigen Preis ein größerer Posten Teppiche aus Indien angeboten. Die Qualität der Ware ist gut und Sie beurteilen die Marktchancen als vielversprechend. Allerdings erfahren Sie, dass die Teppiche durch Kinderarbeit hergestellt wurden. Wie verhalten Sie sich? Rechtfertigen Sie in einer E-Mail an einen Vorgesetzten Ihre Entscheidung.

1) Versetzen Sie sich in die Rolle der/des Vorgesetzten. Beschreiben Sie, wie die Stellungnahmen der Einkäuferin und der zwei Einkäufer wirken, wenn Sie der Meinung sind,
   a) die Entscheidung der Einkäuferin/des Einkäufers sei richtig,
   b) die Entscheidung sei falsch.

2) a) Beurteilen Sie die Eigenschaften der Einkäuferin und der Einkäufer anhand der Adjektivpaare A)–F), z. B. A) 1 = sehr einfühlsam; A) 5 = sehr unsensibel.
   b) Bestimmen Sie, wodurch der Eindruck, den die drei Personen machen, jeweils zustande kommt.
   c) Entscheiden Sie, für welche Tätigkeit sich die drei Bewerber/innen jeweils eignen, für welche nicht.

A)	einfühlsam	1	2	3	4	5	unsensibel
B)	umsichtig	1	2	3	4	5	vorschnell
C)	tolerant	1	2	3	4	5	verbohrt
D)	zögernd	1	2	3	4	5	entscheidungsfreudig
E)	selbstsicher	1	2	3	4	5	unsicher
F)	klug	1	2	3	4	5	dumm

3) Lösen Sie die Testaufgabe.

4) Zeigen Sie an den Beispielen, wodurch die Stellungnahme zu einer schwierigen Thematik für die Leserin/den Leser überzeugend wird.

Kompetenzbereich 19 . Stellung nehmen und erörtern

Die Aufsatzart Erörterung

Erörtern
- mit Textvorlage 
- meist ohne Textvorlage (freie Erörterung, Problemerörterung)

A steigernde (lineare) Erörterung

Thema: Welche Rückschlüsse lassen sich von Schulnoten auf die Leistungsfähigkeit im Beruf ziehen?

1. Rückschluss
2. Rückschluss
3. Rückschluss

B Pro-kontra-(dialektische) Erörterung

Thema: Sind die Noten in der Schule für den Erfolg im Beruf maßgebend?

These: Noten sind für den Erfolg maßgebend, weil …

Gegenthese: Noten sind nicht maßgebend, weil …

1) Legen Sie anhand der Zusammenstellung und Ihrer eigenen Erfahrung dar, was Sie bei einer Pro-kontra-Erörterung und bei der steigernden Erörterung jeweils zu tun haben.

2) Formulieren Sie zu den nebenstehenden Stichworten jeweils zwei Aufsatzthemen, wobei eines zu einer Pro-kontra-, das andere zu einer steigernden Erörterung führen soll.

3) Ermitteln Sie Gemeinsamkeiten und Unterschiede zwischen Erörterung und Diskussion.

- Freizeit
- Extremsportarten, wie z. B. Bungee-Jumping
- Politikverdrossenheit bei Jugendlichen
- Globalisierung
- Umweltschutz
- Arbeitspflicht für Sozialhilfeempfänger

151

Kompetenzbereich 19 . Stellung nehmen und erörtern

Stoffsammlung

1. Jeder Sachverhalt lässt sich unter zahlreichen Gesichtspunkten (Aspekten) ansehen. Betrachten Sie das Thema „Tourismus" unter den oben genannten Aspekten und erläutern Sie jeweils, was damit gemeint sein könnte.

2. Eine Möglichkeit ein Problem zu erschließen besteht auch darin, dass man überlegt, welche Personen bzw. Personengruppen davon betroffen sind und welche Interessen diese Menschen haben. Erproben Sie dieses Verfahren auch beim Thema „Tourismus".

3. Entscheiden Sie, welche Aspekte eher für, welche gegen den Tourismus sprechen.

4. **Situation:**
   Christian und Laura schreiben ihre Erörterung über das Thema „Alkohol".

   a) Beurteilen Sie die Auswahl.

   > **Christian geht auf folgende Gesichtspunkte ein:**
   > – Alkohol als Stimmungsmacher im Bierzelt
   > – weggeworfene Flaschen
   > – Alkohol als Medizin
   > – Arbeitsplätze in Gaststätten

   > **Laura geht auf folgende Gesichtspunkte ein:**
   > – Alkoholismus
   > – Auswirkungen auf Familien
   > – Haltung der Gesellschaft
   > – volkswirtschaftliche Auswirkungen

   b) Sammeln Sie auch zum Thema „Tourismus" Aspekte und entscheiden Sie, wie eine gelungene bzw. eine weniger gelungene Auswahl der Aspekte aussehen würde.

5. Wenn ein Thema sehr weit gefasst ist, kann es sinnvoll sein, es einzugrenzen, also zu sagen, welche Aspekte man beleuchtet und welche nicht.

   Beispiel:
   „Ich konzentriere mich vorwiegend auf den so genannten Massentourismus in ferne Länder, also auf Reisen, die zum Zweck der Erholung und der Unterhaltung unternommen werden und von Deutschland aus in außereuropäische Länder führen. Nicht berücksichtigen werde ich folglich …"

   Grenzen Sie in ähnlicher Weise das folgende Aufsatzthema ein:

   „Die Rolle des Alkohols in unserer Gesellschaft"

Kompetenzbereich 19 . Stellung nehmen und erörtern

Einleitung und Schluss

1) Lesen Sie die folgenden Einleitungen zum Thema „Licht- und Schattenseiten des Tourismus".

Einleitung 1 (Klärung der wichtigsten Begriffe)
Mit Lichtseiten sind die Seiten gemeint, die ziemlich hell sind, während Schattenseiten eher dunkel gehalten sind. Tourismus ist ein Fremdwort, das besagt, dass man verreist, und dazu schreibe ich jetzt einen Aufsatz.

Einleitung 2 (Sprichwort, Redensart o. Ä.)
„Wenn Engel reisen, weint der Himmel", sagt meine Großmutter manchmal zu mir. Was sie damit meint, war mir nie so richtig klar, aber eines will sie bestimmt ausdrücken: Der Tourismus hat Licht- und Schattenseiten.

Einleitung 3 (Beobachtung oder persönliches Erlebnis)
Bevor ich letztes Jahr nach Spanien in Urlaub fuhr, war meine Meinung klar: Tourismus ist toll! Diese Auffassung hat sich allerdings gewandelt: fettes Essen, Magen-Darm-Probleme, schlechtes Hotelzimmer, teure Diskotheken, abweisende Mädchen. Da wurde mir klar: Tourismus hat nicht nur Licht-, sondern auch Schattenseiten.

Einleitung 4 (geschichtliche Einordnung des Themas)
Zu Goethes Zeiten war das Reisen noch mit großen Mühen verbunden und ein Vorrecht von einigen wenigen. Für die, die es sich leisten konnten, gehörte das Erkunden fremder Länder und Landschaften zu den wichtigsten Bildungserlebnissen. Die einfachen Leute dagegen kamen oft ihr ganzes Leben lang aus ihrem Dorf nicht heraus. Heute ist das anders. Auch das Reisen ist demokratisch geworden. Mithilfe von Neckermann & Co. kann sich zum Glück jeder per Katalog ein beliebiges Reiseziel aussuchen. Zum Glück? Immer mehr Leute sehen im modernen Massentourismus ein großes Übel. Überwiegen nun aber die Licht- oder die Schattenseiten?

Einleitung 5 (aktuelles Ereignis, Zeitungsmeldung o. Ä.)
Kürzlich habe ich es in der Zeitung gelesen: „Die Deutschen sind Weltmeister im Reisen." Ständig werden neue Reiseziele erschlossen, immer mehr Geld wird für Urlaub ausgegeben. Wie ist dieser Trend zu bewerten? Hat der Tourismus neben den Licht- auch seine Schattenseiten?

Kompetenzbereich 19 . Stellung nehmen und erörtern

> **Kompetenzbox**
>
> ✓ **Erörterung**
> **Aufbau**
>
> • **Einleitung**
>   – soll die Leserin/den Leser ansprechen
>   – soll konkret und anschaulich sein
>   – soll zum Thema hinführen
>   – soll nicht zu viel vorwegnehmen
>
> • **Hauptteil**
>   – soll klar gegliedert sein
>   – soll die eigentliche Auseinandersetzung mit dem Thema enthalten
>
> • **Schluss**
>   – soll den Aufsatz abrunden
>   – kann an die Leserin/den Leser appellieren
>   – kann einen Ausblick in die Zukunft geben
>   – kann das Problem in einen größeren Zusammenhang einordnen
>   – kann eine persönliche Schlussfolgerung enthalten

2) Beurteilen Sie die Texte (S. 153) danach, ob
   a) die Einleitung konkret und anschaulich ist,
   b) die Einleitung zu viel vom Hauptteil vorwegnimmt.

3) Entscheiden Sie sich für eine der auf S. 153 dargestellten Möglichkeiten und entwerfen Sie eine Einleitung zum Thema „Die Rolle des Alkohols in unserer Gesellschaft".

4) **Sprachliche Übung**
   Oft stellt die Klärung des zentralen Begriffs oder der zentralen Begriffe einen guten Zugang zur Thematik dar.
   a) Beurteilen Sie die folgenden Definitionsversuche zu „Tourismus".

> **Versuch 1:**
> Wenn man Urlaub hat und irgendwo hinfährt, ist das Tourismus. Man sollte das nicht zu oft machen, schon wegen des Geldes.

> **Versuch 2:**
> Mit dem Tourismus haben wir uns etwas eingehandelt. Da kommen die ganzen Krankheiten nach Deutschland.

> **Versuch 3:**
> Tourismus ist, wenn man an einen anderen Ort geht. Das bringt viele Probleme mit sich.

> **Versuch 4:**
> Ich war zum Beispiel letztes Jahr mit meinem Freund an der Adria. Das war Tourismus. Aber es war trotzdem schön.

   b) Definieren Sie die Begriffe Tourismus, Drogen, Höflichkeit, Verbrechen, Manipulation, Gewalt

5) Schreiben Sie einen Schluss zu den Themen „Licht- und Schattenseiten des Tourismus" oder „Die Rolle des Alkohols in unserer Gesellschaft".

Kompetenzbereich 19 . Stellung nehmen und erörtern

Pro-Kontra-Erörterung

Mitten in der Silvesternacht stürmte ein Stoßtrupp die Biometzgerei von Matthias Groth in Bremen
Schaufenster, Ladentheke und alle Maschinen zerstört

„Fleischer sind allesamt von Berufs wegen Massenmörder"

Militante Tierrechtler zertrümmerten Versuchslabors, lassen Zootiere frei und sägen Jägern den Hochsitz an

Das FBI fahndet vergeblich nach den Anführern der Animal Liberation Front
Der Verband medizinischer Hochschulen in den USA hat weit über 4 000 Anschläge militanter Tierrechtler registriert

Achtzig Prozent der US-Amerikaner sind der Meinung, Tiere sollten Rechte erhalten

Textauszüge aus Magna Charta für Fifi. In: DIE ZEIT, Nr. 6, 3. 2.1995

1) a) Sammeln Sie Argumente (Pro und Kontra), die für bzw. gegen das gewaltsame Vorgehen der Tierschützer sprechen.
b) Wählen Sie das wichtigste Pro- und das wichtigste Kontra-Argument aus.
c) Benutzen Sie diese Argumente und entwerfen Sie nach dem Muster aus der Kompetenzbox eine kurze 5-schrittige Erörterung.

2) Üben Sie die 5-schrittige Erörterung anhand der folgenden Fragen ein:

  A   Soll man sich tätowieren lassen?

Kompetenzbox

5-schrittige Erörterung

1. Einführung (Problem)
Beispiel:
Kürzlich demonstrierten Tierschützer in unserer Stadt vor einem alteingesessenen Pelzgeschäft. Lieber gehe ich nackt, als dass ich einen Pelz trage, hieß es dabei. Für viele Menschen stellt sich die Frage, ob man heute noch Kleidung aus Pelzen tragen sollte.

2. Pro-Argument (Argument + Erläuterung + eventuell Vergleich, Beispiel usw.)
Beispiel: Für die Pelze spricht, dass es sich um ein natürliches Material handelt, das sehr angenehm ist und schön aussieht. Wenn man einen Pelzmantel trägt, um sich vor Kälte zu schützen, dann verwendet man ein Material, das von der Natur zu genau diesem Zweck erschaffen wurde.

3. Kontra-Argument (Argument + Erläuterung + eventuell Vergleich, Beispiel usw.)
Beispiel: Gegen das Tragen von Pelzen spricht, dass Tiere unnötig leiden, wenn man Pelze trägt. Sie werden oft auf grausame Weise gejagt, z.B. werden Robbenbabys totgeschlagen, um den Pelz nicht zu beschädigen. Unnötig ist das Leiden, weil es heute viele andere Materialien gibt, die man statt eines Pelzes tragen kann.

4. Eigener Standpunkt (eine von beiden Positionen oder Kompromiss)
Beispiel: Für mich persönlich ist der Fall klar. Ich finde Pelze zwar schön, würde aber nie Kleidung aus Pelz tragen. Das schlechte Gewissen wegen der leidenden Tiere würde mir die Freude an dem Pelz gründlich verderben.

5. Appell
Beispiel: Ich fordere, dass alle mithelfen, etwas gegen den Pelzhandel zu tun. Ein Schritt besteht bereits darin, dass man selbst keine Kleidung aus Pelzen trägt. So wird sich über kurz oder lang die Mode ändern und der Handel muss reagieren.

Kompetenzbereich 19 . Stellung nehmen und erörtern

> **Kompetenzbox**
> ✓ **Pro-Kontra-Erörterung**
> **Gliederung des Hauptteils**
>
> **1. Möglichkeit**
>
> ○ Pro-These
> (Das Vorgehen der Tierrechtler ist gerechtfertigt.)
> – erstes Argument (Ausgestaltung)
> – zweites Argument (Ausgestaltung)
> usw.
>
> ● Kontra-These
> (Das Vorgehen der Tierrechtler ist nicht gerechtfertigt.)
> – erstes Gegenargument (Ausgestaltung)
> – zweites Gegenargument (Ausgestaltung)
> usw.
>
> ◐ Entscheidung (Synthese)
> Abwägen der beiden Positionen
> → Entscheidung für Pro oder Kontra oder Kompromiss
>
> **2. Möglichkeit**
>
> ○ Erstes Pro-Argument
> ● Erstes Kontra-Argument
>
> ○ Zweites Pro-Argument
> ● Zweites Kontra-Argument
> usw.
>
> ◐ Entscheidung (Synthese)
>
> **Hinweis**
> Man sollte mit der These beginnen, die dem eigenen Standpunkt nicht oder weniger entspricht.

B Soll man ein Kind bekommen, solange man jung ist?

C Ist es richtig, dass viele Theater, Opernhäuser usw. mit öffentlichen Geldern unterstützt werden?

D Haben meine Eltern mich gut erzogen?

3) Bei einem Erörterungsaufsatz müssen mehrere Pro- und Kontra-Argumente angeführt werden.

a) Sammeln Sie Stoff für das Thema:
Sollen Tiere Rechte bekommen, die verhindern, dass Menschen diese Tiere benutzen dürfen?

Ermitteln Sie dazu, auf welche Arten Tiere von Menschen benutzt werden.

b) Entscheiden Sie jeweils, ob diese Nutzung Ihrer Meinung nach berechtigt ist oder nicht.

4) a) Finden Sie aufgrund Ihrer Stoffsammlung Argumente für die Pro-Seite.
Sie können zusätzliches Informationsmaterial verwenden, um weitere Argumente zu finden.
b) Ordnen Sie diese Argumente nach Wichtigkeit (das wichtigste zuletzt).

5) a) Bereiten Sie in gleicher Weise eine Gegenargumentation vor.
b) Ordnen Sie die einzelnen Argumente nach Wichtigkeit.

6) Wägen Sie die beiden Positionen ab und begründen Sie Ihre Entscheidung (Synthese) für eine Seite oder für einen Kompromiss.

7) Skizzieren Sie den Aufbau des Hauptteils der Erörterung mithilfe der Kompetenzbox.

8) Formulieren Sie Einleitung und Schluss (vgl. Vorschläge S. 153).

Kompetenzbereich 19 . Stellung nehmen und erörtern

Steigernde Erörterung

1) Verfassen Sie eine Einleitung zu diesem Thema (vgl. Vorschläge S. 153):
   Wie stellen Sie sich die ideale berufliche Tätigkeit vor?

2) a) Sammeln Sie Material in Stichworten (z. B. „viel Urlaub").
   b) Ordnen Sie Ihr Material und bilden Sie eine Rangfolge, die Sie zur Gliederung verwenden (der wichtigste Punkt zuletzt).

3) Gestalten Sie einen Punkt aus, indem Sie Ihre Vorstellung begründen und mit einem Beispiel versehen.

4) Entwerfen Sie einen Schlussteil für diesen Aufsatz (vgl. Vorschläge S. 154).

5) Erstellen Sie eine Gliederung für eines der folgenden Themen:

   A Welche Eigenschaften soll eine Vorgesetzte/ein Vorgesetzter haben?

   B Besucher aus anderen Ländern sind oft entsetzt, wenn sie in Großstädten sehen, wie viel Armut und Elend es in der vermeintlich so reichen Bundesrepublik Deutschland gibt. Erläutern Sie die Hintergründe und Lösungsmöglichkeiten.

Kompetenzbox

Steigernde Erörterung
Aufbau

- Einleitung

- Hauptteil
  1. Punkt → Ausgestaltung
  2. Punkt → Ausgestaltung
  …
  Letzter Punkt → Ausgestaltung

- Schluss

Wichtigkeit ↓

Texterörterung

Im Kaufrausch

Strahlende Mädchen werben in TV-Spots für „junge" Konten. Mal schnell Geld abheben ist geil. Wenn denn genug Geld auf dem Konto ist. Die „Welt am Sonntag" berichtet über einen dramatischen Anstieg der regelmäßigen Kinderarbeit.

Gegen Brötchenausfahren vor der Schule zwecks Taschengeldaufbesserung ist im Prinzip nichts einzuwenden, kritisch wird es erst, wenn der „Verdienst" fest einkalkuliert wird oder nur noch dazu dient, Schulden abzutragen.

In einer Talkshow zum Thema „Ladendiebstahl" erntete eine jugendliche Teilnehmerin den Lacher des Abends, als sie auf die Frage, warum sie denn immer wieder stehlen würde, ganz erstaunt antwortete: „Ist doch klar, weil ich die Sachen haben will und sie mir nicht leisten kann."

In seiner Langzeitstudie „Schöne neue Freizeitwelt?", die 15 Jahre lang das Freizeitverhalten der Deutschen beobachtet hat, stellt das renommierte HamburgerBAT-Freizeit-Forschungsinstitut fest, dass 74 Prozent der Deutschen West (und 61 Prozent der Deutschen Ost) einem regelrechten Konsumrausch unterliegen – Tendenz steigend. Jeder Zweite der unter 30-Jährigen möchte gern mehr arbeiten, möchte sein Einkommen mit dem einzigen Ziel erhöhen sich in der Freizeit mehr Kleidung, Sport- und Hobbyartikel leisten zu können. Jeder Dritte hat dabei aber das ungute Gefühl in der Freizeit zu viel Geld auszugeben.

Papa hat Schulden, Mama hat Schulden, viele Jugendliche wachsen damit auf, dass Schulden machen zum Leben einfach dazugehört. „Mami, dann geh doch Geld holen", sagte kürzlich eine Achtjährige zu ihrer Mutter, als die ihr eine Taschengeldaufbesserung mit der Begründung verweigerte: „Kind, so viel Geld haben wir nicht." Konsequenterweise ist es für mehr als die Hälfte der jüngeren Generation (14 bis 29 Jahre) kein Problem zuzugeben, dass sie weit über ihre Verhältnisse leben. Vom Ausgeben zum Verausgaben ist ja auch nur ein kleiner Schritt.

Kaufen als Ersatzbefriedigung, Kaufen aus purer Langeweile oder Einsamkeit ist gang und gäbe. Wie leicht kann aus Konsumrausch dann Konsumzwang werden, aus Vergnügen, Verdruss. Professor Horst W. Opaschowski, Leiter des BAT-Instituts: „Besonders für Jugendliche wird es immer schwieriger, sich aus diesem Kreislauf des Konsums zu befreien. Denn selbst ein partieller Ausstieg aus den Konsumzwängen wird schnell als Außenseitertum gebrandmarkt. Was wiederum Isolation und Vereinzelung zur Folge haben kann." Jeder will schließlich mitmachen beim großen Erlebniskonsum. Reisen, Sport, Medien, Kultur werden wie Ware vermarktet. Aggressiv und unwiderstehlich. Und teuer. Opaschowski: „Viele Illusionen über das herrlich freie Freizeitleben zerplatzen jetzt wie Seifenblasen."

Und die Lösung aus dem Dilemma? Eine neue Freizeitkultur muss her. Eine Freizeit, die sich nicht nur über Konsum und Kosten definiert. Gemeinschaftliches Erleben, Zeit für andere haben ohne gleich an Wettbewerb zu denken. Eine neue Konsumkultur muss her. Ein Lebensstil, in dem das Wort „Verzicht" nicht verpönt ist. Nur durch wohl dosierten, gelegentlichen Verzicht kann man den Kaufzwang entkrampfen, nur mit viel Gefühl kann man die automatisierten Konsumgewohnheiten aufweichen. Konsumieren mit schlechtem Gewissen ist out. Über die Verhältnisse leben ist megaout. In dagegen ist zu sagen: „Das kann ich mir leisten. Kaufen mit Sinn und Verstand macht auch Spaß."

Beate Wedekind: Im Kaufrausch.
In: Max, Nr. 1, 1995, S. 268

Aufgabenbeispiel:
– Geben Sie die wesentlichen Gedanken der Autorin wieder.
– Wie beurteilen Sie den Lösungsvorschlag der Autorin?
– Welche Konsequenzen sollte Ihrer Meinung nach der Einzelne für sein Freizeitverhalten ziehen?

1. a) Erläutern Sie mit eigenen Worten, was in den Aufgaben zum Text „Im Kaufrausch" verlangt wird.

   b) Berichten Sie, wo Sie die Hauptschwierigkeiten beim Schreiben einer solchen Texterörterung sehen.

Kompetenzbereich 19 . Stellung nehmen und erörtern

2 Verfassen Sie nach dem Muster in der Kompetenzbox eine Einleitung für die Texterörterung zum Text „Im Kaufrausch".

3 Beurteilen Sie anhand der Grundsätze für die Textwiedergabe die folgenden Auszüge aus Aufsätzen:

A Frau Wedekind findet es geil, Geld abzuheben.

B … geht es um das Thema Geld. Geld abheben ist geil.

C Mit einer Reihe von Beispielen macht Frau Wedekind deutlich, welches Verhältnis viele Menschen zum Geldausgeben haben.

D Viele Kinder arbeiten regelmäßig. Dagegen ist eigentlich nichts einzuwenden.

E … ist von einer Langzeitstudie des renommierten BAT-Freizeit-Forschungsinstituts die Rede, die unter dem Namen „Schöne neue Freizeitwelt?" 15 Jahre lang …

F Die Autorin führt mehrere Gründe an, die zu dieser Haltung führen. Eine Ursache sieht sie darin, dass es den Kindern häufig vorgelebt wird, Schulden zu machen, und dass es diese als Folge davon für ganz normal halten, wenn man über seine Verhältnisse lebt …

G Als möglichen Ausweg sieht Frau Wedekind eine neue Freizeitkultur. Sie fordert eine Freizeit, bei der es nicht nur um Konsum geht …

Kompetenzbox

Texterörterung
Einleitung

- **Kurze Annäherung an das Problem** (kann auch wegfallen)
  Beispiel:
  Man stellt immer wieder fest, dass …
  Deshalb ist heute das Problem … besonders aktuell.

- **Vorstellen des Textes**
  Beispiel:
  Mit dem Thema … beschäftigt sich auch … usw. mit dem Titel …, der am … in der Zeitung/Zeitschrift usw. … erschien.

- **Überblickssatz, der die Hauptaussage des Textes charakterisiert**
  Beispiel:
  Die Autorin/Der Autor vertritt die Meinung, dass …, und fordert …

Kompetenzbox

Texterörterung
Textwiedergabe (strukturierte Inhaltsangabe)

Die Textwiedergabe
– benennt die Funktion, die die wiedergegebenen Aussagen haben;
– macht damit den Aufbau eines Textes deutlich;
– unterscheidet zwischen wichtigen und weniger wichtigen Aussagen;
– gewichtet die Wiedergabe entsprechend;
– wahrt Distanz zwischen Schreiber/in der Texterörterung und Verfasser/in des Textes;
– macht immer deutlich, von wem eine Bewertung, ein Urteil, eine Forderung stammt.

Kompetenzbereich 19 . Stellung nehmen und erörtern

4 a) Entscheiden Sie, welchen der folgenden Grundthesen der Autorin Sie
 – vollkommen zustimmen,
 – mit Einschränkung zustimmen,
 – gar nicht zustimmen.

A Ein Großteil der Bundesbürger ist dem Konsumrausch verfallen.
B Schon Kinder sind für schrankenlosen Konsum anfällig, weil ihnen dies von der älteren Generation so vorgelebt wird.
C Das Kaufen befriedigt ersatzweise ganz andere Bedürfnisse der Menschen und lenkt sie ab von Einsamkeit und Langeweile.
D Das Erlebnis wird heute als Ware verstanden, die mit Geld bezahlt werden muss.
E Wir brauchen eine neue Freizeitkultur, bei der es nicht um Konsum und Kosten, sondern um gemeinschaftliches Erleben geht.

b) Wählen Sie aus den Thesen B–E die beiden aus, die Sie für die wichtigsten halten, und formulieren Sie Ihre Textbewertung.

Kompetenzbox

Texterörterung
Textbewertung

Bei der **Textbewertung** bringt man zum Ausdruck, ob man der Argumentation der Verfasserin/des Verfassers (ganz oder teilweise) zustimmt oder ob man widerspricht.

 Vollständige Zustimmung
+ Ergänzung (weitere Gesichtspunkte, Beispiele, die die These bestätigen)

Beispiel:
Frau Wedekinds These, wonach ein Großteil … kann ich nur zustimmen.
Zumindest bei den Menschen aus meiner unmittelbaren Umgebung scheint es kein Freizeitvergnügen zu geben, das nicht direkt oder indirekt mit Geldausgeben zusammenhängt. Wenn montags in unserer Klasse über das Wochenende gesprochen wird, dann ist immer nur von Aktivitäten die Rede, die …

 Teilweise Zustimmung
+ Einschränkung (mit Begründung)

Beispiel:
Wenn Frau Wedekind behauptet, dass ein Großteil …, so kann ich ihr nur teilweise zustimmen.

Natürlich gibt es diesen Typus, den die Autorin beschreibt: Menschen, die geradezu zwanghaft Geld ausgeben und dabei leichtfertig über ihre Verhältnisse leben, für die Kaufen zur Sucht geworden ist. Ich weiß aber auch, dass viele Jugendliche, die im „Kaufrausch" zu sein scheinen, in Wirklichkeit sehr nüchtern kalkulieren und ihre Ausgaben sehr bewusst kontrollieren …

 Völlige Ablehnung
+ Begründung

Beispiel:
Frau Wedekinds These, wonach ein Großteil …, stellt eine maßlose Übertreibung dar. Sie reiht extreme Einzelbeispiele aneinander und behauptet anschließend, damit Aussagen über die Gesellschaft und die Mehrzahl ihrer Mitglieder treffen zu können. Mit demselben Verfahren könnte man behaupten, dass …

Hinweis
Auch wenn man mit dem Text völlig übereinstimmt, sollte man den Gedankengang mit eigenen Argumenten, Beispielen usw. ergänzen.

---

5 Bei der eigenen Meinung zum Problem sollten Sie sich vom Text lösen und eigene Gedanken ins Spiel bringen.

Entwerfen Sie eine Lösung für die Frage, die als drittes Aufgabenbeispiel unter Beate Wedekinds Text auf S. 158 steht.

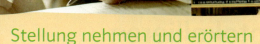

Stellung nehmen und erörtern

Projektbörse

① Erörterung als szenisches Spiel

Sammeln Sie Informationen zu einem reizvollen Thema, das sich für eine Erörterung eignet, z. B. „Geht es den Jugendlichen von heute besser als früheren Generationen?"
- Erstellen Sie eine Gliederung.
- Diese Überlegungen sollen als „Theaterstück" einem Publikum präsentiert werden. Dazu könnte eine Ansagerin/ein Ansager durch die Thematik führen, jeweils andere Sprecher/innen könnten Argumente, Beispiele usw. vortragen.
- Machen Sie das „Stück" für die Zuschauer/innen interessanter, indem Sie spielerische Elemente verwenden: Beispiele werden vorgespielt (z. B. als Pantomime oder als kleine Szene zum Thema), es werden Musik (z. B. damals und heute), Bilder und andere Möglichkeiten der Veranschaulichung verwendet.

② Stellungnahme als Wandzeitung oder als Power-Point-Präsentation

Wählen Sie ein interessantes Thema für Ihre Stellungnahme aus.

Gliedern Sie Ihre Stellungnahme nach dem 5-schrittigen Schema.

③ Erörterung verkehrt

Eine kreative Technik um Ideen zu sammeln, besteht darin, dass man „sich selbst auf den Kopf stellt" und die Dinge einmal andersherum betrachtet. Wenn man beispielsweise wissen will, wie sich das Betriebsklima verbessern ließe, stellt man sich erst einmal die Frage, was man tun muss, um das Klima zu verschlechtern.

Erproben Sie diese Technik bei geeigneten Erörterungsthemen bzw. bei Stellungnahmen.

Kompetenzbereich 20: Protokollieren
Abläufe knapp und sachlich festhalten

19. September, Samstag
Die Schule wünscht vielleicht einen sachlichen Bericht eines unvoreingenommenen Beobachters über die Ereignisse vor, während und nach unserem London-Ausflug. Ich bin die einzige Person, die dazu geeignet ist. Pandora besitzt trotz all ihrer Qualitäten nicht meine stahlharten Nerven.
Ausflug der Klasse 4 D ins Britische Museum

7:00 Uhr	Morgens. Stieg in den Bus.
7:05	Aß das Lunchpaket, trank eine kalorienarme Cola.
7:10	Bus hielt, weil Barry Kent schlecht war.
7:20	Bus hielt, weil Claire Neilson aufs Klo musste.
7:30	Bus fuhr von der Schule weg.
7:35	Bus fuhr zur Schule zurück, weil Miss Fossington-Gore ihre Handtasche vergessen hatte.
7:40	Der Busfahrer benahm sich seltsam.
7:45	Bus hielt, weil Barry Kent wieder schlecht war.
7:55	Wir näherten uns der Autobahn.
8:00 Uhr	Der Busfahrer hielt an und bat uns den Lastwagenfahrern nicht ständig den Vogel zu zeigen.
8:10	Der Busfahrer wird wütend, weigert sich auf die Autobahn zu fahren, bis die „verdammten Lehrer die Bälger unter Kontrolle haben".
8:20	Miss Fossington-Gore befiehlt allen sich zu setzen.
8:25	Wir sind auf der Autobahn.
8:30	Wir singen „Dreizehn Mann auf des toten Mannes Kiste".
[…]	
8:45	Der Busfahrer unterbricht unseren Gesang, indem er laut schreit.
9:15	Der Busfahrer hält vor einer Tankstelle und nimmt einen tiefen Schluck aus einem Flachmann.
9:30	Barry Kent teilt Schokolade aus, die er in dem Selbstbedienungsladen an der Tankstelle gestohlen hat. Miss Fossington-Gore nimmt ein Bounty.
9:40	Barry Kent übergibt sich im Bus.
9:50	Zwei Mädchen, die neben Barry Kent sitzen, müssen sich auch übergeben.
9:51	Der Busfahrer weigert sich auf der Autobahn zu halten.
9:55	Miss Fossington-Gore wird übel.
9:56	Miss Fossington-Gore ist kotzübel.
10:30	Der Bus muss auf dem Seitenstreifen fahren, da alle anderen Spuren repariert werden.
11:30	Als sich der Bus dem Ende der Autobahn nähert, gibt es hinten Streit.
11:45	Der Streit ist zu Ende. Miss Fossington-Gore findet den Erste-Hilfe-Koffer und kümmert sich um die Wunden. Barry Kent muss zur Strafe neben dem Fahrer sitzen.
11:50	Der Bus bricht beim Swiss Cottage zusammen.
11:55	Der Busfahrer bricht vor dem Helfer vom Automobilklub zusammen.
12:30	Die Klasse 4 D nimmt den London-Bus nach St. Pancras.
13:00 Uhr	Die Klasse 4 D geht von St. Pancras durch Bloomsbury.
13:15	Miss Fossington-Gore läutet am Tavistock-Haus und fragt, ob Dr. Laing mal kurz Barry

Kompetenzbereich 20 . Protokollieren

	Kent untersuchen könnte. Dr. Laing ist zurzeit in Amerika und hält Vorlesungen.
13:30	Wir betreten das Britische Museum. Adrian Mole und Pandora Braithwaite sind überwältigt von dem hier versammelten Erbe der Weltkultur. Die übrige Klasse benimmt sich unmöglich, lacht über nackte Statuen und ärgert die Wächter.
14:15	Miss Fossington-Gore bekommt gleich einen Herzanfall. Adrian Mole meldet ein R-Gespräch für den Direktor an, doch er ist bei einer Streikbesprechung des Küchenpersonals und kann nicht gestört werden.
15:00 Uhr	Die Wächter treiben die Klasse 4 D zusammen und befehlen den Schülern auf den Museumsstufen Platz zu nehmen.
15:05	Amerikanische Touristen fotografieren Adrian Mole und sagen, er sei ein „reizender englischer Schüler".
15:15	Miss Fossington-Gore erholt sich wieder und geht mit der Klasse 4 D aus dem Museum um London zu besichtigen.
16:00 Uhr	Barry Kent springt am Trafalgar Square in den Brunnen – wie es Adrian Mole vorausgesagt hatte.
[...]	
16:35	Die Polizei kommt, bringt uns zur Wache und organisiert einen Bus für die Rückfahrt. Sie rufen alle Eltern an um ihnen die neue Ankunftszeit mitzuteilen. Rufen den Direktor zu Hause an. Claire Neilson hat einen hysterischen Anfall. Pandora Braithwaite erklärt Miss Fossington-Gore, sie sei eine Schande für ihren Berufsstand. Miss Fossington-Gore ist einverstanden, so bald wie möglich zu kündigen.
[...]	
19:00 Uhr	Die Polizeieskorte verabschiedet sich.
19:35	Der Busfahrer bittet Pandora für Ordnung zu sorgen.
19:36	Miss Fossington-Gore entwirft ihr Rücktrittsgesuch.
20:30	Der Busfahrer wird wieder vom Autobahnwahn gepackt.
20:40	Zu Hause. Die Reifen brennen. Die Klasse 4 D ängstigt sich zu Tode. Mr. Scruton bringt Miss Fossington-Gore weg. Die Eltern sind in hellem Aufruhr. Der Busfahrer wird von der Polizei angezeigt.

Sue Townsend: Das Intimleben des Adrian Mole, 13 3/4 Jahre. München o. J., S. 128 ff.

1) In diesem Auszug aus Sue Townsends Roman hält der 13-jährige Adrian Mole die Erfahrungen eines Schulausflugs fest.
Notieren Sie,
a) welchen Sinn diese Aufzeichnungen nach der Einschätzung von Adrian Mole haben,
b) welche Informationen für den Direktor der Schule besonders wichtig sein könnten,
c) wo größere Genauigkeit angebracht wäre und wo Überflüssiges mitgeteilt wird, wenn man annimmt, dass die Aufzeichnungen für den Direktor der Schule geschrieben sind.

2) Erklären Sie, wie die komische Wirkung des Textes zustande kommt. Berücksichtigen Sie dabei den Schreibstil und die Nennung der Uhrzeit.

Kompetenzbereich 20 . Protokollieren

Ergebnis- und Verlaufsprotokoll

Besprechung der Bewohnerinnen und Bewohner eines Mietshauses mit dessen neuem Besitzer

Auszug aus dem Ergebnisprotokoll:

> **Zu TOP 3:**
> Herr Schark macht den Mieterinnen/Mietern das Angebot ihre Mietwohnungen von ihm zu kaufen. Dieser Vorschlag wird von allen Anwesenden zurückgewiesen. Frau Robertini stellt den folgenden Antrag: „Ich beantrage, dass von den Mieterinnen/Mietern erklärt wird, dass sie die Umwandlungen ihrer Wohnungen in Eigentumswohnungen ablehnen und dass sie weiterhin zu denselben Bedingungen wie zuvor in ihren Wohnungen bleiben möchten." Der Antrag wird angenommen (4 Ja-Stimmen, 0 Nein-Stimmen, 0 Enthaltungen).

Auszug aus dem Verlaufsprotokoll:

> **Zu Tagesordnungspunkt (TOP) 3:**
> (…) Herr Schark sagt, dass er durchaus Verständnis für die Besorgnis der Mieterinnen/Mieter habe. Er weist aber auch darauf hin, dass es eine einfache Lösung für das Problem gebe. Jeder Mieter könne seine Wohnung von ihm kaufen und so selbst zum Eigentümer werden. Herr Schark fügt hinzu, dass er den Mieterinnen/Mietern die Wohnungen zu einem besonders günstigen Preis überlassen würde und dass diese auch bedenken müssten, dass sie so die Miete sparen würden, über die ja später noch gesprochen werden müsste.
> Herr Krause bezeichnet dieses Angebot als einen Witz. Er macht darauf aufmerksam, dass er als Auszubildender nicht über die finanziellen Möglichkeiten verfüge um sich eine Wohnung kaufen zu können und selbst wenn er das Geld hätte, wüsste er damit etwas Besseres anzufangen als es für eine heruntergekommene Wohnung direkt an der Hauptstraße auszugeben.
> Herr Schark entgegnet, dass Herr Krause ja jederzeit ausziehen könne, wenn ihm die Wohnung so sehr missfalle. Dies gelte auch für alle anderen Mieter. Herr Schark erklärt sich in diesem Zusammenhang bereit im Falle eines Wohnungswechsels die anfallenden Umzugskosten zu übernehmen.
> Frau Kowalski führt an, dass sie von der Rente ihres Mannes leben müssten, die ohnehin kaum reiche, und dass an einen Wohnungskauf überhaupt nicht zu denken sei. Sie fügt hinzu, dass sie seit nunmehr 47 Jahren in diesem Haus wohne und einen Umzug nicht überleben würde.
> Frau Robertini sagt, es habe keinen Sinn, noch ewig herumzureden. Die Bewohner des Hauses seien sich bei der Bewertung der Vorgänge einig.
> Sie stellt den folgenden Antrag: „Ich beantrage, dass von den Mieterinnen und Mietern erklärt wird, dass sie die Umwandlungen ihrer Wohnungen in Eigentumswohnungen ablehnen und dass sie weiterhin zu denselben Bedingungen wie zuvor in ihren Wohnungen bleiben möchten."
> Bei der anschließenden Abstimmung wird dieser Antrag von den Mieterinnen/Mietern einstimmig angenommen.
> Herr Schark weist darauf hin, dass ihn dieses Ergebnis nicht beeindrucke und dass die Personen, die als Mieter/innen im Haus bleiben wollten, vermutlich daran nicht viel Freude haben würden. (…)

Kompetenzbereich 20 . Protokollieren

1) Vergleichen Sie die beiden Protokollformen. Achten Sie dabei auf
a) Unterschiede,
b) Gemeinsamkeiten,
c) Vor- und Nachteile der beiden Formen.

2) Nennen Sie Situationen, in denen Sie die eine, und Situationen, in denen Sie die andere Form für sinnvoll halten.

3) Beschreiben Sie, welche Anforderungen die beiden Arten des Protokolls jeweils an die Protokollführerin/den Protokollführer stellen.

4) In der Praxis wird häufig eine Mischform (Ergebnisprotokoll mit den wichtigsten Redebeiträgen) aus diesen beiden Formen gewählt. Begründen Sie dieses Verfahren.

5) **Sprachliche Übung**
Formulieren Sie aus den folgenden Äußerungen Anträge.

A
Mich ärgert, dass die Haustür oft die ganze Nacht offen bleibt. Abends muss man sie doch abschließen!

B
Dieser Schark redet und redet, da kommt kein anderer zu Wort. Man sollte die Leute nach 5 Minuten einfach abwürgen!

C
Wir könnten alle eine neue Heizung gebrauchen!

D
Es wäre toll, wenn wir Kabelanschluss hätten!

E
Ich hab' ohnehin was dagegen, dass das Haus jetzt schon neu verputzt wird!

Kompetenzbereich 20 . Protokollieren

6) Fassen Sie den folgenden Teil der Aussprache in Form eines Ergebnisprotokolls zusammen, in dem auch die wichtigsten Redebeiträge aufgezeichnet werden. Verwenden Sie Passivkonstruktionen (z. B.: Es wurde betont, dass …), wenn die einzelnen Redner/innen nicht genannt werden sollen.

Frau Hauser: Ich muss daher alle Mieterinnen und Mieter noch einmal dringend auffordern die Hausordnung einzuhalten. Es gab zum Beispiel immer wieder Klagen über laute Musik nach 22 Uhr.

Herr Krause: Jetzt lassen Sie doch diese alten Kamellen. Wir haben heute wirklich Wichtigeres zu besprechen. Außerdem war das höchstens ein- oder zweimal und was kann ich dafür, wenn manche Leute nichts anderes zu tun haben als mit dem Ohr an der Wand … Aber lassen wir das.

Frau Hauser: Damit wäre der nächste Tagesordnungspunkt an der Reihe. Frau Abel beantragt, dass auf Kosten der Mieterinnen und Mieter eine Putzfrau eingestellt werden soll, die einmal pro Woche den Hausgang reinigt. Wird zunächst eine Aussprache gewünscht? Das ist nicht der Fall. Dann können wir abstimmen. Wer ist dafür? Eine Stimme. Gegenstimme? Drei. Damit ist der Antrag abgelehnt. Wir kommen jetzt zum Tagesordnungspunkt 6, Mietpreisanpassung. Ich übergebe das Wort wiederum an Herrn Schark.

Herr Schark: Ja, gern, also … Fräulein, bringen Sie mir noch ein Bier! Tja, ich bin kein Freund langer Reden und wer mich kennt, weiß, dass meinen Worten Taten folgen. Um es kurz zu machen: Sie haben ja bisher hier gelebt wie die Made im Speck! Mit einer Miete, die nicht einmal die Kosten deckt! Sie haben die Gutmütigkeit und Unwissenheit des Vorbesitzers ausgenutzt und auch die großzügigen Angebote, die ich Ihnen heute gemacht habe, Kauf der Wohnungen bzw. Übernahme der Umzugskosten durch mich, haben Sie zurückgewiesen. Ich werde dafür sorgen, dass Sie sich das noch einmal überlegen. Zunächst einmal wird die Miete erhöht, und zwar um 40 Prozent, und das ist erst der Anfang …

Herr Krause: Das können Sie mit uns nicht machen, Sie Spekulant! Ich werde mir das nicht bieten lassen …

Frau Kowalski: Ja, ja, es sind schlechte Zeiten. Sie haben es ja auch nicht leicht, Herr Schark. Alles wird teurer. Aber wir haben doch nur die kleine Rente von meinem Mann …

7) Ein Protokoll soll einen Sachverhalt möglichst objektiv, genau, vollständig und wahrheitsgemäß wiedergeben. Die folgenden Auszüge aus Protokollen beziehen sich auf den Teil der Versammlung, der in Aufgabe 6 skizziert wurde.

Ermitteln Sie, wo es dabei Verstöße gegen die Grundsätze des Protokollierens gibt.

A … Herr Schark erläuterte ausführlich, warum es zu einer Mietpreisanpassung von zunächst 40 Prozent kommen müsse. Die Mieter zeigten Verständnis für diese Maßnahme …

B … Die Reaktion auf Frau Abels weitsichtigen Antrag zeigte leider in aller Deutlichkeit, dass den meisten Bewohnerinnen/Bewohnern an Sauberkeit gar nichts liegt …

C … lediglich ein Mieter, der auch sonst wegen seines ungebührlichen Verhaltens unangenehm auffiel, protestierte heftig und bedrohte den Hausbesitzer …

D … Der Hausbesitzer wiederholte sein großzügiges Angebot den Mieterinnen/Mietern, die aus ihren Wohnungen ausziehen, auch noch die Umzugskosten zu erstatten …

E … Herr Schark ging weder auf die unverschämten Anschuldigungen und frechen Drohungen noch auf das weinerliche Gejammer ein und setzte vielmehr in sachlicher und überzeugender Weise seine Ausführungen fort …

8) Erklären Sie, auf welche Art ein Protokoll üblicherweise kontrolliert wird.

9) Sprachliche Übung
Werden einzelne Redebeiträge wiedergegeben, geschieht dies in indirekter Rede.

Beispiel:
Herr Schark sagte, er müsse leider die Miete erhöhen.

Geben Sie die folgenden Äußerungen von Herrn Schark in indirekter Rede wieder.
A „Was würden Sie denn an meiner Stelle tun?"
B „Ich bin doch kein Wohlfahrtsunternehmen."
C „Auch die erhöhte Miete ist für ein Haus wie dieses noch viel zu niedrig."
D „Und da meckert ein junger, kräftiger Mann wie der Herr Krause über die Miete!"
E „Wenn Sie etwas mehr arbeiten würden, dann hätten Sie auch keine Probleme!"
F „Und von der Reparatur Ihrer Badewanne können Sie träumen, junger Mann."
G „Sie werden mich noch kennen lernen!"
H „An Fridolin Schark haben sich schon ganz andere die Zähne ausgebissen."

10) Ein Protokoll ist stilistisch schlecht, wenn jeder Satz mit „XY sagt, …" oder „Es wird gesagt, …" beginnt.

Kompetenzbereich 20 . Protokollieren

Kompetenzbox

Das Protokoll
Eine Sonderform des Berichts

Wichtigste Formen:
- Verlaufsprotokoll (hält alle Redebeiträge in geraffter Form und die wesentlichen Schritte eines Ablaufs fest, zeigt auch, wie es zu den Ergebnissen gekommen ist)
- Ergebnisprotokoll (beschränkt sich auf das Wichtigste: Ergebnisse und teilweise wichtige Redebeiträge, z. B. um festzuhalten, dass ein Punkt umstritten war)

Aufbau
- Kopfteil mit den wichtigsten Rahmeninformationen (Ort, Datum, Uhrzeit, Teilnehmer/innen, Versammlungsleiter/in, Protokollführer/in, Tagesordnung)
- Redebeiträge und wesentliche Schritte eines Ablaufs (Verlaufsprotokoll) bzw. Ergebnisse (Ergebnisprotokoll) in der richtigen Reihenfolge
- Unterschriften von Protokollführer/in und Versammlungsleiter/in

Sprache
Sachlich, genau

Zeitform
Meist Präsens (Gegenwart), beim Ergebnisprotokoll auch Präteritum (Vergangenheit)

Besonderheiten
Redebeiträge in indirekter Rede, Ausnahme: Anträge werden wörtlich wiedergegeben.

a) Sammeln Sie andere redeeinleitende Verben (betonen, meinen, darauf hinweisen usw.).
b) Überprüfen Sie, welche redeeinleitenden Ausdrücke zu allen Sätzen aus Aufgabe 9 passen.
c) Viele besonders aussagekräftige Verben (säuseln, lallen, vorgeben, drohen, flehen usw. sind im Hinblick auf die Gebote der Sachlichkeit und Objektivität im Protokoll problematisch. Diskutieren Sie Ihre Beispiele unter diesem Gesichtspunkt.

Kompetenzbereich 20 . Protokollieren

11) Protokolle werden in einer allgemein verbindlichen Form abgefasst. Wenn diese Form gewahrt wird und wenn die Richtigkeit der Angaben durch die Unterschrift von Protokollführer/in und Versammlungsleiter/in bestätigt wird, wird ein Protokoll zur Urkunde, der eine hohe Beweiskraft zukommt.

Gehen Sie die einzelnen Angaben im Kopfteil (Angaben bis einschließlich Tagesordnungspunkt) durch und erläutern Sie jeweils, in welchem Fall die jeweilige Angabe wichtig sein könnte.

Protokoll der Versammlung von Eigentümer und Mieterinnen/Mietern des Hauses Charlottenstr. 72 B, Leipzig

Ort:	Leipzig, Gasthaus „Schinderhannes", Nebenraum
Zeitpunkt:	18. März 2004, 19:30 Uhr – 23:12 Uhr
Teilnehmer/innen:	Herr Schark (Hausbesitzer); Frau Abel, Eheleute Kowalski, Eheleute Robertini, Herr Krause (Mieter/innen); Frau Hauser, Herr Müller (Hausverwaltung)
Versammlungsleiterin:	Frau Hauser
Protokollführer:	Herr Müller
Tagesordnung:	1. Begrüßung
	2. Eigentümerwechsel des Mietshauses Charlottenstr. 72 B
	3. Umwandlung der Mietwohnungen in Eigentumswohnungen
	4. Aussprache über die Hausordnung
	5. Antrag auf Einstellung einer Putzfrau
	6. Mietpreisanpassung
	7. Verschiedenes
Zu TOP 1:	Frau Hauser begrüßt die Anwesenden und dankt …
(…)	
zu TOP 7:	Keine Wortmeldungen.
Versammlungsleiterin:	Protokollführer:

---

12) Diskutieren Sie in der Klasse über ein gemeinsames Vorhaben (Fest, Jahresausflug). Sammeln Sie Ideen und verteilen Sie die Aufgaben (z. B.: Informationen einholen über Verkehrsverbindungen, Preise usw.).

Verfassen Sie dazu ein Protokoll.

Projektbörse

Protokollieren

② Protokollieren von Talkshow-Streitereien

Fertigen Sie Video-Mitschnitte von Nachmittags-Talkshows an (z. B. *Dein Aussehen widert mich an!*).
- Schreiben Sie dazu Verlaufsprotokolle, bei denen Sie streng auf Objektivität, Genauigkeit und Wahrheit achten.
- Fertigen Sie Fotos zu den Shows an.
- Erstellen Sie eine Collage in Form einer Wandzeitung, die aus den Protokollen und den Bildern besteht.

① Protokollieren einer Gerichtsverhandlung

Fertigen Sie einen Video-Mitschnitt einer TV-Gerichtsshow an.
- Bestimmen Sie, welche Funktion das Protokoll einer Gerichtsverhandlung haben kann.
- Wählen Sie die Form des Protokolls gemäß dieser Funktion.
- Schreiben Sie das Protokoll.
- Eine zweite Person, die die TV-Show nicht gesehen hat, aber in groben Zügen über den Prozess informiert wurde, notiert mögliche Fragen: *Wurde die Zeugin vereidigt? Hat der Staatsanwalt den Angeklagten beleidigt?* usw.
- Legen Sie einer dritten Person, die die TV-Show nicht gesehen hat, das Protokoll und die Fragen vor, die mit Hilfe des Protokolls geklärt werden sollen.

③ Protokolle und ihre „Verwandten"

- Stellen Sie Situationen zusammen, in denen „protokolliert" wird. Berücksichtigen Sie dabei z. B. Fahrtenschreiber in Kraftfahrzeugen, die Blackbox im Flugzeug, das Klassenbuch in der Schule, das Logbuch auf dem Schiff, das Messprotokoll im Labor, das Gedankenprotokoll usw.
- Sammeln Sie Informationen zu den einzelnen Punkten.
- Stellen Sie Ihre Ergebnisse in übersichtlicher Weise auf einer Wandzeitung dar. Dabei sollte deutlich werden, worin jeweils die Gemeinsamkeiten mit dem Protokollieren bestehen.

Kompetenzbereich 21: Telefonieren

Telefongespräche vorbereiten

Rollen & Skaten

K2-Inliner, Gr. 38, Softboot, grau, neuwertig,
NP 180 EUR, Preis VB.
Tel. (01 23) 4 56 78 90

1 Entscheiden Sie,
a) welche Notizen Sie auf dem folgenden Stichwortzettel für überflüssig halten, welche Sie ergänzen würden,

b) in welcher Reihenfolge Sie die Angaben erfragen.

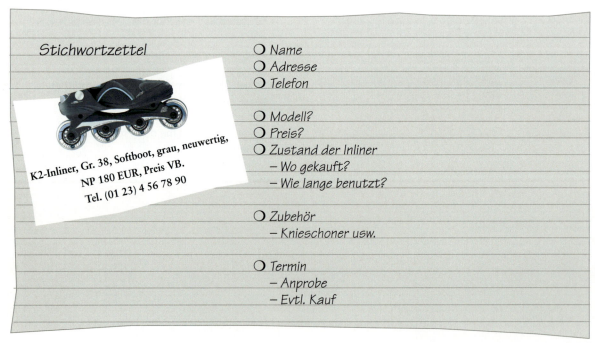

Stichwortzettel

○ Name
○ Adresse
○ Telefon

○ Modell?
○ Preis?
○ Zustand der Inliner
　– Wo gekauft?
　– Wie lange benutzt?

○ Zubehör
　– Knieschoner usw.

○ Termin
　– Anprobe
　– Evtl. Kauf

Telefongespräche führen und dokumentieren

Situation:
Am 27. Juli 2005 gegen 9:15 Uhr klingelt im Büro der „Dach und Fassade GmbH" in Siegen das Telefon. Die Auszubildende Verena Schindler nimmt den Hörer ab.

Verena Schindler (V.S.), Knut Pollen (K.P.)

V.S.:	Dach und Fassade GmbH, Verena Schindler am Apparat. Guten Tag, was kann ich für Sie tun?
K.P.:	Morgen. Ist der Chef da?
V.S.:	Mit wem spreche ich, bitte?
K.P.:	Pollen! Knut! Ich brauch den Chef.
V.S.:	Tut mir leid, Herr Pollen. Herr Wolf ist unterwegs zu einer Baustelle in Ferndorf.
K.P.:	Mist! Der ist aber auch immer unterwegs. Ich muss den unbedingt mal sprechen.
V.S.:	Wenn Sie Herrn Wolf persönlich sprechen möchten, dann erreichen Sie ihn mit Sicherheit täglich zwischen 7:00 und 8:00 Uhr hier im Betrieb. An den meisten Tagen ist er aber auch ab 17:00 Uhr wieder hier. Wenn es ganz dringend ist, kann ich Ihnen auch seine Handynummer geben. Vielleicht erreichen Sie ihn dann unterwegs.
K.P.:	Nee, kommt gar nicht in Frage. Das ist mir viel zu teuer! Ich muss ja laufend Ihre Handwerkerrechnungen bezahlen. Sie können sich dann so einen Schnickschnack leisten.
V.S.:	Das war ja auch nur ein Vorschlag. Wenn Sie mir sagen, worum es geht, werde ich sehr gerne Herrn Wolf darüber informieren.
K.P.:	Ja, wenn es nicht anders geht. Also, der Chef wollte am Donnerstag hier sein, um 11:00 Uhr. Aber der Architekt kann erst um 13:00 Uhr. Wir müssen das verschieben. Sagen Sie ihm das? Oder besser aufschreiben. Und die Dachpfanne hat sich auch geändert. Wir nehmen jetzt Frankfurter Pfanne in Rot. Er soll bitte passende Muster mitbringen, klar?
V.S.:	Das ist doch kein Problem, Herr Pollen. Ich informiere Herrn Wolf über die Terminverschiebung. Wenn Sie nichts mehr von uns hören, bleibt es bei 13:00 Uhr. Falls Herr Wolf den Termin nicht wahrnehmen kann, wird er Sie anrufen um eine neue Vereinbarung zu treffen. Und die Musterpfannen haben wir hier am Lager. Die kann er auf jeden Fall mitbringen. Sagen Sie mir bitte noch kurz, auf welcher Baustelle der Termin stattfinden soll und wie wir Sie telefonisch erreichen können.
K.P.:	Hab ich doch alles schon gesagt, Mensch. Schreibt ihr euch so was nicht auf?
V.S.:	Doch, sicher, Herr Pollen. Ich müsste nur extra die Daten raussuchen. Wenn Sie es mir jetzt noch mal sagen, geht es viel schneller.
K.P.:	Ich denk, ihr habt alles im Computer! Ich hab alles im Kopf. Also, Herr Wolf soll nach Freudenberg kommen, Eichenhain 12, der Neubau. Meine Nummer? Moment: 01 23 45 67 89. Mitgekriegt? Ach so, noch was – wegen der Verschieferung der Garage. Ich brauch dringend das Angebot! Soll er am besten gleich mitbringen.
V.S.:	Ich habe das notiert.
K.P.:	Dann wollen wir nur hoffen, dass das auch alles klappt. Mit Handwerkern ist das immer so eine Sache, nicht wahr, Frau ... ähm ...
V.S.:	Schindler, Verena Schindler. Sie können ganz beruhigt sein, Herr Pollen. Ich werde Herrn Wolf über unser Gespräch informieren und hoffe, dass der Termin auf der Baustelle am Donnerstag um 13:00 Uhr zu Ihrer Zufriedenheit verläuft.
K.P.:	Na dann. Tschüss! (Legt auf.)
V.S.:	Vielen Dank für Ihren Anruf. Auf Wiederhören, Herr Pollen.

Kompetenzbereich 21 . Telefonieren

> **Kompetenzbox**
>
> ✓ **Telefongespräch**
>
> **Vorbereitung**
> Stichworte über die gewünschte Information auf einen Zettel schreiben
>
> **Aufbau**
> - Begrüßung, Vorstellung
> - Anlass des Telefongesprächs nennen
> - Sachverhalte im gegenseitigen Gespräch klären
> - Entscheidungen herbeiführen und Vereinbarungen treffen
> - Verabschiedung
>
> **Sprache**
> – Verständlich, auf das Notwendige reduziert
> – Höflich
>
> **Hinweise**
> – Informationen dokumentieren
> – Vereinbarungen auf einer Gesprächsnotiz festhalten

1) Notieren Sie die Äußerungen und Verhaltensweisen von Herrn Pollen, die Sie als unpassend empfinden.

2) Erstellen Sie einen Stichwortzettel, den Herr Pollen zur Vorbereitung des Gesprächs hätte nutzen sollen.

3) Beschreiben Sie, wie Frau Schindler es schafft, höflich und sachlich zu bleiben.

4) Verfassen Sie eine Gesprächsnotiz für Herrn Wolf. Sie können dazu die Vorlage unten kopieren oder ein anderes geeignetes Formular verwenden.

5) Führen Sie in einem Rollenspiel das Gespräch mit Frau Schindler in freundlicher und höflicher Weise.

Gesprächsnotiz

Von _____ an _____

Datum _____ Uhrzeit _____

Frau/Herr _____

○ hat angerufen   ○ wird wieder anrufen
○ wurde angerufen   ○ wünscht Verabredung
○ erbittet Anruf

Notizen _____
_____
_____
_____

Unterschrift _____

Telefonieren

Projektbörse

Handy-Knigge

①

Stellen Sie in übersichtlicher Form Verhaltensregeln für den rücksichtsvollen Umgang mit dem Handy zusammen.

Verwenden Sie in der Darstellung passende Symbole, Illustrationen und andere Visualisierungen.

Sie können den Text auch als Satire verfassen, indem Sie in ironisch-übertreibender Form gerade das Verhalten beschreiben, das man vermeiden soll (*„Sprechen Sie in Ihr Handy immer besonders laut!", „Wenn Sie im Auto fahren, ist das die beste Gelegenheit in aller Ruhe die Telefonate zu erledigen!"*).

„Nicht ohne mein Handy!"

②

Untersuchen Sie, welche Rolle das Handy im Leben von Jugendlichen spielt und wovon es abhängt, ob der Umgang mit dem Handy bei anderen als „cool" gilt.

Dabei sollten Sie zum einen im Internet recherchieren, zum andern selbst Befragungen durchführen. Berücksichtigen Sie
- das Handy selbst (Marke, Aussehen usw.) und das Zubehör,
- Klingeltöne,
- andere technische Möglichkeiten (Fotografieren etc.),
- die Benutzung des Handys (Wo und wie wird telefoniert, SMS verschickt, gelesen …?).

Gestalten Sie ihre Dokumentation möglichst interessant und abwechslungsreich. Verwenden Sie Fotos, Interviews, Statistiken usw.

Kompetenzbereich 22: Briefe schreiben

Medien für die Kommunikation auswählen

1) Begründen Sie, welche Form der Mitteilung Sie in den folgenden Situationen wählen würden.

A Sie kündigen Ihre Mitgliedschaft im Sportklub.

B Sie bestellen Kinokarten bei einer Ticket-Zentrale.

C Sie sprechen einer/einem Verwandten Ihr Beileid aus.

D Sie bewerben sich um einen Ausbildungsplatz.

E Sie erinnern einen Freund an ein vereinbartes Treffen.

F Sie schicken Ihrer Schule/Ihrem Betrieb ein ärztliches Attest.

G Sie möchten Kontakt mit Ihrer Urlaubsbekanntschaft aufnehmen.

H Sie reagieren auf eine Mahnung für eine schon bezahlte Rechnung.

I Sie machen mit Ihrer Partnerin/Ihrem Partner Schluss.

J Sie bestätigen einen Termin beim Zahnarzt.

K Sie suchen eine schnelle Zugverbindung nach Leipzig.

L Als Vorsitzende(r) Ihres Volleyballklubs laden Sie zum Sommerfest ein.

2) Nennen Sie fünf unterschiedliche Situationen, in denen der Empfänger erwartet, dass er die Informationen in einer bestimmten äußeren Form erhält.

Kompetenzbereich 22 . Briefe schreiben

Geschäftliche Briefe schreiben

1 Peter Gehl
Hauptstraße 2b
42579 Heiligenhaus
02056 12345
Fax 02056 123450
E-Mail pgehl@kgr.de

2 18. März 2005

3 Einschreiben
Athletic Studio
Herrn Hofacker
Arnold-Niederegger-Platz 4
42551 Velbert

4 **Vorzeitige Kündigung meiner Mitgliedschaft**

5 Sehr geehrte Damen und Herren,

6 mein Hausarzt hat mir geraten das intensive Krafttraining einzustellen, da meine Bänder und Gelenke schon stark angegriffen sind.
Deshalb kündige ich gemäß den besonderen Vertragsbedingungen meine Mitgliedschaft Nr. 455/01 zum Ende dieses Monats.
Ich bitte Sie um eine schriftliche Bestätigung meiner Kündigung.

7 Mit freundlichen Grüßen
8 *Peter Gehl*
Peter Gehl

9 Anlage
Ärztliches Attest

Kompetenzbox

Briefe schreiben

Aufbau
- Vollständige Adresse als **Absender** **1**
- **Datum** des Briefes in der gleichen Zeile wie der Name des Absenders **2**
- **Anschrift** des Empfängers mit Hinweis auf besondere **Versendungsformen** und **3** möglicher Nennung der **Ansprechperson**
- Stichwortartige Nennung des „**Betreffs**" **4**
- Situationsgerechte **Anrede** **5**
- in Abschnitte gegliederter **Briefinhalt** **6**
  - Anlass des Schreibens nennen
  - Situation beschreiben oder begründen
  - Entscheidung mitteilen, Forderung stellen
  - Verbindlichen Abschluss formulieren

- Passende **Grußformel** **7**
- Handschriftliche **Unterschrift** **8**
- **Anlagen** (Dokumente, die dem Brief beiliegen) **9**

Sprache
Sachlich, höflich

Hinweis
In Anlehnung an die Vorschriften zur Erstellung von Briefen im kaufmännischen Geschäftsverkehr (DIN 5008) wird auch von privaten Absendern bei Schreiben an Unternehmen, Behörden usw. erwartet, dass eine festgelegte äußere Form eingehalten wird.

Kompetenzbereich 22 . Briefe schreiben

1 Betrachten Sie das Schreiben auf S. 175 genau und berichten Sie, welche anderen Formen geschäftlichen Schreibens Sie kennen.

2 Sprachliche Übung
Schreiben Sie die Straßennamen in der richtigen Form (vgl. Anhang).

heineweg, unterdenlinden, hoherweg, südstraße, französischestraße, kaiserfriedrichring, oderbrücke, neumarkt, neuermarkt

3 In die „Betreffzeile" sollten unbedingt Hinweise eingesetzt werden, die Aufschluss über den eventuell vorangegangenen Schriftwechsel geben.

Diese können sein: Abonnement-Nr., Mitgliedschafts-Nr., Rechnungs-Nr., Protokoll-Nr., Ausstellungsdatum, Reise-Nr., Ihr Anruf am …, Ihr Schreiben vom …

Formulieren Sie für folgende Situationen einen „Betreff". Ergänzen Sie fehlende Daten nach eigener Wahl.

A Sie haben von neuen Joggingschuhen gehört, die im Fachhandel noch nicht erhältlich sind. Sie schreiben an den Hersteller.

B Sie kündigen Ihr Abonnement der Musikzeitschrift „braindrummer".

C Die Skireise ins Stubai-Tal findet ohne Sie statt, da Ihr rechtes Bein nach einem Bänderriss in Gips liegt. Informieren Sie den Veranstalter.

D Sie finden in Ihrem Lieblingsschokoriegel ein Stück Metall und schreiben dem Hersteller.

E Sie erhalten eine Mahnung für eine schon bezahlte Rechnung.

F Sie ärgern sich sehr über die Bedienung in einem Kaufhaus und wenden sich nun an die Geschäftsleitung.

G Unter Ihrem Scheibenwischer steckt eine Zahlungsaufforderung, da die Parkuhr abgelaufen war. Die Parkuhr war jedoch defekt.

H Ein Reiseveranstalter hat Ihnen eine ausgearbeitete Klassenfahrt nach Berlin angeboten. Im Namen der Klasse möchten Sie diese Reise buchen.

4 Die Formulierung des „Betreffs" spielt oft auch eine psychologische Rolle.
a) Beschreiben Sie, wie die folgenden „Betreffs" auf Sie wirken.

A Mängelrüge
B Rückforderung …
C Anforderung von Bewerbungsunterlagen
D Unverschämtes Verhalten Ihres Vertreters
E Androhung einer Anzeige (Ihr Nachbar stellt nämlich trotz eines Gesprächs nachts immer noch die Musik sehr laut.)
F Dienstaufsichtsbeschwerde (Die Hausmeisterin hat mehrmals vergessen, in den Umkleidekabinen das Duschwasser heiß zu stellen.)

b) Notieren Sie jeweils eine positive Formulierung, z. B. statt „Mängelrüge" Beanstandung.
c) Zeigen Sie an einigen Beispielen auf, wann Sie die eine, wann die andere Formulierung wählen würden.

Kompetenzbereich 22 . Briefe schreiben

5) Schreiben Sie den Briefkopf einschließlich der Anrede für die folgenden Situationen. Erfinden Sie die fehlenden Angaben.

Situation A
Sie bitten bei der Touristikzentrale Berlin um Informationen über günstige Übernachtungsmöglichkeiten und das Veranstaltungsprogramm für den Monat Juli.

Situation B
Sie schreiben an das Schulministerium Ihres Bundeslandes und fordern Informationen über den Erwerb der allgemeinen Hochschulreife an einer Schule, die man abends besuchen kann.

Situation C
Sie schreiben einem Notar und beauftragen ihn, die Satzung Ihres neu gegründeten Sportvereins zu prüfen und beim Amtsgericht einzureichen.

6) Korrigieren Sie die „Sprachhämmer" so, dass der Empfänger nicht beleidigt oder in die Enge getrieben wird.

A Ihre Gehaltsvorstellungen sind lächerlich.
B Deshalb fordere ich von Ihnen einen Vorstellungstermin.
C Es ist für uns klar, dass die Noten an Ihrer Schule ausgewürfelt werden.
D Ihre Forderung ist unverschämt.
E Ich verstehe nicht, dass sich die Flaschen von der Jugendvertretung so primitiv geäußert haben.
F Darum verlange ich von Ihnen, dass Sie Ihren Köter in der Mittagszeit einsperren.
G Die Klassensprecher/innen bitten die Schulleitung gut aufzupassen, dass sich keine Lehrerin/kein Lehrer vor dem Sportfest drückt.

7) Entscheiden Sie, in welchen Situationen Sie jeweils Textbaustein A, B, C verwenden.

Textbausteine 1:
A Da ich schon drei Wochen auf Ihre Antwort warte, frage ich an, ob Sie noch an meiner Mitarbeit interessiert sind.
B Sicherlich haben Sie viel zu tun und konnten deshalb noch nicht auf mein Schreiben vom … antworten. Aber wegen zahlreicher Verpflichtungen würde ich gerne meine weiteren Termine planen. Teilen Sie mir deshalb bitte mit, ab wann Sie mit meiner Mitarbeit rechnen.
C Da nun schon einige Zeit seit meinem Schreiben an Sie verstrichen ist, nehme ich an, dass Sie an meiner Mitarbeit nicht interessiert sind. Falls meine Annahme nicht zutrifft, teilen Sie mir dies bitte bald mit.

Textbausteine 2:
A Aufgrund von Unregelmäßigkeiten in Spesenabrechnungen bitten wir Sie zu einem Gespräch.
B Bei unseren monatlichen Spesenabrechnungen stellten wir im Vergleich zu anderen Außendienstmitarbeitern fest, dass Ihre Abrechnungen überdurchschnittlich hoch ausfallen. Wir bitten Sie daher zu einem Gespräch um der Sache auf den Grund zu gehen.
C Die monatlichen Spesenabrechnungen der Außendienstmitarbeiter variieren stark. Deshalb bitten wir Sie zu einem Gespräch, um Ihnen bei der Suche nach Alternativen zur Kostensenkung behilflich sein zu können.

Kompetenzbereich 22 . Briefe schreiben

8) a) Situation:
Ein Kunde zahlt nicht am Fälligkeitstag.

Notieren Sie zwei höfliche Formulierungen zur Zahlungserinnerung.

Beispiel:
„Sicher ist Ihnen entgangen den fälligen Betrag von … Euro auszugleichen."

b) Situation:
Trotz einer anschließenden Mahnung zahlt der Kunde immer noch nicht. Fordern Sie den Kunden höflich, aber mit Nachdruck auf, den Rechnungsbetrag zu begleichen. Setzen Sie eine Nachfrist von 14 Tagen.

Machen Sie drei Formulierungsvorschläge.

c) Situation:
Gute Kunden (Einzelhandelsgeschäfte) reklamieren einzelne Artikel, die in Ihrer Spielwarenfabrik hergestellt wurden. Jedes Schreiben wird individuell beantwortet und endet mit einer verbindlichen Schlussformulierung.

Erstellen Sie drei verschiedene Schlussformulierungen.

d) Situation:
Das Kantinenpersonal hat sich bei der Geschäftsleitung beschwert:
– Nicht jeder Kantinenbesucher räumt sein Tablett weg,
– die meisten sortieren das gebrauchte Besteck, die Teller und das Tablett beim Wegstellen nicht,
– einige halten sich nicht an das Rauchverbot.
Die Abteilungsleiterin hat Sie damit beauftragt, ein Rundschreiben an alle Mitarbeiter/innen zu verfassen, das dazu auffordert, die Missstände zu beheben.

Notieren Sie drei Möglichkeiten Ihr Anliegen zu formulieren.

9) Schreiben Sie einen normgerechten Brief. Angaben, die Sie nicht zur Hand haben, erfinden Sie.

a) Situation:
Ihre Lokalzeitung meldet, dass die Gemeindeverwaltung Ihres Heimatortes über das Jugendamt einen Musikprobenraum jeden Montag, Dienstag und Mittwoch von 18:00 bis 22:00 Uhr kostenlos für Bands zur Verfügung stellt.

Reservieren Sie für Ihre Band einen Termin.

b) Situation:
Immer wieder kommt es vor, dass Sie sich im Vorbeigehen zwischen Hauswänden und halb auf dem Gehweg geparkten Autos die Kleidung verschmutzen, da der Gehweg ohnehin sehr schmal ist.

Schreiben Sie an das Ordnungsamt Ihrer Gemeinde. Schildern Sie die Lage. Machen Sie Vorschläge zur Abhilfe.

c) Situation:
In Eile lehnen Sie Ihr Fahrrad nicht sicher an einen Mast, sodass es wegrutscht und den Kotflügel des dort haltenden Autos zerkratzt.

Schreiben Sie an Ihre Haftpflichtversicherung, schildern Sie kurz den Sachverhalt. Geben Sie auch die Adresse und Autonummer des Kfz-Halters an.

d) Situation:
Sie sind umgezogen, haben eine neue Adresse und eine neue Bankverbindung.

Informieren Sie Ihre Kfz-Versicherung.

e) Situation:
Sie haben am 15. April 2… Ihre Krankenzusatzversicherung gekündigt und gleichzeitig die Einzugsermächtigung widerrufen. Trotzdem werden die Beträge weiter von Ihrem Konto abgebucht.

Schreiben Sie an die Versicherung.

E-Mails, Mitteilungen per Fax und SMS schreiben

Katia Schäfer: „Meine Freunde wohnen alle in der Nähe, da lohnt es sich nicht, einen Brief oder eine Postkarte zu verschicken. Ich schreibe eigentlich ganz gerne, allerdings wird es auf die Dauer auch zu teuer, ständig etwas mit der Post zu verschicken. Und die Briefe sind dann ja auch immer ein paar Tage unterwegs. Höchstens zum Geburtstag versende ich Handgeschriebenes. Ansonsten schreibe ich SMS und E-Mails."

Stephanie Schulze: „Ich halte sehr viel von Briefen und Karten, die sind nämlich persönlicher als schnell geschriebene elektronische Post. Deshalb freue ich mich auch mehr über einen Brief als über eine E-Mail. Außerdem habe ich Freunde im Ausland, etwa in Frankreich. Denen schreibe ich alle zwei Monate. Manchmal, wenn vielleicht jemand Geburtstag hat, auch öfter. Die Antwortbriefe hebe ich immer gut auf."

Marion Schwarz: „Alltägliches erledige ich per E-Mails. Das geht schneller und ich kann meine Freunde gut informieren. Trotzdem sind E-Mails natürlich unpersönlicher. Zu besonderen Anlässen schreibe ich deshalb immer Karten und Briefe. Da gibt man sich dann mehr Mühe. Und aus dem Urlaub verschicke ich natürlich auch regelmäßig Grüße. Umgekehrt bekomme ich dann auch Postkarten, wenn Freunde verreisen."

1 a) Erstellen Sie eine Tabelle nach dem Muster auf S. 180.

Kompetenzbereich 22 . Briefe schreiben

Gesichtspunkte	Brief	E-Mail	Fax	SMS
Schnelligkeit der Übermittlung		Schnell (wenn PC erreichbar)		
Kosten der Übermittlung				
Zuverlässigkeit der Übermittlung		Ziemlich zuverlässig		
Übermittlung von Wertschätzung, Aufmerksamkeit, Interesse				
Dokumentation, Beweiskraft, Aufbewahrungsmöglichkeit (Erinnerung, Sammlung)	Sehr gut geeignet			

b) Notieren Sie die Aussagen der drei Personen zu den aufgelisteten Gesichtspunkten.

c) Ergänzen Sie die Tabelle aufgrund eigener Erfahrungen.

2) a) Lesen Sie die folgende E-Mail.

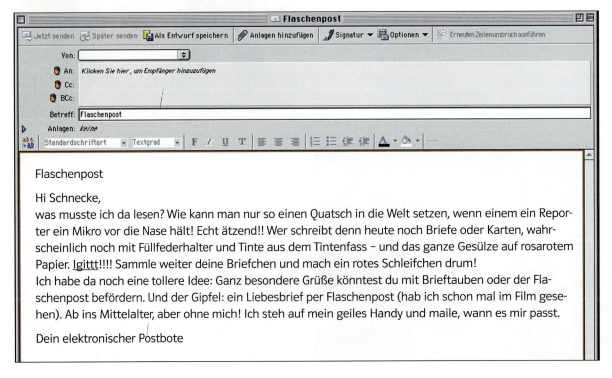

b) Zählen Sie auf, gegen welche Regeln der „NETtiquette" der Verfasser der E-Mail verstoßen hat.

Kompetenzbereich 22 . Briefe schreiben

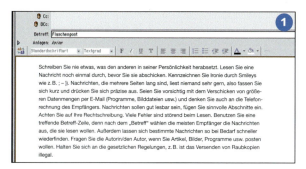

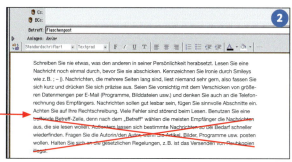

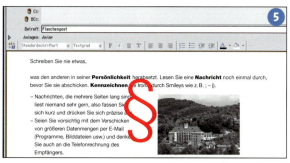

Kompetenzbox

Die „NETtiquette"

1. Erst denken, dann posten
Schreiben Sie nie etwas, was den anderen in seiner Persönlichkeit herabsetzt. Lesen Sie eine Nachricht noch einmal durch, bevor Sie sie abschicken.
Kennzeichnen Sie Ironie durch Smileys wie z. B. ; –)).

2. In der Kürze liegt die Würze
Nachrichten, die mehrere Seiten lang sind, liest niemand sehr gern, also fassen Sie sich kurz und drücken Sie sich präzise aus.
Seien Sie vorsichtig mit dem Verschicken von größeren Datenmengen per E-Mail (Programme, Bilddateien usw.) und denken Sie auch an die Telefonrechnung des Empfängers.

3. Auch die Optik ist wichtig
Nachrichten sollen gut lesbar sein, fügen Sie sinnvolle Abschnitte ein.
Achten Sie auf Ihre Rechtschreibung. Viele Fehler sind störend beim Lesen.

4. Die Betreff-Zeile
Benutzen Sie eine treffende Betreff-Zeile, denn nach dem „Betreff" wählen die meisten Empfänger die Nachrichten aus, die sie lesen wollen. Außerdem lassen sich bestimmte Nachrichten so bei Bedarf schneller wiederfinden.

5. Copyrights und geltende Gesetze beachten
Fragen Sie die Autorin/den Autor, wenn Sie Artikel, Bilder, Programme usw. posten wollen.
Halten Sie sich an die gesetzlichen Regelungen, z. B. ist das Versenden von Raubkopien illegal.

Projektbörse

Briefe schreiben

Briefkopf-Wettbewerb

Gestalten Sie mit den Möglichkeiten eines Textverarbeitungsprogrammes einen persönlichen Briefkopf für Ihre normierten Briefe.

Stellen Sie Ihre Entwürfe in der Klasse aus und prämieren Sie gut gelungene Beispiele.

Mail, SMS oder Brief

Führen Sie in Ihrer Klasse/in Ihrem Freundeskreis eine Umfrage durch: *„Schreibst du noch Briefe?"*

Stellen Sie die Ergebnisse in visualisierter Form (Diagramme, Kurzinterviews mit Foto auf Plakaten …) dar.

Kompetenzbereich 23: Sich bewerben

Bewerbungsmappe erstellen

Leon: „Bei uns in der Branche sieht's grad mies aus, Mediengestalter gibt's wohl wie Sand am Meer."

Katharina: „Echt? Im Einzelhandel hast du da keine Probleme! Aber ob ein neuer Chef mit meinen Piercings klar kommen wird? Weiß eh nicht, ob ich nicht lieber in einen Edelladen soll, karrieremäßig wär's schon gut."

Leon: „Na, dann kannst du deine Piercings vergessen, da gilt Etikette! Deshalb will ich ja in eine Werbeagentur, da geht's lockerer zu. Allerdings, ob ich die oberkreative Bewerbung hinkriege? Und überhaupt, da muss ich wohl eine Mappe mit Arbeitsproben machen! Viel zahlen tun die auch nicht und von wegen 30 Tage Urlaub!"

1) Beschreiben Sie,
   a) welche Wünsche Katharina und Leon bei ihrer Bewerbung haben,
   b) welche Probleme sie sehen.

2) Lesen Sie die beiden Anzeigen.

Wir haben ein Faible für exquisite Automobile, hochqualitative Baustoffe, intelligente Software, feine Filetstückchen, schwäbischen Wurstsalat – und viele neue Kunden. Darum suchen wir ab sofort:

Grafiker
Web–Designer
(Screendesign, HTML, Flash)

DTP–Profis
Praktikanten

für stilsicheres Arbeiten in stilvollem Ambiente.
Bewerbung bitte mit Angabe Ihrer Gehaltsvorstellung!

fmk. »fact

fmk. & fact Werbeagenturen
Einsteinstraße 44 · 73230 Kirchheim/Teck
Telefon (07021) 92009-0 · Telefax (07021) 92009-22
www.fmk-web.de · www.factnet.de

Für unseren

Fashion

L-zwo

Store in Leonberg suchen wir Sie als

Storemanager/-in

Haben Sie Lust dabei zu sein?
Sie haben Spaß an Mode, arbeiten kreativ und engagiert.
Ihr persönlicher Einsatz – Ihr persönlicher Erfolg.
Wie viel mehr trauen Sie sich zu? Sie begreifen mehr,
Sie packen mehr an – Sie haben es selbst in der Hand.

Das L-zwo Team freut sich auf Ihre Bewerbung!

Leos Jeans Handels GmbH · Personalabteilung z.H. Herrn Stefan Müller
Tel. (06033) 994-110 · Otto-Hahn-Straße 25 · 35510 Butzbach
E-Mail: mueller@leos-jeans.de

3) Listen Sie jeweils auf,
   a) welche Anforderungen an die Bewerberinnen und Bewerber gestellt werden,
   b) was die Anzeigen über die Unternehmen aussagen,
   c) wie man mit den Firmen in Kontakt treten kann.

Kompetenzbereich 23 . Sich bewerben

4) Halten Sie den Stand Ihrer beruflichen Entwicklung fest, indem Sie in einer Tabelle notieren,
   a) welche Ausbildungsschwerpunkte Sie durchlaufen haben,
   b) welche besonderen beruflichen Interessen und Fähigkeiten Sie besitzen,
   c) welches berufliche Umfeld (z. B. Kleinbetrieb, Kundenkontakt) Sie anstreben,
   d) welche persönlichen Interessen und Fähigkeiten Sie haben,
   e) in welche Unternehmen Sie passen.

5) a) Sammeln Sie Stellenanzeigen für Ihren Beruf aus Tages- und Wochenzeitungen, Fachzeitschriften und dem Internet.
   b) Wählen Sie die Anzeige aus, die Ihnen am ehesten zusagt.

6) a) Erstellen Sie zu der ausgewählten Anzeige eine passende Bewerbungsmappe mit Anschreiben, Lebenslauf, Foto, Kopien von Zeugnissen, evtl. mit Arbeitsproben.
   b) Bilden Sie Arbeitsgruppen (nach freier Wahl, 3 Gruppenmitglieder).
   Wählen Sie aus Ihrer Gruppe jeweils einen „Spezialisten" für
   – die Texterstellung,
   – die Gestaltung,
   – die Korrektur.
   c) Machen Sie einen Ringtausch Ihrer Bewerbungsmappen. Jeder „Spezialist" erstellt ein Gutachten zu drei Bewerbungen und händigt sie der Schreiberin/dem Schreiber aus.
   d) Die Schreiberin/Der Schreiber nimmt Stellung zum Gutachten und arbeitet nach Rücksprache mit dem „Spezialisten" die Vorschläge ein.

7) Präsentieren Sie Ihre Bewerbungsmappen in einer Klassenausstellung und bewerten Sie die Mappen. Überprüfen Sie sie auf Vollständigkeit, Fehlerfreiheit, Gestaltung, angemessene Reaktion auf den Anzeigentext.

8) Sprachliche Übung
   a) Schreiben Sie folgende Begriffe und deren Bedeutungen auf:

   Flexibilität, Engagement, Qualifikation, Anforderungsprofil, Sozialverhalten, Autorität, Eigenverantwortlichkeit, Eigeninitiative

   Machen Sie dabei die Silbentrennungen durch einen senkrechten Strich kenntlich.

   Beispiel:
   Kom/pe/tenz: Zuständigkeit, Befugnis, Urteilsfähigkeit, Befähigung

   Schlagen Sie die Ihnen unbekannten Begriffe nach.

   b) Schreiben Sie folgende Wörter und trennen Sie regelgerecht (vgl. Anhang):

   Fenster, Stuckateur, Dachdeckermeister, möbliert, Industrie, Magnet, hinauf, beobachten, Nostalgie

Kompetenzbereich 23 . Sich bewerben

Kompetenzbox

Bewerbungsanschreiben 1

Dominik Früh – Schillerallee 23 – 70191 Stuttgart
0711 6250088 – 0173 6616235 – do.früh@t-online.de

fmk.& fact Werbeagenturen
Einsteinstr. 44
73230 Kirchheim

Stuttgart, 11.04.2004

**Ihr Inserat in der Stuttgarter Zeitung vom 10.04.2004
Bewerbung als Grafiker**

Guten Tag, sehr geehrte Damen und Herren,

Sie suchen stilsichere Mitarbeiter für Ihre Agentur – ich stelle mich vor:

Wie wurde ich, Dominik Früh, kreiert?

Man nehme
- kulturbegeisterte Eltern (kein Musikantenstadl)
- 2 Jahre Waldorfkindergarten (viel Natur, Holzspielzeug und Müsli)
- 12 Jahre Waldorfschule (Kunst, Musik und Kunsthandwerk, Theaterspielen
  diverse Praktika: Soziales, Industrie, Landwirtschaft)
- plus ehrenamtliche Tätigkeiten im Jugendtreff, Organisation von Open-air-Konzerten
  (Plakat, Bandauswahl, Logistik)
- dazu ein Praktikum bei der Werbeagentur *creativteam* in Kirchheim (echter Chef, reale
  Kunden und die Erkenntnis, was Grafikdesign überhaupt ist: nicht nur mein zukünftiger
  Beruf)
- gepaart mit großem Interesse an Filmen (auch Eigenproduktionen), Musik (Oldies, aber
  auch Punk), Sport (BMX) und Zeichnen (Comics).

Das Ganze verquirlte ich dann mit einer dreijährigen Grafik-Design-Ausbildung und schon erhalten Sie einen kreativen, teamfähigen, kultivierten und bekömmlichen Mitarbeiter: Hmmmmhhhh!

Bei einem Anfangsgehalt von 25.000 Euro p. a. lasse ich mir nicht nur die Filetstückchen, sondern gerne auch den Wurstsalat schmecken.

Ich freue mich auf einen Termin für ein Vorstellungsgespräch.

Mit freundlichen Grüßen

Dominik Früh

Anlagen
Lebenslauf
Zeugnis Berufskolleg für Grafik-Design, Stuttgart
Zeugnis der Fachhochschulreife
Arbeitszeugnis Werbeagentur creativteam
Arbeitszeugnis Diakonie, Nürtingen
CD mit Arbeitsproben

Kompetenzbereich 23 . Sich bewerben

Kompetenzbox
✓ Lebenslauf 1

Dominik Früh – Schillerallee 23 – 70191 Stuttgart
0711 6250088 – 0173 6616235 – do.früh@t-online.de

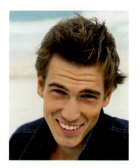

Geboren am 22.9.1979
Geburtsort: Nürtingen
Familienstand: nicht verheiratet

Ausbildung:	September 2001 bis Juli 2004 Berufskolleg für Grafik-Design an der Johannes-Gutenberg-Schule, Stuttgart Abschluss: Staatlich geprüfter Grafik-Designer
Berufserfahrung:	September 2000 bis Mai 2001 Volontariat bei der Werbeagentur *creativteam* in Kirchheim/Teck
	September 1999 bis Juni 2000 Zivildienst in der Diakoniestation, Nürtingen
	März 2002 bis September 2002 Nebenjob als Nachtwache in einer Einrichtung für betreutes Wohnen psychisch Kranker in Stuttgart
Schulbildung:	Fachhochschulreife Abschluss: Juni 1999 an der Freien Waldorfschule Filstal
Programmkenntnisse:	Gute Kenntnisse in Photoshop, Illustrator, Freehand, Quark, Indesign, Dreamweaver, Flash Grundkenntnisse in Premiere
Sprachkenntnisse:	Sehr gute Englisch-, gute Französischkenntnisse
Engagement und Interessen:	Ehrenamtlicher Mitarbeiter im Jugendtreff Kirchheim/Teck Kino und eigene Filme Musik hören und selber spielen (Mundharmonika) Rad fahren (BMX) Zeichnen (Comics)

Mein Motto: „Think big, start small!"

Stuttgart, 11.04.2004

Dominik Früh

Kompetenzbereich 23 . Sich bewerben

Kompetenzbox

Bewerbungsanschreiben 2

Susanne Eichenbiehl
Küstriner Weg 12
29225 Celle

Telefon: 05141 3879
Mobil: 0170 4304125
E-Mail: S.Eichenbiehl@gmx.de

Leos Jeans Handels GmbH
–Personalabteilung–
Herrn Stefan Müller
Otto-Hahn-Straße 25
35510 Butzbach

Celle, 11.04.2004

Ihre Anzeige in der Stuttgarter Zeitung vom 10.4.2004/Unser Telefonat

Sehr geehrter Herr Müller,

vielen Dank für das informative Telefongespräch am heutigen Vormittag.
Wie besprochen erhalten Sie meine vollständigen Bewerbungsunterlagen.

Als gelernte Einzelhandelskauffrau leite ich seit zwei Jahren die Young-Fashion-Abteilung eines großen Jeans-Stores.
Ich plane, in den Süden Deutschlands zu ziehen und suche dort eine neue Herausforderung. Unser Telefonat bestärkte mich darin, dass die von Ihnen angebotene Stelle als Storemanagerin genau die richtige für mich ist: Mode ist meine Passion – Kreativität, Engagement und Freude am Umgang mit Mitarbeiterinnen und Mitarbeitern und der Kundschaft zeichnen mich aus.

Ich freue mich, wenn Ihnen meine Bewerbung zusagt und wir uns bei einem Vorstellungsgespräch persönlich kennen lernen.

Mit freundlichen Grüßen aus dem hohen Norden

Susanne Eichenbiehl

Susanne Eichenbiehl

Anlagen
Lebenslauf
Zwischenzeugnis der Firma Jeans-Hall, Celle
Abschlusszeugnis IHK und Berufsschule
Praktikumszeugnis Fa. Jeans-Hall, Boston
Zertifikate Marketing- und Verkaufsseminare

Kompetenzbereich 23 . Sich bewerben

Kompetenzbox
Lebenslauf 2

Lebenslauf

Name:	Susanne Eichenbiehl
Geburtstag:	01.01.1981
Geburtsort:	Celle
Familienstand:	ledig
Schulbildung:	1987–1991 Grundschule Osterloh 1991–1997 Realschule Bostel Abschluss: Fachoberschulreife
Berufsausbildung:	1997–2000 Ausbildung zur Einzelhandelskauffrau bei der Firma Jeans-Hall, Celle Besuch der Kaufmännischen Berufsschule in Celle Abschluss zur Einzelhandelskauffrau vor der IHK Celle
Berufstätigkeit:	2000 bis jetzt Übernahme in ein festes Arbeitsverhältnis Arbeit in der Abteilung „Young Fashion" mit den Tätigkeiten Disposition, Inventur, Urlaubsplanung Seit 2002 Leiterin der Abteilung „Young Fashion"
Besondere Fähigkeiten und Aktivitäten:	Zweimonatiger USA-Aufenthalt bei der Muttergesellschaft in Boston Fließend Englisch in Wort und Schrift Erstellung von Werbematerialien Besuch mehrerer Seminare „Verkaufen heute" Marketingseminar
Persönliche Interessen:	Sport (Mitglied im Kanuklub), Literatur

Celle, 11. 04.2004

Susanne Eichenbiehl

Susanne Eichenbiehl

Kompetenzbereich 23 . Sich bewerben

Das Arbeitszeugnis

1 a) Betrachten Sie das Bild und erläutern Sie, welcher Widerspruch in der Zeichnung deutlich wird.
b) Erläutern Sie, was der Grund für diesen Widerspruch sein könnte.

2 In den meisten Arbeitszeugnissen finden sich Aussagen aus der „Zufriedenheitsskala" für die Gesamtnote der Arbeitnehmerin/des Arbeitnehmers. Ordnen Sie der Benotung von 1 bis 6 auf Seite 190 die entsprechende Zeugnisformulierung zu, z. B.: 1 b.

Kompetenzbereich 23 . Sich bewerben

- sehr gute Leistung (1)
- sehr gute bis gute Leistung (1–2)
- gute Leistung (2)
- befriedigende Leistung (3)
- befriedigende bis ausreichende Leistung (3–4)
- ausreichende Leistung (4)
- mangelhafte Leistung (5)
- ungenügende Leistung (6)

(a) … hat die ihm übertragenen Arbeiten zu unserer vollen Zufriedenheit erledigt.

(b) … hat die ihm übertragenen Arbeiten stets zu unserer vollsten Zufriedenheit erledigt.

(c) … hat die ihm übertragenen Arbeiten im Großen und Ganzen zu unserer Zufriedenheit erledigt.

(d) … hat die ihm übertragenen Arbeiten stets zu unserer vollen Zufriedenheit erledigt.

(e) … hat die ihm übertragenen Arbeiten stets zu unserer Zufriedenheit erledigt.

(f) … hat die ihm übertragenen Arbeiten zu unserer vollsten Zufriedenheit erledigt.

(g) … hat die ihm übertragenen Arbeiten zu unserer Zufriedenheit erledigt.

(h) … hat sich bemüht die ihm übertragenen Arbeiten zu unserer Zufriedenheit zu erledigen.

Kompetenzbox

Arbeitszeugnis

Alle Arbeitnehmer/innen haben bei der Beendigung des Arbeits-(Ausbildungs-)verhältnisses einen gesetzlich festgeschriebenen Anspruch auf die Erteilung eines schriftlichen Zeugnisses. Mindestinhalt: Arbeitsverhältnis und dessen Dauer (einfaches Arbeitszeugnis), auf Wunsch mit Leistungs- und Verhaltensbeurteilung (qualifiziertes Arbeitszeugnis).

Aufbau:
1) Überschrift (Bezeichnung des Zeugnisses)
2) Einleitung (Personalien, Dauer, Tätigkeit)
3) Arbeitsplatz- und Tätigkeitsbeschreibung
4) Leistungsbeurteilung (mit Gesamtbenotung)
5) Verhaltensbeurteilung (gegenüber Kolleginnen und Kollegen, Vorgesetzten und Kundschaft)
6) Schlussformulierung (gibt auch Aufschluss über den Grund des Ausscheidens)
7) Ort, Datum, Unterschrift

3) Auch der Zeugnisschlussabsatz und die Grußformel müssen aufmerksam gelesen und ihr Gehalt erschlossen werden.
 a) Erklären Sie, welche Bedeutung folgende Aussagen im Schlussabsatz eines Zeugnisses haben können:
    – Ihr/Sein Ausscheiden erfolgt auf eigenen Wunsch.
    – Ihr/Sein Ausscheiden wird mit Bedauern zur Kenntnis genommen.
    – Ihr/Sein Ausscheiden erfolgt in beiderseitigem Einverständnis.
    – Leider sehen wir uns nicht mehr in der Lage Frau/Herrn … weiter zu beschäftigen und kündigen zum … das Arbeitsverhältnis.
 b) Erläutern Sie die mögliche Bedeutung folgender Grußformeln:
    – Für den weiteren Berufsweg wünschen wir Frau/Herrn … viel Erfolg und danken für die jahrelang erfolgreiche Zusammenarbeit.
    – Für die weitere Zukunft wünschen wir ihr/ihm alles Gute.
 c) Beurteilen Sie, welche Aussage eine fehlende Grußformel haben könnte.

Kompetenzbereich 23 . Sich bewerben

THOR UND BEISSER
Eisenwarengroßhandel
In der Schmiede 2–8
02625 Bautzen

ARBEITSZEUGNIS

Herr Thorsten Mönch, geboren am 16. März 1979 in Jena, war in der Zeit vom 1. Mai 2001 bis 31. Mai 2005 als kaufmännischer Angestellter in unserem Betrieb tätig. Herr Mönch wurde im Verkauf die Überwachung der Kundenkartei und das Führen von Statistiken übertragen. Zudem sorgte Herr Mönch für die Vorbereitung von Sitzungen seines Abteilungsleiters und plante Geschäftsreisen für unseren Prokuristen.

Herr Mönch hat sich stets bemüht die ihm übertragenen Arbeiten zu unserer Zufriedenheit zu erledigen. Als umgänglicher Kollege hat er sehr zur Verbesserung des Betriebsklimas beigetragen. Durch seine Pünktlichkeit war er stets ein Vorbild.

Das Ausscheiden von Herrn Mönch erfolgt in beiderseitigem Einverständnis.

Bautzen, 31. Mai 2005

W. Thor   *P. Beisser*
W. Thor   P. Beisser

---

4) Vergleichen Sie Herrn Mönchs Arbeitszeugnis mit dem üblichen Aufbau (siehe Kompetenzbox) und bestimmen Sie,
a) in welchen Zeilen sich die einzelnen Teile wiederfinden,
b) welche Teile fehlen,
c) wie das Zeugnis insgesamt zu bewerten ist.

5) Schreiben Sie Herrn Mönchs Arbeitszeugnis so um, dass es möglichst gut wird.

6) Sprachliche Übung

Situation:
Für Herrn Nilweg, der aus dem Betrieb ausscheidet, hat der Chef einige Notizen zusammengestellt.

Schreiben Sie aus den Notizen einen zusammenhängenden Text.
Setzen Sie – wo notwendig – einen Bindestrich, Schrägstrich oder schreiben Sie zusammen.
- Bei uns zuerst Kfz Mechaniker
- Bis Oktober 2004 im Pkw Reparatur Bereich beschäftigt
- Vertrat im November Dezember Geschäft den Abt. Leiter
- Vertrat den Leiter des Ersatzteileein und ausgangs
- Fachmann für die Reparatur von 70 kW Motoren
- Wechselt in einen großen Do it yourself Markt
- 3 jährige Berufserfahrung
- 100 prozentig zuverlässig

Kompetenzbereich 23 . Sich bewerben

Das Vorstellungsgespräch

1) a) Berichten Sie, welche Erfahrungen Sie mit der Kleiderauswahl beim Vorstellungsgespräch gemacht haben.
b) Erläutern Sie, wie man sich Ihrer Meinung nach zu einem Vorstellungstermin kleiden sollte.

2) Der erste Eindruck ist oftmals entscheidend, denn im Vorstellungsgespräch will die Interviewerin/der Interviewer seine Informationen, die sie/er durch die Bewerbungsunterlagen und manchmal auch Tests vorliegen hat, durch einen persönlichen Eindruck von der Bewerberin/vom Bewerber ergänzen.

Situation:
Sie sind zu einem Vorstellungstermin eingeladen.

Beschreiben Sie, worauf Sie besonders achten würden (z. B. Erscheinungsbild, Auftreten, Sprache und Ausdruck), wenn Sie
a) zu einem Dienstleistungsunternehmen mit Kundenkontakt,
b) einem Forschungsunternehmen mit Laborbetrieb,
c) einer Werbeagentur eingeladen werden.

3) Neben der Beurteilung der äußeren Erscheinung, dem Auftreten und den Umgangsformen der Bewerberin/des Bewerbers will sich die zukünftige Arbeitgeberin/der zukünftige Arbeitgeber besonders über den Grad der Teamfähigkeit, die Auffassungsgabe, das sprachliche Ausdrucksvermögen und das zu erwartende Arbeitsverhalten insgesamt informieren (Schwerpunkte branchenspezifisch verschieden).

Dazu werden oft harmlos anmutende Fragen gestellt.

Notieren Sie für die Auswahlfragen (siehe Kompetenzbox), was die Fragerin/der Frager wirklich wissen möchte.

Beispiel:
Vorstellungsgespräch zur Vergabe eines Ausbildungsplatzes

– *Warum bewerben Sie sich gerade für den Beruf des/der …?*

Hintergrund: positive Motivation/Interessenlage überprüfen

Kompetenzbereich 23 . Sich bewerben

4 Notieren Sie mindestens fünf Fragen, die eine Bewerberin/ein Bewerber stellen sollte, wenn ihr/ihm die Möglichkeit dazu gegeben wird.

5 Sprachliche Übung

Ersetzen Sie negative Ausdrücke (z. B.: „In Mathematik war ich schlecht.") durch wahrheitsgetreue, aber positiver klingende Ausdrücke (z. B.: „In Mathematik war ich nicht herausragend.")

A Was die praktische Seite anbelangt – habe ich zwei linke Hände.

B Von April bis Oktober gammelte ich in der Gegend herum.

C Schriftliche Arbeiten liegen mir gar nicht.

D Von Buchhaltung habe ich noch nie etwas verstanden.

E Ich habe wohl EDV-Unterricht gehabt, aber das Gelernte habe ich längst wieder vergessen.

F Von dem Analyseverfahren habe ich schon mal gehört, aber das ist auch schon alles.

G Reden gelernt hat man in dem Rhetorikkurs nicht.

Kompetenzbox

Auswahlfragen bei Vorstellungsgesprächen

A Warum bewerben Sie sich bei unserer Firma?
B Was interessiert Sie an dieser Stelle?
C Welche weiteren beruflichen Pläne haben Sie?
D Wer gab den Anstoß zu Ihrer Bewerbung?
E Welche Fächer lagen Ihnen in der Schule am meisten?
F Mit welchen Schulnoten sind Sie nicht zufrieden?
G Wie sind Sie mit Ihren Lehrerinnen und Lehrern ausgekommen?
H Welche besonderen Fähigkeiten/Fertigkeiten haben Sie außer den im Lebenslauf genannten?
I Was sagt Ihre Partnerin/Ihr Partner zu Ihrer Bewerbung bei unserer Firma?
J Haben Sie noch Anschluss an die Familie oder gehen Sie eigene Wege?
K Verfolgen Sie das Zeitgeschehen?
L Was ist Ihre größte Schwäche?
M Welche Erwartungen haben Sie an Ihre zukünftigen Kolleginnen und Kollegen und an Ihre Vorgesetzten?
N Warum sollten gerade Sie die Stelle bei uns bekommen?

6 Ein Vorstellungsgespräch läuft in der Regel nach einem bestimmten Grundmuster ab, das jedoch je nach Gesprächsführung/Branche variieren kann. Es kann zwischen 20 und 30 Minuten dauern.

Bringen Sie folgende Schritte des Vorstellungsgesprächs in eine sinnvolle Reihenfolge. Begründen Sie Ihren Ablaufvorschlag.

Fragen der Bewerberin/des Bewerbers – Informationen für die Bewerberin/den Bewerber – Abschluss und Verabschiedung – Begrüßung und Einleitung des Gesprächs– Bewerbungsgründe/Berufswahl – Spezielle Prüfungsfragen – Persönlicher, familiärer, sozialer Hintergrund – Schule, Ausbildung und Tätigkeiten

193

Projektbörse   Sich bewerben

1. Rollenspiel Bewerbungsgespräch

Suchen Sie für ein Bewerbungsgespräch eine geeignete Stellenanzeige aus.
- Bilden Sie eine Gruppe, die das Bewerbungsgespräch führt, und eine Beobachtergruppe, die ihre Eindrücke notiert.
- Nehmen Sie das Bewerbungsgespräch zusätzlich auf Video auf.
- Werten Sie das Rollenspiel anhand Ihrer Aufschriebe gemeinsam aus und überprüfen Sie Ihre Beobachtungen mit der Videoaufzeichnung.
- Erstellen Sie eine Checkliste mit Tipps für das Bewerbungsgespräch.

2. Beratung

Wählen Sie Betriebe unterschiedlicher Branchen aus.
- Beraten Sie die Bewerber/innen und die Vertreter/innen der Unternehmen bei der Bewerbung (Stil, Inhalt und Gestaltung) und beim Vorstellungsgespräch (Vorbereitung, Auftreten, Kleidung).
- Visualisieren Sie die Inhalte Ihrer Beratung und präsentieren Sie Ihre Ergebnisse.

Literatur
Epische Texte

Kurzgeschichten

Antonio Skármeta
Hochzeit

Im U-Bahn-Waggon staute sich die Hitze und der Junge, der am einzigen offenen Fenster saß, hielt seine Arme hinter dem Rücken verschränkt und tat, als studiere er eines der Werbeplakate.

Das Mädchen, völlig verblüfft, fand erst einige Zeit später die Sprache wieder.

„Geben Sie mir meinen Schuh zurück", zischte sie.

Der Junge sah beiläufig zu ihr hin, runzelte die Stirn, machte die Beine breit um ein besseres Gleichgewicht zu haben und wandte sich mit ernster Miene wieder dem Plakat zu.

„Bitte!", sagte das Mädchen jetzt etwas lauter, „Haben Sie die Güte mir meinen Schuh zurückzugeben."

Sie ist wirklich eine Schönheit, dachte der Junge. Wenn sie mich mit diesen halb geöffneten Lippen noch einmal anspricht, schwöre ich, dass ich meine Finger in ihr Haar vergraben, ihren Nacken küssen, meine Zunge zwischen ihre Lippen drücken und auf der Stelle tot an ihrer Brust niedersinken werde.

„Bitte!", wiederholte das Mädchen. „Meinen Schuh!"

„Welchen Schuh?" Die beiden deutschen Worte rollten wie Felsbrocken zwischen seinen Zähnen hervor.

„Wie, welchen Schuh! *Meinen* Schuh natürlich. Was denken Sie denn?"

Mein Gott, was soll ich nur tun, dachte er. Entweder hat mich die Einsamkeit total verrückt gemacht und ich träume dies alles nur oder ich habe mich wirklich und wahrhaftig in diese Frau verliebt. Er dachte, wenn sie jetzt einen Polizisten rufen und dieser den Lackschuh in der linken Hand hinter seinem Rücken finden würde, dann würde der ohnehin schon verschlungene Behördenweg seines Asylantrags mit Sicherheit in einer Sackgasse enden.

„Ich weiß nicht, was Sie meinen", sagte er zerknirscht.

„Das ist doch wohl eindeutig, was ich meine", fuhr sie auf und stampfte mit dem unbeschuhten Fuß auf den Boden des Abteils. „Ich spreche von einem Ding, das Schuh heißt, einem Ding aus Leder, das man anzieht und mit dem man gehen kann."

Er glaubte die Worte zu verstehen, jede einzelne Silbe kam wie ein kleiner polierter Edelstein zwischen ihren explodierenden Zähnen und ihrer Zunge, deren feuchte Wärme er ahnte ohne sie erst mit seinen Lippen berühren zu müssen. Hätte mein Deutsch nur ein Fünftel von deiner Glut, dann ließe ich diesen Zug vor lauter Poesie in die Lüfte entschweben und wir feierten Hochzeit inmitten der Vögel und Wolken, meine Geliebte, dachte er auf Spanisch.

„Meinen Schuh! Geben Sie mir meinen Schuh zurück, Sie unverschämter Kerl!"

Er schob den Schuh unbemerkt in seine hintere Hosentasche, zeigte seine jetzt leeren Hände unschuldsvoll vor, betrachtete seine Handflächen, als wolle er sagen, hier nichts drin und da nichts drin, und hob sie gen Himmel, den Allerhöchsten um Nachsicht für die Verleumdung bittend, deren Opfer er geworden war. Dann ließ er eine Hand wieder sinken und kam, unfähig irgendetwas in irgendeiner Sprache zu sagen, zu dem Schluss, dass das Ausdrucksstärkste, was er bringen könne, eine Mischung aus Kopfnicken und Lächeln sei. Er tat beides. Doch ein Lächeln ohne Gegenlächeln konnte er nicht lange durchhalten und schon nach wenigen Sekunden hatte er das Gefühl, mit seinem zwanghaften Grinsen idiotisch auszusehen. Das Mädchen wippte ungeduldig mit dem unbeschuhten Fuß und sah sich, vielleicht auf der Suche nach Beistand, zum ersten Mal im Abteil um. Der Wagen war jedoch leer wie ein Fußballstadion an einem Werktag. Der nervöse Rhythmus ihres Fußes erschien ihm wie ein Tanz. Er musste den plötzlichen Wunsch unterdrücken niederzuknien, den Fuß wie einen verletzten Vogel zärtlich in seine Hände zu nehmen, mit brennender Wange die Ferse zu liebkosen und inbrünstig den kleinen Zeh zu küssen, der der Einzige war, auf dem ein Tröpfchen rot glänzenden Lacks leuchtete.

Mit einer brüsken Kopfwendung starrte sie in den U-Bahn-Schacht hinaus und der Junge befürchtete, sie könne an der nächsten Station aussteigen, mit hochmütiger Geste ihren Schuh dem unverschämten Fremden überlassen und wundervoll hinkend über den Bahnsteig entschwinden, während ihr Schuh in seinen Händen dahinschmölze wie eine Opferkerze in der Kirche. Wenn er sie nicht verlieren wollte, musste er sprechen. Er musste ein deutsches Wort herausbringen; um jeden Preis.

Heiliger Schutzengel, steh mir bei, dachte er. Wenn mir die Sprache versagt oder eine Unbesonnenheit herauskommt, werde ich sie für immer verlieren. Mach, dass ich liebenswürdig bin, verführerisch und klug. Verlass mich nicht, mein heiliger Scheißengel. Lass das Deutsch glöckchenhell über meine Lippen sprudeln, wie die Wasser eines Quells so anmutig sich über meine Zunge ergießen, dass Goethes Sonette dagegen hinken und Bruno Ganz vor Neid erblasst, mach, dass sie mich mit diesem Stück barfüßiger Sonne nicht ins Gesicht tritt.

Dann überspielte der Junge seine Angst, kniete vor ihr nieder, hob traurig seinen Blick, versenkte ihn in ihre Augen, lächelte sie verzweifelt an und versuchte, es ihr zu sagen. Das Mädchen wies sein Lächeln auch diesmal zurück, rutschte auf ihrem Sitz zur Seite, schlug das rechte Bein über das linke, kam dabei mit ihren Brüsten ein paar Zentimeter näher an den Jungen heran und streifte vielleicht unabsichtlich mit einer Hand sein Haar. Der Junge hätte diesen Ausrutscher gern als Liebkosung verstanden und obwohl seine Schläfen glühten und seine Augen feucht waren, hielt er die Tränen zurück und zog einmal kräftig alles hoch, was ihm in der Nase saß.

Ich muss wenigstens ihren Namen wissen, dachte er. Bevor ich ihre bleichen Wangen streicheln kann, muss ich wissen, wie sie heißt. Aber sie wird mir ihren Namen niemals sagen. Ihn in meiner Anwesenheit auszusprechen heißt für sie sicher ihn zu entwerten, ihn zu verraten, ihn zu verschenken. Wenn mir die Worte doch nur so kämen wie die Tauben und Kaninchen aus den Zylindern der Zauberer, wie die Schlangen aus den Körben der Schlangenbeschwörer, wie die rostfreien Klingen aus den schäbigen Koffern der Straßenhändler oder wie der Schaum auf den heimatlichen Wellen von Antofagasta. Wäre ich doch nur Tänzer, witzig, wortgewaltig oder wenigstens Scharlatan! Die Sache ist einfach, würde ich mit einem verschwörerisch bestrickenden Lächeln sagen. Ihnen fehlt ganz offensichtlich ein Schuh. Hätten Sie zwei, würde Ihnen nichts fehlen, denn normalerweise trägt man zwei Schuhe gleichzeitig und geht nicht teilweise unbeschuht, wie das bei Ihnen der Fall ist. Sehen Sie sich zum Beispiel die Füße an, die meinen Körper tragen, und zählen Sie die Zahl der Schuhe, in denen ich mich fortbewege ohne davon viel Aufhebens zu machen, einen und zwei, das ist es, was sich gehört. Alle Welt wird Ihnen das bestätigen. Leute wie Sie mit nur einem Schuh sind überaus merkwürdig.

Das geht alles schief, dachte er aber gleich darauf. Das war eine zu gewagte Nummer. Das hätte ich nicht tun dürfen; nicht einmal denken. Jetzt wird sie ihren zweiten Schuh ausziehen, ihn mir über den Kopf hauen und mir als einziges Andenken eine Gehirnerschütterung hinterlassen. Und der Zug wird gleich am Südstern halten, die Türen werden aufgehen. Wahrscheinlich wird ein Haufen Schüler hereingestürmt kommen und eine griesgrämige Alte mich beim Schaffner anzeigen. Er faltete seine Hände im Schoß und dachte an einen Kinderreim aus früheren Tagen: „Eins, zwei, drei, vier, was kann ich dafür. Ich bin so verliebt, jetzt hab ich's versiebt."

Die Türen des Zuges schlossen sich wieder, niemand war zugestiegen, der Aufsichtsbeamte rief: „Zurückbleiben!", und das Mädchen forderte mit wortloser Geste die Rückgabe ihres Schuhs. Er sah sie mitleidsvoll an, aber auch ein Stück verliebter noch als zuvor. Erleichtert fühlte er den kühlen Luftzug, der aus dem Tunnel kam und ihm die Schweißtröpfchen in den Wimpern trocknete.

„Jetzt hören Sie mir mal gut zu", sagte sie schneidend.

„Ja, mein Liebling", antwortete er schweigend.

„Ich möchte, dass Sie mir jetzt meinen Schuh zurückgeben. Ist Ihnen nicht klar, dass es eine Gemeinheit ist, den Leuten die Schuhe zu stehlen?"

„Was soll ich dazu sagen?", brachte er auf Deutsch heraus. Ich bin ganz Ihrer Meinung. Den Leuten die

Literatur . Epische Texte

Schuhe zu stehlen ist überhaupt nicht fein. Soll ich Ihnen sagen, was ich von Leuten halte, die Schuhe stehlen? Diebe sind das! Und soll ich Ihnen sagen, was ich außerdem glaube? Dass wir miteinander glücklich werden, das glaube ich. An deiner Station steigen wir aus. Bis dahin weiß ich schon, in welchem Viertel von Berlin du geboren bist, wie dein Vater heißt, mein lieber Schwiegervater, und deine Mutter, mein Schwiegermütterchen, und deine Schwester, meine kleine feine Schwägerin. Ich werde heute die Zimmermiete nicht bezahlen. Wir gehen in einen Plattenladen und kaufen eine Schallplatte und ich werde hinter dir stehen und dich küssen, während du eine Musik aussuchst, die Musik, die dir gefällt, irgendeine Musik, jede Musik ist gut, ist fantastisch. Ich lasse dich meine Wärme spüren, blase dir meinen Atem ins Ohr, während du dir die Titel durchliest, und streife wie zufällig über deine Brüste, wofür ich mich nicht mehr entschuldigen muss, da du mir wenigstens einmal schon mit der Hand in mein Hemd gefahren bist. Willst du wirklich wissen, was ich denke? Ich denke, dass ich meine Nase in deinen Nabel versenken werde, auf ihr wie ein Drehkreuz um deinen ganzen Körper kreisen werde, ein Jahrhundert meines Lebens werde ich in den Abgrund stoßen, und deinen Geruch in mich hineinsaugend werde ich dich mit den schönsten aller Namen taufen, wenn wir morgen früh im rosaroten Bad des Hotels uns duschen und uns mit rauen Kehlen und trockenen Mündern küssen und halb nackt auf den Balkon hinaustreten um unsere Körper im Licht des neuen Tages zu betrachten. Ich werde nicht zur Arbeit gehen. Was also soll ich jetzt tun mit deinem Schuh? Soll ich ihn vor deinen Augen verspeisen zum Zeichen meiner Liebe?, hätte er ihr gesagt.

„Sie brauchen mir gar nichts zu sagen. Sie sollen mir nur meinen Schuh zurückgeben. Nur weil Sie Ihre beiden Schuhe noch an den Füßen haben und daher keine Erkältung zu fürchten brauchen, glauben Sie wohl spaßig sein zu können."

Da stand der Junge auf, aus seinem Gedankenflug gerissen, da aus seiner Liebe eine Frage von Viren und Mikrobenkulturen gemacht worden war, setzte sich niedergeschlagen an ihre Seite, näherte seine Lippen nach einer Sekunde des Zögerns ihrem Ohr und seine Zähne klapperten vor Aufregung, als hätte er sie gerade geküsst.

„Verstehe", sagte er.

Er bückte sich, löste die Bänder seines linken Schuhs,

zog ihn aus und gab ihn dem Mädchen ohne eine Miene dabei zu verziehen. Sie nahm ihn leise lächelnd entgegen und fuhr mit ihrer Hand so behutsam über das Leder, dass er glauben wollte, sie streichele ihn.

„Meine Prinzessin!", schrie er auf Spanisch.

Das Mädchen horchte misstrauisch auf die unverständlichen Töne, deutete mit hochgezogenen Schultern an, dass sie nicht die Bohne verstehe, hob dann den Schuh vor ihre Augen und steckte den Zeigefinger durch ein riesiges Loch in der Sohle. Dann zog sie ihn wieder heraus und sah den Jungen durch das Loch hindurch an.

Aus, dachte er verzweifelt und hätte sich am liebsten geohrfeigt. Ich habe ihr den kaputten Schuh gegeben, mein verdammtes Pech! Jetzt denkt sie, ich sei irgendein Penner oder Bauchladenverkäufer. O Scheiße, verdammte!

Er legte ihr die Hände auf die Schultern und als sie den Schuh sinken ließ und ihn mit einer erwachenden Neugier ansah, die jetzt tief drinnen ihre Verwirrung aufzulösen begann, sprach er zu ihr in seiner Sprache und betete zu allen Göttern, dass sie ihn verstehen möge.

Denk nicht, dass ich verrückt bin. Denk am besten gar nichts im Moment. Bevor du anfängst über mich nachzudenken, komm mit zu mir auf mein Zimmer. Mögen die Engel des Himmels mir nur ein einziges Jahr mit dir geben, danach kannst du von mir denken, was du willst, kannst mich auslachen, mich vernichten, dich mit einem anderen in mein Bett legen, wenn ich bei dir versage, doch jetzt gib mir die Chance dich zu erleuchten, dir zu zeigen, wozu ein hungriges Tier voller Träume und ohne Ambitionen fähig ist. Sogar in deiner Sprache zu sprechen wäre ich fähig, wenn du mir nur ein Zeichen deiner Bereitschaft gäbst mich anzuhören. Urteile nur heute nicht über mich, meine Liebste, sei rein, sei klug, lass den Schnellzug nur dieses eine Mal auf deinem Provinzbahnhof halten, wo die blauen Prinzen fliegen und die bunten Vögel zwitschern; wärme dich langsam auf, bis du in unwiderstehlichem Fieber schwimmst, versuche mich nicht zu sezieren, zu katalogisieren und in deinen Schulheften zu archivieren, in dem Tagebuch deines Lebens, als den seltsamen Jungen, der dir deinen Schuh stahl in der U-Bahn der Linie 1 nach Kreuzberg; mach aus mir keine Anekdote, die du heute Abend deiner besten Freundin am Telefon erzählst. Halte durch, bis dieses Schweigen eine Form annimmt, denn dann werde ich unverwundbar sein und du wirst mich nicht mehr vernichten wollen.

Und dann, als hätte ein himmlisches Heer tatkräftiger und wohlmeinender Engel sein Gebet erhört, lehnte das Mädchen seinen Kopf gegen die metallene Lehne der Sitzbank und forderte ihn mit halb geöffneten, Schwindel erregend feuchten Lippen auf, sie zu küssen und seine Lippen, seine wildernde Zunge berührten sie und er küsste sie und streichelte ihre Brüste durch die Bluse hindurch und sie legte ihre Arme um seinen Nacken, ihre warmen Arme, die ihn jetzt ganz bedeckten, und spräche sein Mund jetzt, so sagte er Haus, sagte Geliebte, sagte Frühstück um sieben, lachte zwischendrein aus vollem Halse, sagte Duft deiner Haare, sagte dein Körper, Liebste, in dessen Falten und Glätten er das Ende des Weges erreichte, in dessen wogendem Galopp er wieder geboren wurde wie aus einem Alptraum erwachend, nachdem er sich in der Pizzeria in der Kantstraße den Arsch aufgerissen und für ein paar Mark die Essensreste von den Tischen geräumt, lädierte Ketschupkartons in seiner Faust zerquetscht, Bier- und Chiantipfützen aufgewischt und zusammengeknüllte Servietten vom Boden aufgelesen hatte um sich dafür die Berechtigung zu erkaufen in seinem Hotelverschlag die Kakerlaken auszurotten, die allerhöchste Ehre über ein Lager mit quietschenden Sprungfedern zu verfügen, auf dem er sich ausstrecken und mit an die Wand geheftetem Blick, seine Nägel in der Matratze vergraben, unsere tägliche Einsamkeit in die himmelblaue Waschschüssel hineinkotzen konnte, die neben ihm auf dem Nachttisch stand, während die Pakistani von nebenan mit den Fingernägeln an seiner Tür kratzten und ihm durchs Schlüsselloch zuwisperten, *was ist los mit dir, Chilene?*, die fantastische Möglichkeit ein paar Holzdielen zu mieten und die in Plastikschuhen mit durchgelaufenen Sohlen zerschlissenen Socken darauf zu werfen, seine geschwollenen Füße zu betrachten, rot und heiß gelaufen von endlosen Märschen über den Asphalt des Ku'damms, das Gesicht gepeitscht vom Neonlicht, das die Straße und die Schminke der Huren auf der Potsdamer Straße belebt, ohne eine Menschenseele, ohne je eine einzige Menschenseele zu haben, nicht einmal ein zerknittertes Stück Papier in der Hosentasche mit jemandes Namen darauf, den er hätte anrufen können, absolut niemanden, dem er eine Schallplatte von Violeta Parra schenken könnte, ge-

Literatur . Epische Texte

kauft im Elektrola-Musikhaus, in dem Sophie Braun längst nicht mehr arbeitet und auch der Schauspieler aus Nixpassiert nicht mehr anzutreffen ist, der jetzt mit einem polnischen Bilderfälscher zusammen in der Zelle eines Hamburger Gefängnisses schmachtet; so weiterzumachen, immer so weiterzumachen wie jetzt, keines Vokabulars mächtig, mit dem er das Schweigen entweihen könnte, das ihm wie die Pest den Leib aufbläht, ihm verwehrt der feurige Liebhaber, der ausgelassene Junge oder revolutionäre Fremde zu sein, immer so weiterzuleben wie bisher, ohne die schlummernde Kraft seiner Stimme entwickelt zu haben um jetzt seinen Schutzengel anzurufen, dass er zurückkomme zu ihm um seinen Protest hinauszuschreien, weil er ihn vergessen und sich zwischen den Kondoren und Adlern der Anden verloren hatte, Schicksal, Glück und Unglück dabei über Schaumkronen des Pazifiks aussäend und sich schmachtend über die Trauerweiden in der Zentralebene von Chile ergießend, blind vor Tränen und vom Pulverdampf in den Straßen Santiagos, und so weiterleben zu müssen, hier, aufgeputscht von zwei Gläsern Bier im Leib, die ihn jetzt nicht mehr weiterbringen, und der Untergrundzug, der Raupenzug, der Tempelzug, der Todeszug, der Weltuntergangszug, der gleich in die Endstation einfährt, und er, der Junge mit dem Schuh in der rechten Hand hinter seinem Rücken, wird wieder die Stimme des Mädchens vernehmen, das seinen Schuh zurückverlangt, und während er noch vorgibt die Reklametafel zu lesen, wird er verzweifelt versuchen sein Spanisch in ein warmes, tiefes Deutsch zu verwandeln um ihr seinen eigenen Schuh anzubieten, als Geschenk und als Symbol der Hochzeit.

Antonio Skármeta: Hochzeit. In: Der Radfahrer von San Cristóbal/übers. von Willi Zurbrüggen. München, Zürich: Piper 1986, S. 174–185.

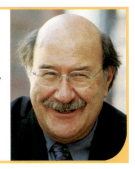

Antonio Skármeta
wurde in Chile geboren und war Dozent für Literatur. Von 1973–1989 lebte er in Berlin; von 1989–2000 in Santiago de Chile und war von 2000–2003 chilenischer Botschafter in Berlin. Er schreibt Romane, Erzählungen, Hörspiele und Drehbücher.

1. Suchen Sie einen Textausschnitt aus, formulieren Sie zu dieser Szene die Gedanken des Mädchens.

2. Lesen Sie Ihren Text vor, vergleichen Sie ihn mit den Texten der anderen.
Begründen Sie, warum in Ihrem Text das Mädchen viel oder wenig Verständnis für den Jungen hat und welche Bedeutung sie dem „Raub" des Schuhs beimisst.

3. Spielen Sie die von Ihnen ausgewählte Szene, indem Sie sie mit dem von Ihnen geschriebenen Text kombinieren.

  Anregungen

Rollentausch

Schreiben Sie zu einer der folgenden Situationen einen Text:
a) Sie wollen einen attraktiven Mann ansprechen, er reagiert nicht ...
b) Eine Frau versucht mit Ihnen Kontakt aufzunehmen, Sie reagieren nicht ...

Projekt: Multikulturelles Leben

Wenden Sie sich an einen Verein oder eine Gruppe, die sich mit Beziehungen und Ehen zwischen Partnerinnen/Partnern aus verschiedenen Kulturbereichen beschäftigt (Adressen finden Sie im Tagesanzeiger der Zeitung bzw. über die Ausländerbeauftragte/den Ausländerbeauftragten Ihrer Stadt oder Gemeinde).
Interviewen Sie Personen, die Interesse haben; nehmen Sie diese auf Video auf.
Präsentieren Sie Ihre Arbeiten im Rahmen einer Podiumsdiskussion. Laden Sie Ihre Interviewpartner, deren Familien und Freunde, aber auch Pressevertreter und andere Interessierte ein.

Charles Bukowski
Die Kneipe an der Ecke

Ich weiß nicht mehr genau, wie lange es her ist. Es muss so vor fünfzehn oder zwanzig Jahren gewesen sein. Ich saß an einem heißen Sommerabend in meiner Bude und hielt es vor Langeweile nicht mehr aus. Ich ging aus der Tür und die Straße runter. In den meisten Häusern hatten sie schon zu Abend gegessen und hockten jetzt vor dem Fernseher. An der Ecke zum Boulevard gab es auf der anderen Straßenseite eine Bar. Das Gebäude, grün und weiß gestrichen, stammte aus der Zeit, als sie noch alles aus Holz bauten. Ich ging rein.

Ich setzte mich auf einen Barhocker am hinteren Teil des Tresens, wo ich einigen Abstand zu den anderen Gästen hatte. Ich fühlte mich nicht unbehaglich, nur fehl am Platz. Ich hatte fast mein ganzes Leben in solchen Kneipen zugebracht und konnte schon längst nichts mehr an ihnen finden. Wenn ich etwas trinken wollte, besorgte ich es mir gewöhnlich im Spirituosenladen, ging damit nach Haus und trank allein. Doch wenn ich ausgehen wollte, gab es für mich nichts anderes. In der Gesellschaft, in der ich lebte, waren die meisten interessanten Orte entweder verboten oder zu teuer.

Ich bestellte eine Flasche Bier und steckte mir eine Zigarette an. Es war eine typische Stammkneipe. Jeder kannte jeden. Sie erzählten sich dreckige Witze und starrten in die Glotze. Es war nur eine einzige Frau im Lokal, schon älter, in einem schwarzen Kleid und mit einer roten Perücke. Sie trug ein Dutzend Halsketten und zündete sich immer wieder ihre Zigarette an. Langsam sehnte ich mich schon wieder in meine Bude zurück. Ich beschloss zu gehen, sobald ich mein Bier getrunken hatte.

Ein Mann kam herein und setzte sich auf den Barhocker neben mir. Ich war nicht interessiert und schaute nicht hin, aber an seiner Stimme hörte ich, dass er ungefähr in meinem Alter sein musste. Sie kannten ihn in der Bar. Einige Stammgäste begrüßten ihn und der Mann hinterm Tresen redete ihn mit dem Vornamen an. Drei oder vier Minuten saß er schweigend neben

mir und trank sein Bier. Dann sagte er: „Tag, wie läuft's denn so?"
„Kann nicht klagen."
„Neu in der Gegend?"
„Nein."
„Ich hab Sie hier noch nie gesehen."
Dazu sagte ich nichts.
„Sind Sie aus Los Angeles?"
„Hauptsächlich, ja."
„Meinen Sie, die Dodgers schaffen es dieses Jahr?"
„Nein."
„Sie halten nichts von den Dodgers?"
„Nein."
„Für welche Mannschaft sind Sie?"
„Gar keine. Baseball gibt mir nichts."
„Was denn dann?"
„Boxen, Stierkampf."
„Stierkampf ist grausam."
„Ja, wenn man verliert, ist alles grausam."
„Aber der Stier hat nicht die geringste Chance."
„Haben wir doch alle nicht."
„Sie sind ja verdammt negativ eingestellt. Glauben Sie an Gott?"
„Nicht Ihre Sorte von Gott."
„Welche dann?"
„Ich bin mir nicht sicher."
„Ich geh schon in die Kirche, seit ich denken kann."
Ich schwieg.
„Kann ich Sie zu einem Bier einladen?", fragte er.
„Klar."
Er bestellte zwei. Als sie kamen, fragte er: „Haben Sie heute Zeitung gelesen?"
„Ja."
„Haben Sie das von den fünfzig kleinen Mädchen gelesen, die in dem Waisenhaus in Boston verbrannt sind?"
„Ja."
„War das nicht entsetzlich?"
„Vermutlich ja."
„Sie vermuten es?"
„Ja."
„Wissen Sie's denn nicht genau?"
„Wenn ich dabei gewesen wäre, hätte ich wahrscheinlich mein Leben lang Alpträume. Aber wenn man es nur in der Zeitung liest, ist es was anderes."
„Tun Ihnen diese fünfzig kleinen Mädchen nicht Leid, die da verbrannt sind? Sie haben aus den Fenstern gehangen und geschrien."

„Wird schon schlimm gewesen sein, nehme ich an. Aber für mich war's nur eine Schlagzeile, verstehen Sie, eine Zeitungsmeldung. Ich hab mir nicht viel dabei gedacht und hab die Seite umgeblättert."
„Sie meinen, Sie haben nichts dabei empfunden?"
„Nein, eigentlich nicht."

Er trank einen Schluck und saß einen Moment schweigend da. Auf einmal brüllte er los: *„Hey, dieser Mensch sagt, es hat ihn ganz kalt gelassen, als er das von den fünfzig kleinen Waisen gelesen hat, die bei dem Brand in Boston umgekommen sind!"*

Alle schauten zu mir her. Ich starrte auf meine Zigarette. Eine Minute herrschte Schweigen. Dann sagte die Frau mit der roten Perücke: „Wenn ich ein Mann wäre, würd' ich ihn die ganze Straße rauf- und runterprügeln."

„An Gott glaubt er auch nicht!", sagte der Kerl neben mir.

„Er hasst Baseball. Er findet Stierkämpfe toll und es macht ihm Spaß, wenn kleine Waisenkinder in Flammen aufgehn!"

Ich bestellte mir beim Barkeeper noch ein Bier. Er schob mir die Flasche angewidert hin. Schräg hinter mir spielten zwei junge Burschen eine Partie Billard. Der Jüngere, ein großer, kräftiger Kerl in einem weißen T-Shirt, legte seinen Stecken weg und kam zu mir her. Er blieb hinter mir stehen, holte Luft und pumpte seine Brust auf.

„Das ist ne anständige Kneipe hier. Wir dulden keine Arschlöcher hier drin. Wir treten sie in den Arsch und schlagen sie zusammen, dass ihnen die Scheiße aus den Ohren kommt!"

Ich spürte ihn hinter mir. Ich hob meine Bierflasche, goss mir das Glas voll, trank es aus und zündete mir eine Zigarette an. Meine Hand blieb vollkommen ruhig. Er blieb noch eine Weile stehen, dann ging er zurück zum Billardtisch. Der Mann neben mir rutschte von seinem Barhocker herunter und setzte sich nach vorn zu den anderen. „Der Hundsknochen ist verbiestert", hörte ich ihn sagen. „Er hat auf alle einen Hass."

„So reden Typen wie dieser Hitler", sagte jemand.
„Widerlich, diese Scheißer."

Literatur . Epische Texte

130 Ich trank mein Bier und bestellte mir noch eins. Die beiden jungen Burschen spielten weiter Billard. Einige Leute gingen und die Bemerkungen über mich flauten ab. Nur die Frau mit der roten Perücke ließ nicht locker. Sie wurde immer betrunkener.

135 „Drecksack ... ein richtiger Drecksack bist du! Du stinkst wie ein Misthaufen! Ich wette, du hasst auch dein Land, nicht? Dein Land und deine Mutter und alles. Ah, ich kenn euch Typen! Drecksäcke seid ihr! Miese, feige Drecksäcke!"

140 Gegen halb zwei ging sie schließlich. Einer der beiden Billardspieler ging auch. Der Bursche in dem weißen T-Shirt setzte sich ans andere Ende der Bar und unterhielt sich mit dem Mann, der mir ein Bierchen spendiert hatte. Fünf vor zwei stand ich langsam auf
145 und ging raus.

Niemand folgte mir. Ich verlief mich auf dem Boulevard, kehrte um, bog in meine Seitenstraße ein. In den Häusern und Mietwohnungen brannte kein Licht mehr. Ich fand den alten Bungalow, in dem ich zur
150 Miete wohnte, schloss meine Tür auf und ging hinein. Im Kühlschrank stand noch eine Flasche Bier. Ich machte sie auf und trank sie aus.

Dann zog ich mich aus, ging ins Badezimmer, pinkelte, putzte mir die Zähne, knipste das Licht aus,
155 ging rüber zum Bett, legte mich rein und schlief.

Charles Bukowski: Die Kneipe an der Ecke.
In: Hot water music. Erzählungen. Dt. von Carl Weissner.
München: Dt. Taschenbuch-Verl. 1993, S. 202–206.

Charles Bukowski, geboren 1920 in Andernach, schrieb über 30 Bücher – Erzählungen, Romane und Gedichte –, die in viele Sprachen übersetzt wurden; u.a. den autobiografischen Roman „Das Schlimmste kommt noch oder Fast eine Jugend". Er starb 1994 in Kalifornien.

1) Stellen Sie die Szene in der Kneipe in einem Rollenspiel dar. Bilden Sie dazu verschiedene Gruppen.
Legen Sie in der Gruppe fest, welche Textstellen Sie vortragen wollen.

2) Vergleichen Sie die verschiedenen Darstellungen unter den folgenden Fragestellungen:
   a) Wie wird der Text Bukowskis variiert?
   b) In welcher Situation findet das Gespräch statt?
   c) Über welche Themen wird gesprochen, über welche nicht?
   d) Wie verläuft der Dialog?
   e) Zu welchem Zweck unterhalten sich die beiden?

3) Beurteilen Sie den Schluss des Textes.

Anregung

Kneipenszenen

Stellen Sie erlebte oder fiktive Situationen mit einem Comic dar.

Fredric Brown
Fisch-Story

Robert Palmer lernte seine Meerjungfrau eines Nachts um Mitternacht an der Ozeanküste kennen, irgendwo zwischen Cape Cod und Miami. Er wohnte bei Freunden, aber er war noch nicht schläfrig gewesen, als sie sich zurückzogen, und hatte sich auf einen Spaziergang begeben den hell vom Mond erleuchteten Strand entlang. Er kam eben um eine Biegung der Küste: Da war sie, saß auf einem in den Sand eingebetteten Baumstamm und kämmte sich ihr schönes, langes schwarzes Haar.

Robert wusste natürlich, dass es Meerjungfrauen in Wirklichkeit gar nicht gibt – aber, existent oder nicht, sie war eben da. Er ging näher an sie heran und als er nur mehr ein paar Schritte von ihr entfernt war, räusperte er sich.

Mit einer erschrockenen Bewegung warf sie ihr Haar zurück, das ihr Gesicht und ihre Brüste verborgen hatte, und er sah, dass sie schöner war, als er das je in Bezug auf irgendein Wesen für denkbar gehalten hätte.

Sie starrte ihn an und ihre tiefblauen Augen waren zuerst ganz groß vor Angst. Dann fragte sie ihn: „Bist du ein Mann?"

Robert hegte in diesem Punkt keine Zweifel: Er versicherte ihr, er wäre einer. Die Furcht verschwand aus ihren Augen und sie lächelte: „Ich habe zwar schon von Männern gehört, bin aber niemals einem begegnet." Sie bedeutete ihm sich neben sie auf den Baumstamm im Sand zu setzen. Robert zögerte nicht. Er setzte sich und sie redeten und redeten und nach einer Weile stahl sich sein Arm um sie. Als sie schließlich erklärte, sie müsse jetzt ins Meer zurück, gab er ihr einen Gutenachtkuss und sie versprach ihm sich zur kommenden Mitternacht wieder mit ihm zu treffen. Er ging in einer Wolke von Glück zum Haus seiner Freunde zurück. Er war verliebt. Sie kamen drei Nächte hintereinander zusammen und in der dritten Nacht sagte er ihr, dass er sie liebte, dass er sie gern heiraten würde – aber dass es da eine Schwierigkeit gab.

„Ich liebe dich auch, Robert. Und die Schwierigkeit, an die du denkst, ist zu lösen. Ich werde einen Triton kommen lassen."

„Triton? Mir kommt vor, ich kenne das Wort, indessen –"

„Einen Meeresgeist. Er besitzt magische Kräfte und kann uns alles so verwandeln, dass wir heiraten können. Dann wird er uns trauen. Kannst du gut schwimmen? Wir müssen nämlich zu ihm hinausschwimmen. Tritonen kommen niemals ganz an die Küste."

Er versicherte ihr, dass er ein ausgezeichneter Schwimmer sei, und sie versprach ihm, dass der Triton in der kommenden Nacht da sein werde.

Auf dem Rückweg zum Haus seiner Freunde befand er sich in einem Zustand der Ekstase. Er wusste nun zwar nicht, ob der Triton seine Angebetete in ein menschliches Wesen verwandeln würde oder aber ihn

selbst in einen Meermann, aber es war ihm einerlei. Er war so verrückt nach ihr, dass er – solange sie nur dasselbe wurden und heiraten konnten – nicht danach fragte, in welcher Form das geschah.

Sie erwartete ihn in der nächsten – ihrer Hochzeitsnacht. „Setz dich", sagte sie zu ihm. „Der Triton wird in sein Muschelhorn blasen, wenn er da ist."

Sie saßen eng umschlungen, bis sie den Ton eines Muschelhorns vernahmen, das weit draußen auf dem Wasser geblasen wurde. Robert legte rasch seine Kleider ab und trug die Meerjungfrau ins Wasser; sie schwammen hinaus, bis sie beim Triton anlangten. Robert trat Wasser, während der Triton sie fragte: „Ist es euer Wunsch, ehelich vereint zu werden?"

Sie hauchten beide ein glühendes „Ja".

„Dann", sagte der Triton, „erkläre ich euch zu Meermann und Meerfrau." Und Robert entdeckte plötzlich, dass er nicht länger Wasser trat: Ein paar Bewegungen eines starken, muskulösen Fischschwanzes hielten ihn mit Leichtigkeit an der Oberfläche. Der Triton blies ohrenbetäubend auf diese kurze Distanz auf seinem Muschelhorn einen Ton und schwamm davon.

Robert schwamm an die Seite seiner Frau und umarmte und küsste sie. Aber irgendetwas stimmt nicht: Der Kuss war zwar angenehm, aber nicht wirklich erregend. Er verursachte ihm nicht jenen Aufruhr in den Lenden, den er verspürt hatte, als er sie am Strand küsste. Tatsächlich hatte er ja, wurde ihm plötzlich bewusst, keine feststellbaren Lenden mehr. Aber wie –?

„Uns fortpflanzen? Das ist einfach, Liebling, und nicht so unsauber, wie es die Landgeschöpfe machen. Siehst du, Meerjungfrauen sind zwar Säuger, aber Eier legende. Ich lege ein Ei, wenn die Zeit kommt und wenn unser Meerkind schlüpft, stille ich es und zieh' es auf. Deine Rolle –"

„Ja?", fragte Robert ängstlich.

„Wie die anderen Fische, mein Teurer. Du schwimmst einfach über das Ei und befruchtest es. Da ist nichts dabei."

Robert stöhnte auf, ließ, im plötzlichen Entschluss sich zu ersäufen, seine Braut los und strebte dem Meeresgrund zu.

Aber natürlich hatte er Kiemen und ertrank keineswegs.

Fredric Brown: Fisch-Story. In: Flitterwochen in der Hölle/aus d. Amerikanischen von B. A. Egger. Zürich: Diogenes 1979, S. 329–331.

Fredric Brown,
geboren 1906 in Cincinnati/USA, war als Journalist, später als freier Schriftsteller tätig. Er starb 1972.

1) Schreiben Sie die „Fisch-Story" um: Roberta Palmer lernte ihren „Meermann" eines Nachts an der Ozeanküste kennen …

2) a) Berichten Sie, in welchen Punkten sich Ihre Texte vom Ursprungstext unterscheiden.
   b) Untersuchen Sie hierzu z. B., wie die Figuren dargestellt sind, welches Rollenverhalten sie zeigen, welche Bedeutung Sexualität hat, wo fantastische, wo realistische Textelemente gebraucht werden, wie der Schluss jeweils gestaltet ist …

Anregung

Collage
Gestalten Sie zu dieser Geschichte ein „Stoffbild". Verwenden Sie hierzu verschiedene Materialien, z. B. Sand, Textilien, Muscheln …

Literatur . Epische Texte

Herta Müller
Arbeitstag

Morgens halb sechs. Der Wecker läutet.
Ich stehe auf, ziehe mein Kleid aus, lege es aufs Kissen, ziehe meinen Pyjama an, gehe in die Küche, steige in die Badewanne, nehme das Handtuch, wasche damit mein Gesicht, nehme den Kamm, trockne mich damit ab, nehme die Zahnbürste, kämme mich damit, nehme den Badeschwamm, putze mir damit die Zähne. Dann gehe ich ins Badezimmer, esse eine Scheibe Tee und trinke eine Tasse Brot.
Ich lege meine Armbanduhr und die Ringe ab.
Ich ziehe meine Schuhe aus.
Ich gehe ins Stiegenhaus, dann öffne ich die Wohnungstür.
Ich fahre mit dem Lift vom fünften in den ersten Stock.
Dann steige ich neun Treppen hoch und bin auf der Straße.
Im Lebensmittelladen kaufe ich mir eine Zeitung, dann gehe ich bis zur Haltestelle und kaufe mir Kipfel und am Zeitungskiosk angelangt, steige ich in die Straßenbahn.
Drei Haltestellen vor dem Einsteigen steige ich aus. Ich erwidere den Gruß des Pförtners, dann grüßt der Pfört-

ner und meint, es ist wieder mal Montag, und wieder mal ist eine Woche zu Ende.

Ich trete ins Büro, sage Auf Wiedersehen, hänge meine Jacke an den Schreibtisch, setze mich an den Kleiderständer und beginne zu arbeiten. Ich arbeite acht Stunden.

Herta Müller: Arbeitstag. In: Niederungen.
Berlin: Rotbuch-Verl. 1988, S. 142.

1) Erzählen Sie selbst eine Geschichte, die ähnlich konstruiert ist wie der vorliegende Text. Sie können entweder dieselbe Überschrift verwenden oder eine andere, z. B. Sommertag, Schultag, Urlaubstag …

2) Schreiben Sie Ihre Geschichte oder den Text von Herta Müller als Endlosgeschichte, indem Sie den Schluss weglassen, wieder zum Erzählanfang zurückkehren und von vorne beginnen usw. Variieren Sie dabei den Text.

Herta Müller
wurde 1953 in Rumänien geboren. Sie arbeitete als Übersetzerin und Deutschlehrerin, musste aus politischen Gründen ihren Beruf aufgeben. 1987 konnte sie ausreisen. Sie lebt heute in Berlin und erhielt für ihre Werke mehrere Literaturpreise.

 **Anregung**

Pantomime

Stellen Sie Ihre Texte spielerisch ohne Sprache dar, nur mit Gestik und Mienenspiel.
Sie können Ihr Gesicht dazu weiß schminken, weiße Handschuhe benutzen, Augen und Augenbrauen mit Schwarz betonen usw.
Nehmen Sie die Spielszene mit einer Videokamera auf.

Literatur . Epische Texte

Christoph Hein
Frank, eine Kindheit mit Vätern

Franks Urgroßvater war Pächter eines Bauernhofes in Mehrow bei Berlin. Aufgewachsen als Kind eines Tagelöhners, war es sein ganzes Bestreben, den Sohn studieren zu lassen, damit dieser ein leichteres Leben führen könne als sein Vater. Er hoffte, dass der Sohn die geistliche Laufbahn einschlagen werde. Den Zwölfjährigen schickte er in eine Internatsschule in Charlottenburg. Er arbeitete mit seiner Frau täglich, werktags wie sonntags, zwölf Stunden um die Schulkosten aufbringen zu können. Als er 1916 in Frankreich fiel, musste der Sohn das Gymnasium verlassen, wurde Postbote, Volontär einer Berliner Tageszeitung und später Makler an der Börse. Wegen Unterschlagungen kam er für vier Jahre ins Zuchthaus. Er war vierzig Jahre alt, als er heiratete.

Gemeinsam mit der Frau führte er, der spätere Großvater Franks, eine Kellerdrogerie in der Bergstraße mit einer Heißmangel im Hinterzimmer. Sein Traum war es, den Sohn in Amerika ausbilden zu lassen, um aus ihm einen jener sagenumwobenen Pioniere der Technik zu machen, von denen die Zeitschriften und Magazine achtungsvoll berichteten, sie seien sensibel wie die alten europäischen Poeten und ihre Gehirne arbeiteten mit der Exaktheit großer Rechenmaschinen. Nach der Aufteilung Berlins unter die Siegermächte ließ Franks Großvater seinen Sohn im amerikanischen Sektor zur Schule gehen. Ein Zufall machte ihn mit einem jungen Amerikaner bekannt, der sich ihm vorstellte als Professor der Harvard University, Inhaber eines Lehrstuhls für Raumfahrtphysik. Das Angebot des Professors, der die deutschen Ingenieure in den Vereinigten Staaten das Rückgrat der technischen Überlegenheit Amerikas nannte und bereit war den Sohn an seinem Lehrstuhl auszubilden, nahm er dankbar und erfreut an und übergab den Sechzehnjährigen zusammen mit siebentausend Dollar, die er in Westberliner Wechselbanken gegen seine Ersparnisse und einen staatlichen Kredit zum Ausbau seiner Kellerdrogerie eingetauscht hatte, dem Amerikaner. Als er sich wegen des missbrauchten Kredits verantworten sollte, verzog er mit seiner Frau nach Westdeutschland. Beide wurden Fabrikarbeiter in Bochum und erfreuten sich einige Jahre an den verlogenen Briefen ihres Sohnes, die dieser ihnen aus Hafenstädten aller möglichen Länder von seinen angeblichen Forschungsreisen schrieb.

Ihr Sohn hatte amerikanischen Boden nie betreten dürfen, da er mittellos ankam und die mitgegebenen Urkunden, Zertifikate und Briefe jenes Harvard-Professors sich als Fälschungen erwiesen. Als Schiffsjunge und späterer Leichtmatrose verdingte er sich auf einem holländischen Fahrgastschiff und kehrte acht Jahre später nach Berlin zurück. Auf einer Abendschule erwarb er das Abiturzeugnis und begann ein Fernstudium. Mit siebenunddreißig Jahren wurde Franks Vater als Ingenieur in einem Kraftwerkanlagenbau in Oberschöneweide eingestellt. Seinen geringen beruflichen Erfolg führte er auf die unterbrochene und zu spät beendete Ausbildung zurück, ein Nachteil, den er seinen beiden Kindern ersparen wollte. Sein Sohn Frank wurde im zweiten Schuljahr einer Ärztin vorgeführt, die ihn seiner offenbaren Lernschwierigkeiten wegen untersuchte und den Eltern empfahl das Kind auf eine Sonderschule zu schicken, da seine geistigen Voraussetzungen für allgemein bildende Schulen zu gering

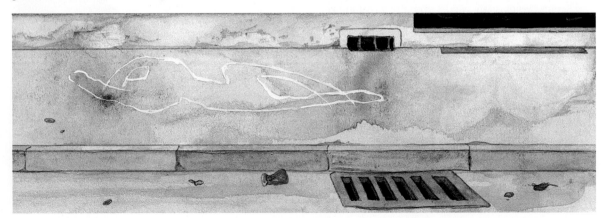

seien. Die Eltern lehnten eine Umschulung ab; sie befürchteten spätere berufliche Beeinträchtigung für ihren Sohn und gaben ihm täglich zwei bis drei Nachhilfestunden, was ihnen der Beruf der Mutter, sie war Lehrerin, ermöglichte. Sorgsam und liebevoll mühten sie sich um das Kind, nur gelegentlich verzweifelte der Vater an dem begriffsstutzigen Sohn und nannte ihn total vernagelt. Im Herbst 1974 wurde Frank in das Polizeikrankenhaus in der Scharnhorststraße eingeliefert. Er hatte versucht durch einen Sprung aus dem Fenster im vierten Stock des Schulhauses seinem Leben ein Ende zu setzen.

Er brach sich ein Bein und drei Rippen. Der Abschiedsbrief, der dem behandelnden Arzt vorlag, lautete: Liebster Papi und Mami! Seid nicht böse auf mich. Ich liebe euch, immer. Immer! Euer Frank.

Auf Befragen des Arztes sagte er: Wenn ich früh aufwache, muss ich schon weinen. Weil ich dann in die Schule muss. Und in der Schule muss ich auch weinen, weil ich weiß, dass Papi und Mami wieder ganz traurig über mich sein werden.

Die erschrockenen Eltern saßen fassungslos am Krankenbett ihres Sohnes; seine Tat wie die Erklärungen und Ratschläge des Arztes blieben ihnen unverständlich.

Im Sommer des folgenden Jahres sprang Frank ein zweites Mal aus dem Fenster. Er hatte sich, da er den Gesprächen der Eltern entnahm, dass ihn bei dem ersten Sprung das Gesträuch und der weiche Mutterboden vor dem Schlimmsten bewahrt haben, einen betonierten Gehweg als Ort des Aufpralls ausgesucht. Der Sprung war tödlich. Einen Abschiedsbrief schrieb er nicht. Er war zehn Jahre alt, als er starb.

Es geschah an jenem Tag, als ihm seine Lehrerin mitteilen musste, dass er für die Zeit der Schulfahrt in den Harz eine andere Klasse besuchen werde, da seine Leistungen es ihm nicht erlaubten, den Unterricht für eine Woche zu versäumen. Frank wollte seinen Eltern die Enttäuschung ersparen und sprang aus dem Flurfenster eines fünften Stockwerks. An jenem Tag war der Himmel über Berlin wolkenlos, es war der heißeste Tag des Monats Juli.

Christoph Hein: Frank, eine Kindheit mit Vätern. In: Nachtfahrt und früher Morgen. Erzählungen. Frankfurt a. M.: Suhrkamp 1989, S. 52–54.

Christoph Hein wurde 1944 in Schlesien geboren, wuchs in Sachsen und Berlin auf. Er arbeitete u.a. als Kellner und Regieassistent. Später studierte er und war Autor an der Volksbühne. Hein lebt in Berlin und schreibt Romane, Erzählungen, Essays und Theaterstücke.

1) Schreiben Sie das Gespräch auf, das der Arzt im Krankenhaus mit Franks Eltern geführt haben könnte.
Überlegen Sie, welche Erklärungen und Ratschläge er ihnen Ihrer Meinung nach gab.

2) Tragen Sie dieses Gespräch mit verteilten Rollen vor.

3) Diskutieren Sie, warum die Ausführungen des Arztes nichts nutzten.

 **Anregung**

Dokumentation

Informieren Sie sich über die Familiengeschichte einer Person, die Ihnen imponiert (Onkel, Tante, Schauspieler, Schriftsteller o. a.). Dokumentieren Sie diese Familiengeschichte, suchen Sie dazu passende Fotos, stellen Sie sie den anderen vor.

Literatur . Epische Texte

Sibylle Berg
Nacht

Sie waren mit Tausenden aus unterschiedlichen Türen in den Abend geschoben. Es war eng auf den Straßen, zu viele Menschen müde und sich zu dicht, der Himmel war rosa. Die Menschen würden den Himmel ignorieren, den Abend und würden nach Hause gehen. Säßen dann auf der Couch, würden Gurken essen und mit einem kleinen Schmerz den Himmel ansehen, der vom Rosa ins Hellblaue wechseln würde, dann lila, bevor er unterginge. Eine Nacht wie geschaffen, alles hinter sich zu lassen, aber wofür? Sie funktionierten in dem, was ihnen Halt schien, die Menschen in der Stadt, und Halt kennt keine Pausen, Regeln, keine stille Zeit, in der Unbekanntes Raum hätte zu verunsichern mit dummen Fragen.

Das Mädchen und der Junge gingen nicht nach Hause. Sie waren jung, da hat man manchmal noch Mut. Etwas ganz Verrücktes müsste man heute tun, dachten beide unabhängig voneinander, doch das ist kein Wunder, denn bei so vielen Menschen auf der Welt kann es leicht vorkommen, dass sich Gedanken gleichen. Sie gingen auf einen Berg, der die Stadt beschützte. Dort stand ein hoher Aussichtsturm, bis zu den Alpen konnte man schauen und konnte ihnen Namen geben, den Alpen. Die hörten dann darauf, wenn man sie rief. Die beiden kannten sich nicht, wollten auch niemanden kennen in dieser Nacht, stiegen die 400 Stufen zum Aussichtsturm hinauf. Saßen an entgegengesetzten Enden, mürrisch zuerst, dass da noch einer war. So sind die Menschen, Revierverletzung nennt man das. Doch dann vergaßen sie die Anwesenheit und dachten in die Nacht. Vom Fliegen, vom Weggehen und Niemals-Zurückkommen handelten die Gedanken, und ohne dass es ihnen bewusst gewesen wäre, saßen sie bald nebeneinander und sagten die Gedanken laut.

Die Gedanken ähnelten sich, was nicht verwundert, bei so vielen Menschen auf der Welt, und doch ist es wie Schicksal, einen zu treffen, der spricht, was du gerade sagen möchtest. Und die Worte wurden weich, in der Nacht, klare Sätze wichen dem süßen Brei, den Verliebte aus ihren Mündern lassen, um sich darauf zum Schlafen zu legen. Sie hielten sich an der Hand, die ganze Nacht, und wussten nicht, was schöner war. Die Geräusche, die der Wind machte, die Tiere, die sangen, oder der Geruch des anderen. Dabei ist es so einfach, sagte der Junge, man muss nur ab und zu mal nicht nach Hause gehen, sondern in den Wald. Und das Mädchen sagte, wir werden es wieder vergessen, das ist das Schlimme. Alles vergisst man, das einem gut tut, und dann steigt man wieder in die Straßenbahn, morgens, geht ins Büro, nach Hause, fragt sich, wo das Leben bleibt. Und sie saßen immer noch, als der Morgen kam, als die Stadt zu atmen begann. Tausende aus ihren Häusern, die Autos geschäftig geputzt, und die beiden erkannten, dass es das Ende von ihnen wäre, hinunterzugehen ins Leben. Ich wollte, es gäbe nur noch uns, sagte der Junge. Das Mädchen nickte, sie dachte kurz: So soll das sein, und im gleichen Moment verschwand die Welt. Nur noch ein Aussichtsturm, ein Wald, ein paar Berge blieben auf einem kleinen Stern.

Sibylle Berg: Nacht.
In: Das Unerfreuliche zuerst. Herrengeschichten.
Köln: Kiepenheuer & Witsch 2001, S. 115–116.

Literatur . Epische Texte

1) Formulieren Sie, welche Gedanken der Junge und das Mädchen ausgesprochen haben könnten, wenn es heißt „… und sagten die Gedanken laut."

2) Beschreiben Sie, wie diese Nacht die Lebenssituation der beiden Ihrer Meinung nach verändern wird.

Sibylle Berg,
1962 in Weimar geboren, lebt heute in Zürich. Sie schreibt Texte für diverse Magazine, Theaterstücke, Erzählungen und Romane, bekannt wurde sie mit ihrem Debüt-Roman „Ein paar Leute suchen das Glück und lachen sich tot".

Anregung

Assoziationen

Welche Assoziationen verbinden Sie mit „Nacht"? Geben Sie Ihre Vorstellungen mit Bildern und Musik wieder.

Julia Franck
Streuselschnecke

Der Anruf kam, als ich vierzehn war. Ich wohnte seit einem Jahr nicht mehr bei meiner Mutter und meinen Schwestern, sondern bei Freunden in Berlin. Eine fremde Stimme meldete sich, der Mann nannte seinen Namen, sagte mir, er lebe in Berlin, und fragte, ob ich ihn kennen lernen wolle. Ich zögerte, ich war mir nicht sicher. Zwar hatte ich schon viel über solche Treffen gehört und mir oft vorgestellt, wie so etwas wäre, aber als es soweit war, empfand ich eher Unbehagen. Wir verabredeten uns. Er trug Jeans, Jacke und Hose. Ich hatte mich geschminkt. Er führte mich ins Café Richter am Hindemithplatz und wir gingen ins Kino, ein Film von Rohmer[1]. Unsympathisch war er nicht, eher schüchtern. Er nahm mich mit ins Restaurant und stellte mich seinen Freunden vor. Ein feines, ironisches Lächeln zog er zwischen sich und die anderen Menschen. Ich ahnte, was das Lächeln verriet. Einige Male durfte ich ihn bei seiner Arbeit besuchen. Er schrieb Drehbücher und führte Regie bei Filmen. Ich fragte mich, ob er mir Geld geben würde, wenn wir uns treffen, aber er gab mir keins und ich traute mich nicht, danach zu fragen. Schlimm war das nicht, schließlich kannte ich ihn kaum, was sollte ich da schon verlangen? Außerdem konnte ich für mich selbst sorgen, ich ging zur Schule und putzen und arbeitete als Kindermädchen. Bald würde ich alt genug sein, um als Kellnerin zu arbeiten und vielleicht wurde ja auch noch eines Tages etwas Richtiges aus mir. Zwei Jahre später, der Mann und ich waren uns noch immer etwas fremd, sagte er mir, er sei krank. Er starb ein Jahr lang, ich besuchte ihn im Krankenhaus und fragte, was er sich wünsche. Er sagte mir, er habe Angst vor dem Tod und wolle es so schnell wie möglich hinter sich bringen. Er fragte mich, ob ich ihm Morphium besorgen könne. Ich dachte nach, ich hatte einige Freunde, die Drogen nahmen, aber keinen, der sich mit Morphium auskannte. Auch war ich mir nicht sicher, ob die im Krankenhaus herausfinden wollten und würden, woher es kam. Ich vergaß seine Bitte. Manchmal brachte ich ihm Blumen. Er fragte nach dem Morphium und ich fragte ihn, ob er sich Kuchen wünsche, schließlich wusste ich, wie gerne er Torte aß. Er sagte, die einfachen Dinge seien ihm jetzt die liebsten – er wolle nur Streuselschnecken, nichts sonst. Ich ging nach Hause und buk Streuselschnecken, zwei Bleche voll. Sie waren noch warm, als ich sie ins Krankenhaus brachte.

---
1 französischer Regisseur

Er sagte, er hätte gerne mit mir gelebt, es zumindest gern versucht, er habe immer gedacht, dafür sei noch Zeit, eines Tages – aber jetzt sei es zu spät. Kurz nach meinem siebzehnten Geburtstag war er tot. Meine kleine Schwester kam nach Berlin, wir gingen gemeinsam zur Beerdigung. Meine Mutter kam nicht. Ich nehme an, sie war mit anderem beschäftigt, außerdem hatte sie meinen Vater zu wenig gekannt und nicht geliebt.

Julia Franck,
1970 in Ost-Berlin geboren, kam 1978 mit ihren Eltern nach West-Berlin. Ihr erster Roman, „Der neue Koch", erschien 1997, es folgte 1999 der Roman „Liebediener", 2000 kam der Erzählband „Bauchlandung" heraus und 2003 der Roman „Lagerfeuer".

Julia Franck: Streuselschnecke.
In: Julia Franck: Bauchlandung. Geschichten
zum Anfassen. Köln: DuMont 2000, S. 51–52.

1) Notieren Sie, was der Vater in seinem Tagebuch vermerkt haben könnte, in dem er sich zu der Begegnung mit seiner Tochter äußert.

2) Erzählen Sie: Zehn Jahre später – wie könnte das Leben der Ich-Erzählerin verlaufen sein?

 **Anregung**

Textheft
Interviewen Sie Menschen verschiedenen Alters zum Thema Einsamkeit – Tod – Trauer. Stellen Sie Aussagen in einem Textheft zusammen und fügen Sie die passenden Bilder hinzu.

Wladimir Kaminer
Die Kirche

Im Sommer 2000 lernten wir Sergej kennen. Das Erscheinen unseres Landsmannes in Berlin war ein Ergebnis der deutschen Diskussion über „Kinder statt Inder", die letztes Jahr hier im Land ausbrach. Plötzlich hatte Deutschland zu wenig Computerspezialisten, und die Bundesregierung überlegte, wer auf die Schnelle einspringen könne – die preiswerten zuverlässigen Inder oder teure, aber dafür hundertprozentig deutsche Kinder. Es kamen weder die einen noch die anderen: Die Inder hatten zu tun, und die Kinder blieben bis auf weiteres in ihren Kitas. Also bewarben sich die Russen für den Job.

Sergej war ein Computerspezialist aus Moskau. Er bekam ein verlockendes Angebot von einer Stuttgarter Firma mit Sitz in Berlin. Wir trafen ihn in der Videothek auf der Schönhauser Allee: Das ist bei uns in der Gegend der einzige Ort, wo man auch nachts Schnaps und Zigaretten kriegt. Er kam dann öfter bei uns vorbei. Schon nach zwei Wochen fing Sergej an zu meckern: Ständig verglich er seine Berliner Existenz mit seinem früheren Leben in Moskau. Er konnte die Reize der deutschen Hauptstadt nicht erkennen. Nichts gefiel ihm außer seinem Gehalt: Die Wurst schmeckte nicht, die Wirte waren unfreundlich, die Häuser schlecht gebaut, die Frauen schlecht gelaunt... Selbst die Badewanne in seiner Wohnung war ihm zu klein – er konnte sich kaum darin bewegen. Auch das Autofahren in Berlin klappte irgendwie nicht: Kaum setzte er sich ans Steuer und gab Gas, schon hielt ihn die Polizei an. Man kann sich hier nirgendwo wild amüsieren, beschwerte sich Sergej bei uns in der Küche. Dann kam der Winter – für uns immer die Urlaubszeit. Diesmal wollten wir nach Teneriffa fliegen, wir fragten Sergej, ob er nicht mitkommen wolle. Nein, er wollte unbedingt nach

Moskau. „Ich kann es nicht erwarten, meine alten Freunde dort wiederzusehen", meinte er.

Zwei Wochen später trafen wir uns alle in Berlin wieder. Meine Frau und ich, wir hatten uns gut erholt, aber unser Freund sah scheiße aus. Er konnte nicht gerade laufen, lief immer gebückt nach links und war für zwei Wochen krankgeschrieben. Voller Entsetzen erzählte uns Sergej über die wilden Nächte, die er in Moskau verbrachte. Er hatte seine Freunde getroffen – viel war in seiner Abwesenheit passiert. Der arme Physiklehrer hatte sich bei Coca-Cola als Verkaufsleiter beworben und den Job auch bekommen: Schnell wurde er reich. Der scheue Grafikdesigner lernte eine Zwanzigjährige in einer Bar kennen, heiratete sie und wurde unglücklich. Die Ex-Freundin von Sergej verliebte sich in einen orthodoxen Religionsfanatiker, der ein Tätowierungsstudio in Moskau betrieb. Dort bot er allen Gläubigen zu einem gerechten Preis schöne Tätowierungen mit religiösen Motiven an. Der Religionsfanatiker erwies sich als ein so Netter, dass er nach der zweiten Flasche Wodka in Sergejs Freundschaftskreis aufgenommen wurde … Sergej hörte sich all diese Geschichten an und bekam das Gefühl, im westlichen Ausland zu verfaulen. Er konnte kaum etwas Aufregendes über sein Leben dort erzählen – es stagnierte vor sich hin, während es bei seinen Freunden volle Pulle weiterging.

Eine Woche verbrachten sie im Suff. Dann musste Sergej aber wieder nach Berlin zurück. Am letzten Abend schlug ihm der Religionsfanatiker vor, sich kostenlos eine Tätowierung bei ihm im Studio verpassen zu lassen, zur Erinnerung an ihre wunderbare Begegnung.

Der Coca-Cola-Manager, Sergejs Ex-Freundin und der unglücklich verheiratete Grafikdesigner waren von der Idee begeistert. Warum eigentlich nicht, dachte Sergej, ein nettes kleines Tattoo kann nicht schaden. Sie nahmen einige Flaschen Wodka und fuhren noch in der Nacht ins Studio. Der Meister bot Sergej das beste Piece aus seiner Sammlung an: die Kirche der Heiligen Mutter. Sie passt gerade so auf Sergejs Rücken. Es war ein riesengroßes Gebäude mit drei Kuppeln. Sergej war verzweifelt. „Um ein solches Gemälde auf meinen Rücken zu transplantieren, brauchen wir bestimmt drei Tage", wandte er ein. „Das ist eine Sache von fünf Minuten", beruhigte ihn der Religionsfanatiker. „Ich arbeite nämlich nicht mit der Maschine, sondern nach einem von mir persönlich entwickelten Verfahren. Ich nenne es ‚Schocktätowierung'. Dabei

Literatur . Epische Texte

wird ein von Hand gefertigtes Muster auf deinen Rücken gepresst: zack und fertig!"

Stolz zeigte der Tattoomeister Sergej ein Brett, aus dem hunderte von Stahlnägeln herausragten. Zusammen bildeten sie die Kirche der Heiligen Mutter. Sergejs Freundeskreis war von der Idee begeistert. „Natürlich wird es für dich ein Schock sein, ein bisschen Schmerz, ein wenig Leiden, aber dafür wirst du dann noch lange an dieses religiöse Ereignis erinnert", meinte der Religionsfanatiker. „Wir werden dich mit Wodka betäuben, damit du nicht in Ohnmacht fällst", beruhigten die Freunde Sergej. Er legte sich auf die Couch. Der Tattoomeister imprägnierte die Nägel mit Farbe. Dann gab er Sergej ein Schnapsglas, mit dem Rest des Alkohols desinfizierte er dessen Rücken und presste das Nagelbrett mit voller Kraft drauf. Der Schmerz war so stark, dass unser Freund für einige Minuten das Bewusstsein verlor. Als er wieder zu sich kam, stellte er fest, dass er sich nicht mehr richtig bewegen konnte, wahrscheinlich war bei der Prozedur irgendein Rückennerv verletzt worden. In der Badewanne fiel Sergej beinahe ein zweites Mal in Ohnmacht – als er im Spiegel seinen Rücken sah. Dem betrunkenen Tattoomeister war ein fataler Fehler unterlaufen: Er hatte das Brett falsch rum aufgesetzt und die Kirche verkehrt herum auf den Rücken gedrückt, mit den Kuppeln nach unten. Nun sah sie wie eine riesige dreibeinige Krake aus, als Kirche überhaupt nicht mehr erkennbar. Zuerst wollte Sergej dem großen Meister die Fresse einschlagen, doch Letzterer saß volltrunken in seiner Werkstatt und war nicht ansprechbar. Am nächsten Tag verließ Sergej seine Heimat und flog zurück nach Berlin. Verfluchtes Moskau! Sein Rücken sei nun hoffnungslos versaut, meinte er. Die Ärzte hätten ihm zwar gesagt, dass sie ihm ein Implantat aus Kunststoff annähen oder ein Stück Haut aus seinem Hintern verpflanzen könnten, aber das sei tierisch teuer und auch nicht ungefährlich. „Wäre ich nur mit euch nach Teneriffa gefahren, dann wäre das alles nicht passiert", seufzte er bedrückt – und wir gaben ihm Recht.

Wladimir Kaminer: Die Kirche. In: Brigitte 16/01, Dossier „Diese Nacht vergesse ich nie" vom 25.07.2001, S. 114–115.

Wladimir Kaminer,
1967 in Moskau geboren, gelernter Toningenieur und Dramaturg, lebt seit 1990 in Berlin. Bekannt wurde er als DJ der legendären „Russendisko" im „Kaffee Burger" in Berlin und durch den gleichnamigen Erzählband (2000).

1) Stellen Sie diesen Text als Strukturbild oder als Bildergeschichte dar.

2) Vergleichen Sie Ihre Entwürfe.

3) Nehmen Sie Stellung zu Sergejs Äußerung: „Wäre ich nur mit euch nach Teneriffa gefahren, dann wäre das alles nicht passiert."

 **Anregung**

Heimatbuch

Sammeln Sie zehn Gegenstände, die für Sie „Heimat" symbolisieren. Schreiben Sie zu jedem Gegenstand einen passenden Text. Gestalten Sie aus Ihren Fotos und Texten ein Heimatbuch.

Romanauszüge / Autobiografie

Lotti Huber
Diese Zitrone hat noch viel Saft! ein Leben

Die Romanze zwischen der Tochter des jüdischen Kaufmanns Robert Goldmann und dem Sohn des Oberbürgermeisters wurde natürlich Stadtgespräch. Es wurde viel über uns geflüstert, gesprochen und getratscht. Aber bevor unsere Liebe tragische Konsequenzen haben sollte, blieb alles noch recht harmlos. Es herrschte – wie soll ich es nennen? –, es herrschte eine „Bisschen-Stimmung". In den Äußerungen der Kieler schwang ein bisschen Lächeln, ein bisschen Antisemitismus, ein bisschen Neid, ein bisschen Skandal – eben alles ein bisschen.

Als Hillert sein Studium beendet und den Doktor jur. gebaut hatte, erhielt er eine Anstellung als Syndikus in einer Maschinenfabrik in Berlin. Ich folgte ihm mit der Absicht, mich weiter im Ausdruckstanz auszubilden. Trude Wienecke, eine Wigman-Schülerin, hatte ein großes Studio am Kurfürstendamm, in dem sich Tanz-Solisten der Berliner Oper trafen und viele junge Mädchen, die davon träumten, einmal eine bekannte Ausdruckstänzerin zu werden.

Hillert und ich nahmen uns eine Wohnung am Kurfürstendamm, Ecke Bleibtreustraße. Diese Wohnung teilten wir mit zwei Bekannten von Hillert, zwei jungen Goldschmiedinnen. Es war eine wundervolle Zeit und wir merkten zunächst noch nichts von den Nazi-Aktivitäten, die wir im Ansatz in Kiel erlebt hatten. Unglaublich, wie es klingt, aber wir glaubten wie viele andere, dass dieser Irrsinn bald ein Ende haben würde.

Wir wurden bitter eines entsetzlich anderen belehrt. Eines Tages trafen wir auf dem Kurfürstendamm eine meiner ehemaligen Mitschülerinnen. Wir luden sie zum Tee ein. Sie kehrte zurück nach Kiel und verbreitete die sensationelle Nachricht, das Hillert Lueken und Lotti Goldmann trotz Naziverbots unbekümmert zusammen in Berlin lebten. Rassenschande!

Eines Morgens um fünf Uhr läutete es Sturm an unserer Wohnungstür. Zwei Gestapo-Beamte stürmten die Wohnung und erwischten uns noch schlaftrunken im Bett liegend. Hillert kam in Untersuchungshaft, ich ins Konzentrationslager. Hillert wurde, wie ich später erfuhr, im Gefängnis von einem Wärter aus bis heute noch nicht geklärten Ursachen hinterrücks erschossen. Sein Tod wurde als Selbstmord getarnt, aber als seine Leiche seinen Eltern übergeben wurde, zeigte sie einen Genickschuss.

Zunächst kam ich in das Arbeitslager Moringen in Niedersachsen. Ende 1937 waren die Konzentrationslager für Frauen erst im Entstehen. Massenweise trafen Frauen aus allen Schichten der Bevölkerung ein: „Politische", Intellektuelle, Frauen aus Arbeiterkreisen, aus gutbürgerlichen Familien, die teilweise von ihren Mitbürgern denunziert worden waren. Sie hatten angeblich das Naziregime verächtlich gemacht.

Der Leiter des Arbeitslagers war offensichtlich verwirrt von dem, was um ihn herum passierte. Seine Oberaufseherin wusste ebenfalls nicht recht mit der neuen

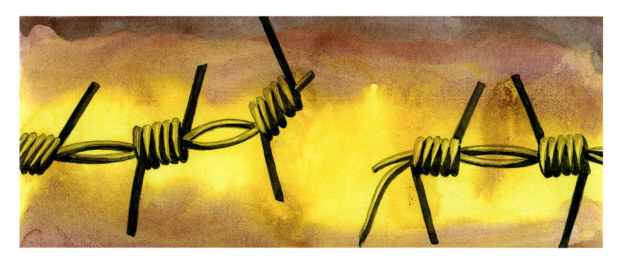

Literatur . Epische Texte

Situation umzugehen. Sie war eine behäbige alte Frau mit schneeweißen Haaren und einem riesigen Schlüsselbund an ihrem Ledergürtel. Weder der Lagerleiter noch seine Aufseherin waren Nazis. Sie waren Sozialbeamte und gewohnt, Prostituierte und „Arbeitsscheue" aufzunehmen. Was sollten sie mit der Frau eines Professors oder einer Abgeordneten oder einer harmlosen Hausfrau anfangen? Es fehlte nicht viel und der Leiter hätte uns mit „meine Damen" angeredet.

Anfangs hatten wir es noch recht gut, durften von zu Hause Pakete und Briefe empfangen. Aber das änderte sich rasch. Der Direktor, der sich offensichtlich nicht mehr wohl in seiner Haut fühlte, wurde entlassen und durch einen Nazi ersetzt.

Schon bald wurden wir alle in das Konzentrationslager Lichtenburg gebracht, eine mittelalterliche Festung, die zuletzt als Männergefängnis genutzt worden war. Tief unter der Erde gab es noch Verliese, in denen „schwere Fälle", Häftlinge in Einzelhaft, eingesperrt wurden. Später wurden wir Jüdinnen in der Lichtenburg von den „Politischen" getrennt und mit anderem „Abschaum der Menschheit", wie die Wärter sie nannten, zusammengelegt: Prostituierten, Diebinnen und später auch Zigeunerinnen. Es war eine faszinierende Mischung menschlichen Elends.

Lotti Huber: Diese Zitrone hat noch viel Saft! ein Leben. St. Gallen, Berlin, São Paulo: Ed. Diá 1991, S. 26–28.

Lotti Huber, geb. 1912 in einem deutsch-jüdischen Kieler Elternhaus, arbeitete u.a. als Tänzerin. Nach der Flucht vor den Nazis lebte sie in Palästina, auf Zypern, in London. Bekannt wurde sie durch den Film „Unsere Leichen leben noch" (1978). Sie starb 1998 in Berlin.

1) Versetzen Sie sich in die Lage des Liebespaares und schreiben Sie einen Brief: entweder als Lotti an Hillert, der im Gefängnis sitzt, oder als Hillert an Lotti, die in einem Arbeitslager ist.

2) Lesen Sie die Briefe vor; entscheiden Sie, welche Briefpaare am besten zueinander passen.

3) Kleben Sie die Briefpaare auf; illustrieren Sie die Texte.

Anregung

Reportage

Suchen Sie in dem Ort oder in der Gemeinde, in der Sie leben, Menschen, die ein ähnliches Schicksal erlitten wie Lotti Huber und ihr Freund.
Dokumentieren Sie deren Leben, z. B. mit einem Kurzfilm, einer Reportage, mittels eines Tagebuchberichtes.

Renan Demirkan
Schwarzer Tee mit drei Stück Zucker

„Denken Sie positiv", hatte der Hausarzt gesagt. „Ihr Kind fühlt alles mit." In der Türkei rät man schwangeren Frauen schöne Menschen anzuschauen. Also hatte sie alle Modezeitschriften gekauft und tagelang zwischen den wunderschön fotografierten Mannequins und den edlen Kostbarkeiten hin- und hergeblättert. Diese ewig jungen Werbefeen waren so ebenmäßig, so gut und groß gewachsen, wie sie als Teenager immer hatte sein wollen. Sie wollte aussehen wie die anderen, nicht herausfallen, wollte wie die hüpfenden, kichernden Mädchen sein, in deren Mädchencliquen sie sich hineinwünschte. Doch sie wurde in keine aufgenommen. Manchmal durfte sie sie für ein paar Tage besuchen. So lernte sie, bedingt durch die häufigen Umzüge der Eltern, die verschiedensten Cliquen kennen, aber alle hatten sie eines gemeinsam: Sie waren verschwore-

Literatur . Epische Texte

ne Gemeinden von Gleichgesinnten mit gleicher Geschichte und gleichen Geheimnissen. Und das tat am meisten weh, nicht teilnehmen zu dürfen an ihren Geheimnissen. „Sie misstrauen dir", dachte sie. Deutsche Sprichwörter fielen ihr ein: Jeder ist sich selbst der Nächste. Wie der Herr, so das Gescherr.

Ihre Eltern hatten ja auch keine Freunde. Sie hatten sie zurückgelassen, als sie sich damals entschlossen hatten ihre Wohnung aufzulösen, die Möbel zu verkaufen oder zu verschenken, die Wäsche, das Geschirr, die Bücher, die Bilder, kurz alles, was ein vierköpfiger Haushalt braucht, vom Scheuertuch bis zur Deckenlampe. Damals hatten sie nicht nur ihre Freunde, Nachbarn, Verwandten und Kollegen verlassen, sie verließen Gerüche und Düfte, die zu jeder Tageszeit aus den offenen Wohnzimmer- und Küchenfenstern strömten und in den überfüllten Taxen und Minibussen in der Luft hingen. Das Gewirr der Töne aus Huporgien und Basargeschrei, aus den Rufen der zahllosen Wasserverkäufer und Lumpensammler, der Imame von unzähligen Minaretten und den verkrüppelten Bettlern, den barfüßigen Schuhputzern und Zeitungsjungen. Sie verließen unbeschreibbare Sonnenauf- und -untergänge, die unerträgliche Mittagshitze, in der sich das schäbigste Dorf in einen goldenen Palast verwandelte, das Licht in den Teehäusern, wo die alten Männer sich bei Tavla und schwarzem Tee mit drei Stück Zucker ihre Sorgen teilten. Sie verließen Wortspielereien und Gesten, über die ganze Abende durchgelacht wurde. Mitgenommen haben sie sieben Koffer, gefüllt mit warmer Kleidung, mit Zeugnissen, Fotos und ein paar Gewürzen.

Trotz der guten Position des Vaters als staatlicher Ingenieur konnte er die Familie nicht mehr ernähren. Die Misswirtschaft des korrupten Staatspräsidenten, die hohe Inflationsrate, die unbezahlbar gewordenen Preise für Mehl, Butter, Fleisch, Schuhe und Bekleidung zwangen ihn, für seine Frau und die bald schulpflichtigen Mädchen ein besseres Leben zu suchen.

Ihre Reise ins Leben begann mit dem Abschied vom Vater. Flüchtig küsste er seine Frau, die mit geschwollenen Augen stumm an ihrem Taschentuch zerrte. Die verdutzten Kinder krallten sich an seinen Hosenbeinen fest, sie verstanden seine stille Umarmung nicht. Er sah durch das kaputte Glasdach des Bahnhofs zum Himmel, der sich an diesem Spätsommertag noch einmal zu einem gewaltigen Blau ausgestreckt hatte. „Als ich noch ein Kind war, erzählte mir mein Vater, Europa sei dort, wohin die großen Züge fahren. Und ich dachte, Europa muss ein großer Bahnhof sein, eine Art Endstation." Mit einer ruckartigen Bewegung hatte er sich die Augen gewischt: „In einem Jahr habe ich das Nötigste vorbereitet. In einem Jahr!", schrie er in den Lärm der dampfenden Lokomotive.

Drei Tage und zwei Nächte dauerte die Fahrt in dem stinkenden, überfüllten Liegeabteil. Den weißen Anzug und den weißen Hut hatte er gleich zu Beginn gewechselt. Je farbloser die Landschaft wurde, je mehr graue Wolken die Sonne verdeckten, je weiter er sich von den Augen der Zurückgelassenen entfernte, desto hilfloser und verzweifelter hetzte er durch die Gänge, bis er endgültig geistesabwesend die Notbremse zog. Die Strafe zahlte er gleich, aber er blieb den Rest der Fahrt im Abteil, versteckt vor den vorwurfsvollen Blicken der Mitreisenden.

Das Ankunftsfoto der Nachgereisten zeigte ein Jahr später in der Mitte die Mutter mit unsicherem Gesichtsausdruck in schlichter, selbst genähter heller Bluse. Rechts und links von ihr die beiden Töchter in ebenfalls von ihr selbst angefertigten roten Kleidern. Die Jüngere mit staunendem, wachem Blick, schmal und blass mit melancholischen Augen und schwarzem Pagenkopf die Ältere. Vorsichtig folgten sie dem Vater durch die breiten staubfreien Straßen entlang den gepflegten Häusern mit Balkonblumen, den eingezeichneten Parkplätzen und den Abfallkörben an jeder zweiten Laterne. „Wie schön", staunte die Mutter mit offenem Mund, als ein quietschendes Auto sie erschreckte. „Du nix sehen? Ampel rot!», brüllte ein Gesicht aus dem heruntergedrehten Fenster.

Die beiden Mädchen waren fasziniert von den großen Menschen, die in kleinen Gruppen Hand in Hand oder eingehakt ihren Weg gingen. Wie Elefanten, den Rüssel mit dem Schwanz verbunden, die Jungen zwischen sich verkeilt. Sie dagegen kamen aus dem Land der Ziegen, die, wenn auch in Herden zusammengehalten, einzeln auf Futtersuche gingen.

Die Schwestern streichelten den grünen, gleichmäßig geschnittenen Rasen des Zweifamilienhauses mit den Händen. Das rote, dreieckige Schild mit weißen Buchstaben verbot Betreten und Ballspielen. Um den Vorstadtgarten zu schonen, verlegten sie ihre Spiele in die Zweizimmerwohnung im ersten Stock. Dem ungewohnten Lärm im Haus der kinderlosen Besitzer folgte nach drei Monaten die fristlose Kündigung.

Ein paar Tage vor dem Umzug schlichen sich die beiden Mädchen auf Zehenspitzen durch Treppen-

Literatur . Epische Texte

haus und Garten auf die andere Straßenseite in das Wartehäuschen der Bushaltestelle und kramten Malblock und Buntstifte aus der Plastiktüte. Jede für sich malte noch einmal das Haus mit den Balkonblumen. Aus den Fenstern und Türen machten sie rot eingefasste, runde, drei- oder achteckige Verkehrsschilder, an den Schornstein hängte die Jüngere bunte Luftballons, die Ältere pflanzte einen Maulbeerbaum auf den gleichmäßig geschnittenen Rasen.

Die neue Wohnung war ein Altbau mit dicken Mauern und einem großen wilden Garten, eines von drei Gebäuden am Ende eines Dorfes mit 250 Einwohnern. Fünfzig Meter rechts lag ein kleiner Bahnhof mit rotweiß gestreiften Schranken. Gegenüber ein flacher Bau hinter Bäumen versteckt.

Dort lebten sie zurückgezogen. Die Kinder versuchten ihre Eltern nicht zu enttäuschen, brachten gute Noten nach Hause, waren „ordentlich" und „vernünftig". Besonders die Ältere, die bereits auf ihre Schwester aufpasste, das Mittagessen aufwärmte und die Jüngere zu den Schulaufgaben anhielt, während die Eltern für das neue teure Leben Geld verdienten.

Hier gab es Arbeit, also arbeiteten sie mit dem Vorsatz nach dem Schulabschluss der Kinder wieder in ihre Heimat zurückzukehren. Sie lebten in einfachen Verhältnissen, ohne Ausschweifungen, ruhig und höflich. Dieses Leben in der Enklave muss einige Beobachter irritiert haben. Denn trotz alledem waren sie für viele Einheimische „Knoblauchfresser" und „Küm-

Literatur . Epische Texte

meltürken". In die Geheimnisse der anderen Mädchen wurde sie nicht eingeweiht. Ihre Eltern waren „Ausländer", demzufolge auch sie und ihre Schwester. Wie der Herr, so das Geschirr. Jeder ist sich selbst der Nächste. Schuster, bleib bei deinem Leisten. Wer anderen eine Grube gräbt, fällt selbst hinein …

Renan Demirkan, geboren 1955 in Ankara, verbrachte ihre Kindheit und Schulzeit in Deutschland. Sie arbeitet als Schauspielerin seit Anfang der 80er-Jahre für Theater, Film und Fernsehen und erhielt mehrere Preise.

Renan Demirkan: Schwarzer Tee mit drei Stück Zucker.
© by Verlag Kiepenheuer & Witsch, Köln 1991, S. 15–21.

1) Notieren Sie Sprichwörter und Redensarten, die Ihnen einfallen, wenn Sie an Ihr Erwachsenwerden denken.

2) a) Vergleichen Sie die von Ihnen gefundenen Sprichwörter und Redensarten mit den Sprichwörtern, die Renan Demirkan verwendet.
b) Berichten Sie, an welchen Stellen des Textes die Autorin Sprichwörter einsetzt.

3) a) Sprechen Sie über die Bedeutung von Sprichwörtern im täglichen Leben.
b) Erörtern Sie, inwieweit sie Spiegelbilder einer Gesellschaft sind.

 **Anregung**

Lesung

Suchen Sie Texte von anderen in Deutschland lebenden ausländischen Autorinnen und Autoren. Veranstalten Sie eine Lesung; beziehen Sie Informationen über die Autoren und ihr Heimatland ein.

Marlen Haushofer
Die Wand

Heute, am fünften November, beginne ich mit meinem Bericht. Ich werde alles so genau aufschreiben, wie es mir möglich ist. Aber ich weiß nicht einmal, ob heute wirklich der fünfte November ist. Im Lauf des vergangenen Winters sind mir einige Tage abhanden gekommen. Auch den Wochentag kann ich nicht angeben. Ich glaube aber, dass dies nicht sehr wichtig ist. Ich bin angewiesen auf spärliche Notizen; spärlich, weil ich ja nie damit rechnete, diesen Bericht zu schreiben, und ich fürchte, dass sich in meiner Erinnerung vieles anders ausnimmt, als ich es wirklich erlebte.

Dieser Mangel haftet wohl allen Berichten an. Ich schreibe nicht aus Freude am Schreiben; es hat sich eben so für mich ergeben, dass ich schreiben muss, wenn ich nicht den Verstand verlieren will. Es ist ja keiner da, der für mich denken und sorgen könnte. Ich bin ganz allein und ich muss versuchen die langen dunklen Wintermonate zu überstehen. Ich rechne nicht damit, dass diese Aufzeichnungen jemals gefunden werden. Im Augenblick weiß ich nicht einmal, ob ich es wünsche. Vielleicht werde ich es wissen, wenn ich den Bericht zu Ende geschrieben habe. […]

Ich konnte mir nicht erklären, was geschehen war. Ich ging wieder hinauf in meine Schlafkammer und zog mich an. Es war noch sehr kühl und der Tau glitzerte auf Hugos schwarzem Mercedes. Ich kochte Tee und wärmte mich ein wenig auf und dann machte ich mich mit Luchs auf den Weg ins Dorf.

Ich merkte kaum, wie kühl und feucht es in der Schlucht war, weil ich darüber nachgrübelte, was aus den Rüttlingers geworden sein mochte. Vielleicht hatte Hugo einen Herzanfall erlitten. Wie es so geht im Umgang mit Hypochondern, hatten wir seine Zustände nicht mehr ernst genommen. Ich beschleunigte meine Schritte und schickte Luchs voraus. Freudig bellend zog er ab. Ich hatte nicht daran gedacht, meine Bergschuhe anzuziehen, und stolperte ungeschickt über die scharfen Steine hinter ihm her.

Als ich endlich den Ausgang der Schlucht erreichte, hörte ich Luchs schmerzlich und erschrocken jaulen. Ich bog um einen Scheiterstoß, der mir die Aussicht verstellt hatte, und da saß Luchs und heulte. Aus seinem Maul tropfte roter Speichel. Ich beugte mich über ihn und streichelte ihn. Zitternd und winselnd drängte er sich an mich. Er musste sich in die Zunge gebissen oder einen Zahn angeschlagen haben. Als ich ihn ermunterte mit mir weiterzugehen, klemmte er den Schwanz ein, stellte sich vor mich und drängte mich mit seinem Körper zurück.

Ich konnte nicht sehen, was ihn so ängstigte. Die Straße trat an dieser Stelle aus der Schlucht heraus und so weit ich sie überblicken konnte, lag sie menschenleer und friedlich in der Morgensonne. Unwillig schob ich den Hund zur Seite und ging allein weiter. Zum Glück war ich, durch ihn behindert, langsamer geworden, denn nach wenigen Schritten stieß ich mit der Stirn heftig an und taumelte zurück.

Luchs fing sofort wieder zu winseln an und drängte sich an meine Beine. Verdutzt streckte ich die Hand aus und berührte etwas Glattes und Kühles: einen glatten, kühlen Widerstand an einer Stelle, an der doch gar nichts sein konnte als Luft. Zögernd versuchte ich es noch einmal und wieder ruhte meine Hand wie auf der Scheibe eines Fensters. Dann hörte ich lautes Pochen und sah um mich, ehe ich begriff, dass es mein eigener Herzschlag war, der mir in den Ohren dröhnte. Mein Herz hatte sich schon gefürchtet, ehe ich es wusste.

Ich setzte mich auf einen Baumstamm am Straßenrand und versuchte zu überlegen. Es gelang mir nicht. Es war, als hätten mich alle Gedanken mit einem Schlag verlassen. Luchs kroch näher und sein blutiger Speichel tropfte auf meinen Mantel. Ich streichelte ihn, bis er sich beruhigte. Und dann sahen wir beide hinüber zur Straße, die so still und glänzend im Morgenlicht lag.

Ich stand noch dreimal auf und überzeugte mich davon, dass hier drei Meter vor mir wirklich etwas Unsichtbares, Glattes, Kühles war, das mich am Weitergehen hinderte. Ich dachte an eine Sinnestäuschung, aber ich wusste natürlich, dass es nichts Derartiges war. Ich hätte mich leichter mit einer kleinen Verrücktheit abgefunden als mit dem schrecklichen unsichtbaren Ding. Aber da war Luchs mit seinem blutenden Maul und da war die Beule auf meiner Stirn, die anfing zu schmerzen.

Ich weiß nicht, wie lange ich auf dem Baumstamm sitzen blieb, aber ich erinnere mich, dass meine Gedanken immerfort um ganz nebensächliche Dinge kreisten, als wollten sie sich um keinen Preis mit der unfassbaren Erfahrung abgeben.

Die Sonne stieg höher und wärmte meinen Rücken. Luchs schleckte und schleckte und hörte schließlich auf zu bluten. Er konnte sich nicht arg verletzt haben.

Ich begriff, dass ich etwas unternehmen musste, und befahl Luchs sitzen zu bleiben. Dann näherte ich mich vorsichtig mit ausgestreckten Händen dem unsichtbaren Hindernis und tastete mich an ihm entlang, bis ich an den letzten Felsen der Schlucht stieß. Hier kam ich nicht weiter. Auf der anderen Seite der Straße kam ich bis zum Bach und jetzt erst bemerkte ich, dass der Bach ein wenig getaut war und aus den Ufern trat. Er führte aber nur wenig Wasser. Der ganze April war trocken gewesen und die Schneeschmelze schon vorüber. Auf der anderen Seite der Wand, ich habe mir angewöhnt das Ding die Wand zu nennen, denn irgendeinen Namen musste ich ihm ja geben, da es nun einmal da war – auf der anderen Seite also lag das Bachbett eine kleine Strecke fast trocken und dann floss das Wasser in einem Rinnsal weiter. Offenbar hatte es sich schon durch das durchlässige Kalkgestein gegraben. Die Wand konnte also nicht tief in die Erde reichen. Eine flüchtige Erleichterung durchzuckte mich. Ich mochte den gestauten Bach nicht überqueren. Es war nicht anzunehmen, dass die Wand plötzlich aufhörte, denn dann wäre es Hugo und Luise ein Leichtes gewesen zurückzukommen.

Plötzlich fiel mir auf, was mich im Unterbewusstsein schon die ganze Zeit gequält haben mochte, dass die Straße völlig leer lag. Irgendjemand musste doch längst Alarm geschlagen haben. Es wäre natürlich gewesen, hätten sich die Dorfleute neugierig vor der Wand angesammelt. Selbst wenn keiner von ihnen die Wand entdeckt hatte, mussten doch Hugo und Luise auf sie gestoßen sein. Dass kein einziger Mensch zu sehen war, erschien mir noch rätselhafter als die Wand.

Ich fing im hellen Sonnenschein zu frösteln an. Das erste kleine Gehöft, eigentlich nur eine Keusche, lag gleich um die nächste Biegung. Wenn ich den Bach überquerte und ein Stückchen die Bergwiese hinaufstieg, musste ich es sehen können.

Ich ging zu Luchs zurück und redete ihm gut zu. Er war ja ganz vernünftig, ich hätte viel eher Zuspruch gebraucht. Es war mir plötzlich ein großer Trost, Luchs bei mir zu haben. Ich zog Schuhe und Strümpfe aus und durchwatete den Bach. Drüben zog sich die Wand am Fuß der Bergwiese dahin. Endlich konnte ich die Keusche sehen. Sie lag sehr still im Sonnenlicht; ein friedliches, vertrautes Bild. Ein Mann stand am Brunnen und hielt die rechte Hand gewölbt auf halbem Weg vom Wasserstrahl zum Gesicht. Ein reinlicher alter Mann. Seine Hosenträger baumelten wie Schlangen an ihm nieder und die Ärmel des Hemdes hatte er aufgerollt. Aber er erreichte sein Gesicht nicht mit der Hand. Er bewegte sich überhaupt nicht.

Ich schloss die Augen und wartete, dann sah ich wieder hin. Der reinliche alte Mann stand noch immer regungslos. Jetzt sah ich auch, dass er sich mit den Knien und der linken Hand auf den Rand des Steintrogs stützte, vielleicht konnte er deshalb nicht umfallen. Neben dem Haus war ein Gärtchen, in dem, neben Pfingstrosen und Herzblumen, Küchenkräuter wuchsen. Es gab dort auch einen mageren, zerzausten Fliederbusch, der schon abgeblüht war. Der April war fast sommerlich warm gewesen, selbst hier im Gebirge. In der Stadt waren auch die Pfingstrosen schon verblüht. Aus dem Kamin stieg kein Rauch auf.

Ich schlug mit der Faust gegen die Wand. Es schmerzte ein wenig, aber nichts geschah. Und plötzlich hatte ich auch nicht mehr das Verlangen die Wand zu zerschlagen, die mich von dem Unbegreiflichen trennte, das dem alten Mann am Brunnen widerfahren war. Ich ging sehr vorsichtig zurück über den Bach zu Luchs, der an etwas schnupperte und seinen Schrecken vergessen zu haben schien. Es war ein toter Kleiber, eine Spechtmeise. Sein Köpfchen war zerstoßen und seine Brust mit Blut befleckt. Jener Kleiber war der erste einer langen Reihe kleiner Vögel, die auf diese jämmerliche Weise an einem strahlenden Maimorgen ihr Ende gefunden hatten. Aus irgendeinem Grund werde ich mich immer an diesen Kleiber erinnern müssen. Während ich ihn betrachtete, fiel mir endlich das klagende Geschrei der Vögel auf. Ich musste es schon lange gehört haben, ehe es mir bewusst wurde.

Ich wollte plötzlich nur weg von diesem Ort, zurück ins Jagdhaus, weg von dem jämmerlichen Geschrei und den winzigen, blutbeschmierten Leichen. Auch Luchs war wieder unruhig geworden und drängte sich winselnd an mich. Auf dem Heimweg durch die Schlucht blieb er dicht an meiner Seite und ich sprach ihm beruhigend zu. Ich weiß nicht mehr, was ich zu ihm sagte, es schien mir nur wichtig, die Stille zu brechen in der düsteren, feuchten Schlucht, wo das Licht grünlich durch die Buchenblätter sickerte und winzige Bäche von den nackten Felsen zu meiner Linken rieselten.

Wir waren in eine schlimme Lage geraten, Luchs und ich, und wir wussten damals gar nicht, wie schlimm sie war. Aber wir waren nicht ganz verloren, weil wir zu zweit waren.

Marlen Haushofer: Die Wand. Berlin: Claassen 1985, S. 7; S. 14–18.

> **Marlen Haushofer,**
> geboren 1920 in Frauenstein, Österreich; arbeitete nach dem Studium als Schriftstellerin und erhielt zahlreiche Literaturpreise. Sie starb 1970.

1) Malen oder zeichnen Sie, was Ihnen zu der im Textausschnitt beschriebenen „Wand" einfällt.

2) Schreiben Sie zu Ihrer Zeichnung die „Vorgeschichte der Wand". Beantworten Sie dabei die Fragen „Was könnte geschehen sein?" „Wodurch könnte die Wand entstanden sein?"

3) Vergleichen Sie Ihre Ergebnisse.

Anregung

Musikvideo

Unterlegen Sie den Moment, in dem die Ich-Erzählerin auf die Wand trifft, mit passenden Geräuschen, Klängen o. Ä.
Suchen Sie zum gesamten Textausschnitt oder zu Ihren Vorgeschichten entsprechende Hintergrundmusik, die den Inhalt spiegelt und verdeutlicht. Nehmen Sie ein Musikvideo auf. Führen Sie es den anderen vor.

Literatur. Epische Texte

Märchen

Robert Gernhardt
Die Waldfee und der Werbemann

Es war einmal ein Werbemann, der hatte seiner Agentur viele Jahre lang nach besten Kräften gedient. Da begab es sich, dass die Agentur den riesigen Etat für ein neues Produkt an Land zog. Dieses Produkt aber hieß „Meyers Pampe" und das war eine Pampe, die einen echten Produktvorteil besaß, da sie alle anderen Pampen an Klebrigkeit, Sämigkeit und Pampigkeit weit übertraf. Und weil das so war, sollte sie auch mit einem Slogan beworben werden, wie er eingängiger und treffender noch nicht erdacht worden war. Diese Aufgabe nun fiel unserem Werbemann zu, doch wie er sich auch anstrengte, alles, was ihm einfiel, war der Spruch „Meyers Pampe ist die beste". Diesen Vorschlag hatte er auch beim Kreativdirektor eingereicht, doch wie er des Abends Überstunden machte, da hörte er, wie der Kreativdirektor dem Agenturchef auf dem Flur sagte: „So geht es nicht weiter mit unserem Werbemann. Er ist alt und zahnlos geworden. Das Beste ist, wenn wir ihn so bald wie möglich schlachten."

Da krampfte sich das Herz des Werbemanns zusammen und er dachte bei sich: „Bevor es so weit kommt, da will ich lieber in die Fremde ziehen." Und noch in derselben Nacht schnürte er sein Bündel und wanderte zur Stadt hinaus. Bald gelangte er in einen tiefen Wald, wo er sich ermattet ins Gras sinken ließ. „Ach", dachte er glücklich, „wie schön ist es doch hier im Wald. Hier will ich mein Leben beschließen. Was brauch ich denn? Wasser gibt's hier im Überfluss, Pilzchen und Würzelchen ebenfalls. Und Ruhe! Wenn ich dagegen an die Hetze in der Agentur denke!" Und unter solchen Gedanken schlief er ein.

Am folgenden Morgen tat er sich zunächst am Quell gütlich, dann verspeiste er einige Wildkirschen, die ihm köstlich mundeten, und schließlich streckte er sich auf der Wiese aus und ließ sich die Sonne recht ordentlich auf den Pelz brennen. Als er so eine Weile gelegen hatte, da sah er einen Hasen über die Wiese hoppeln und unwillkürlich ging ihm das folgende Verslein durch den Kopf: „Selbst der braune Meister Lampe greift erfreut nach Meyers Pampe."

Das aber ärgerte ihn und so verscheuchte er jeglichen Gedanken an Meyers Pampe aus dem Kopf und konzentrierte sich auf ein allerliebstes Meisenpaar, das auf dem Ast einer Buche turtelte. Doch auch bei diesem Anblick ging es ihm nicht besser. „Die Meise ruft es vom

Literatur . Epische Texte

Geäste: Meyers Pampe ist die beste!", reimte er wider Willen. Das ärgerte ihn noch mehr und laut rief er aus: „Ach Scheiße, was geht mich denn jetzt noch diese Pampe an!" Doch schon im selben Moment schoss ihm wieder ein Verslein durch den Kopf: „Ach Scheiße, ruft der Werbemann, nichts reicht an Meyers Pampe ran" – und so ging es ihm mit jedem Ding, das er betrachtete und bedachte, bis es ihn nicht länger hielt. „Was habe ich hier im Wald verloren?", dachte er bei sich. „Ein kreatives Talent wie ich gehört nun mal in eine Agentur!" Und er begann so schnell wie möglich in die Stadt zurückzuwandern.

Da geschah es, dass ihm am Waldrand eine Fee begegnete.

„Guten Tag, lieber Werbemann", sagte die Fee. „Ich weiß, dass du ein unschuldiges Gemüt hast, und deswegen sollst du jetzt drei Wünsche frei ha…"

Doch der Werbemann war so in Gedanken versunken, dass er gar nicht auf das hörte, was die Fee sagte, ja, er unterbrach sie sogar und rief ihr zu: „Du tust mir in der Seele weh, weil ich dich ohne Meyers Pampe seh!" Und mit diesen Worten ließ er die verdutzte Fee stehen und eilte in die Agentur zurück, wo er dem Kreativdirektor sogleich stolz seine neuen Slogans unterbreitete.

Diese Vorschläge freilich stießen auf eine derartige Ablehnung seitens der Geschäftsleitung, dass der Werbemann noch am selben Nachmittag geschlachtet wurde.

Die Fee aber nahm sich seine Worte so sehr zu Herzen, dass sie fortan nur noch Meyers Pampe benutzte. Und da sie der erste Versuch sehr zufrieden stellte, benutzt sie sie wohl noch heute.

Robert Gernhardt: Die Waldfee und der Werbemann. In: Achterbahn. Frankfurt a.M.: Insel-Verl. 1993, S. 16–18.

Robert Gernhardt, geb. 1937 in Reval/Estland, studierte Malerei und Germanistik in Stuttgart und Berlin, lebt in Frankfurt a.M. als freier Schriftsteller. Er ist Redaktionsmitglied des Satiremagazins „Titanic" und des OTTO-Autorenteams.

1) Schreiben Sie einzeln oder in Gruppen einen Text mit der Überschrift „Die Waldfee und …"; setzen Sie Ihre Berufsbezeichnung ein.
Behalten Sie typische Märchenelemente bei, z. B. Fee, Wanderschaft, drei Wünsche.

2) Erzählen Sie Ihr Märchen in gemütlicher Runde. Besprechen Sie Ihre Entwürfe.

3) Berichten Sie, an welchen Stellen Sie Gernhardts Märchen verändert und wo Sie Ihres ähnlich gestaltet haben.

 **Anregung**

Märchenausstellung

Suchen Sie Abbildungen, Texte, Textausschnitte oder andere Materialien, die zu Ihrem Märchen passen. Gestalten Sie aus Ihrem Märchen und den Materialien eine Collage; zeichnen und schreiben Sie in die Collage hinein usw.
Präsentieren Sie Ihre Arbeiten als „Märchenausstellung" im Klassenzimmer oder im Schulhaus.

[Märchen aus der Lausitz]
Die fleißigen Spinnerinnen

Es war einmal ein Mädchen, das ward von seiner Mutter gar streng behandelt und besonders zum fleißigen Spinnen allezeit angehalten. Aber das Mädchen war faul und wollte nicht spinnen. Da schlug die Mutter die Tochter und das Mädchen setzte sich vor die Tür und weinte bitterlich. Da kam des Wegs ein fremder Ritter, der fragte das Mädchen, warum es weinte. Da antwortete es: „Ach, lieber Herr, das glaubt kein Mensch, wie ich unschuldig leiden muss; meine Mutter hat mich geschlagen, weil ich allzu fleißig gesponnen, denn sie meinet, dass ich ihr allzu viel des schönen, teuren Flachses versponnen habe."

Der fremde Ritter tröstete das Mädchen und sprach zu ihm: „Ich kann in meinem Haus eine so fleißige Spinnerin wohl gebrauchen, komm mit mir, du sollst es gut haben." Das Mädchen dachte, so schlecht wie zu Hause kann mir's doch nirgends gehen und ging mit dem fremden Ritter.

Als es dort angekommen waren, führte es der fremde Ritter in die Spinnstube, da lag alles voll Flachs bis an die Decke. Und der Herr sprach: „Wenn du dies alles in einem Jahre aufspinnst, sollst du meine Frau werden." Darauf ging der Herr fort.

Das Mädchen aber sah zu seinem Schrecken, dass es ungeheuer viel Flachs war und dass es ihm ganz unmöglich sein würde, auch nur einen Teil davon abzuspinnen. Es hatte aber eine Patin, der klagte es seine Not und die wusste auch wirklich Rat. Sie holte drei alte hässliche Weiber, die erboten sich den Flachs abzuspinnen in kurzer Zeit, wenn das Mädchen verspräche sie zu seiner Hochzeit einzuladen. Das versprach das Mädchen und ließ die drei alten hässlichen Weiber in die Spinnkammer und da spannen sie Tag und Nacht und es dauerte gar nicht lange, da war aller Flachs aufgesponnen. Da erinnerten sie das Mädchen noch einmal an das gegebene Versprechen und gingen von dannen.

Als der Herr die fleißige Arbeit sah, lobte er das Mädchen sehr, erklärte es zu seiner Braut und richtete ein großes Hochzeitsfest. Je näher der Tag kam, desto mehr war dem Mägdlein bange wegen seines Versprechens, denn die drei Spinnerinnen waren so abschreckend hässlich, dass es sich ihrer schämen musste vor all den eingeladenen schönen und vornehmen Gästen. Die Erste hatte Augen, die triefen unablässig wie die Bäume, wenn's geregnet hat. Die andere hatte einen Mund so groß und weit, dass er von einem Ohr zum andern reichte. Die Dritte aber war so entsetzlich dick und breit, dass in ihr Mieder mehr denn drei Dickbäuche sich unbeschwert hätten einknöpfen können.

Als nun der Hochzeitstag immer näher herankam, sagte das Mädchen zu seinem Bräutigam: „Ich habe drei alte Muhmen, die haben mir Gutes getan, und ich möchte sie gerne einladen." Der Bräutigam sprach: „Ach ja, warum denn nicht." So wurden die drei alten Spinnerinnen eingeladen.

Am Hochzeitstage wimmelte es im Schloss von den vielen reichen und vornehmen Gästen, die von allen Himmelsgegenden herbeigekommen waren, und endlich kamen auch drei Wagen mit den drei alten Weibern. Der Bräutigam ging hinaus um sie zu begrüßen und eine nach der anderen aus dem Wagen zu heben.

Als er nun die Erste aus dem Wagen hob, da verwunderte er sich nicht wenig über die triefigen Augen, konnte es auch nicht verbergen und fragte sie: „Ei, woher denn das böse Spiel mit den Augen, meine Liebe?"

„Ach, liebster Herr Bräutigam! Dies entstellt meine Schönheit", entgegnete diese. „Aber daran ist mein überaus fleißiges Spinnen schuld, wodurch alle Unreinigkeiten des Flachses mir in die Augen gefahren sind. Ach, liebster und bester Herr! Bewahret doch ja Eure schöne Braut vor solcher Ungestaltigkeit und tragt Sorge dafür, dass sie mit dem Spinnen sich ja nichts zu schaffen mache!"

Solche Worte nahm der Bräutigam sich zu Herzen und gedachte bei sich: „Ei, bewahre mich doch der Himmel vor solch einem Ehegespons, wäre ich doch nicht sicher, wenn ich sie wollte herzen, dass sie mich schier ersäufte mit ihren triefenden Augen."

Nicht weniger aber verwunderte sich der Bräutigam, als er die zweite Muhme aus dem Wagen hob, über den ungestalteten großen Mund, konnte es nicht verbergen, sondern fragte und sagte flugs: „Ei, woher denn der Unfall mit dem etwas großen Mund, meine Liebe?"

"Ach, jawohl, liebster Herr Bräutigam. Dies entstellt einigermaßen meine Schönheit", erwiderte diese. „Aber mein überaus fleißiges Spinnen ist daran schuld, wobei ich allezeit den Faden, um ihn zu netzen, durch den Mund gezogen und auf solche Art ihn mir übermäßig erweitert habe. Ach, liebster und bester Herr! Bewahret doch ja Eure schöne Braut vor solcher Ungestaltigkeit und tragt Sorge dafür, dass sie mit dem Spinnen sich ja nichts zu schaffen mache!"

Diese Worte nahm der Bräutigam sich ebenfalls zu Herzen und gedachte bei sich: „Ei, bewahre mich doch der Himmel vor solch einem Ehegespons; wäre ich doch nicht sicher, wenn ich sie wollte herzen, dass sie mich verschlänge mit ihrem großen Rachen."

Noch viel mehr aber staunte der Bräutigam, als die Dritte angefahren kam und er selbige aus dem Wagen heben wollte, über solche Missgestalt ihres Leibes, als dergleichen ihm noch nicht zu Gesicht gekommen war bis auf den heutigen Tag; konnte auch solches nicht verbergen, sondern fragte und sagte flugs: „Ei, woher denn die überaus dicke Leibesbeschaffenheit, meine Liebe?"

„Ach, jawohl, liebster Herr Bräutigam! Dies entstellt einigermaßen meine Schönheit", entgegnete sie. „Was ist aber daran schuld als mein überaus fleißiges Spinnen, wobei ich allezeit und immerwährend auf einem Fleck still gesessen habe und mein Körper zu solch einem beträchtlichen Umfange gediehen ist. Ach, liebster und bester Herr! Bewahret doch ja Eure schöne Braut vor solcher Ungestaltigkeit und traget Sorge dafür, dass sie mit Spinnen sich ja nichts zu schaffen mache."

Abermals nahm der Bräutigam solche Worte sich zu Herzen und gedachte bei sich: „Ei, bewahre mich doch der Himmel vor solch einem Ehegespons; wäre ich doch nicht sicher, wenn ich sie wollte herzen, dass sie mich schier erdrückte mit ihren ungestaltigen Armen."

Und so geschah es, dass der Ritter sich wohl hütete von seiner jungen Frau zu verlangen, dass sie künftighin jemals ein Spinnrad anrühre. Das war der Frau eben recht und sie lebten in Glück und Frieden.

Die fleißigen Spinnerinnen [Märchen aus der Lausitz]. In: Sigrid Früh (Hrsg.): Märchenreise durch Deutschland. Frankfurt a. M.: Fischer-Taschenbuch-Verl. 1992, S. 72–75.

1) Notieren Sie in Stichworten die Märchenhandlung, z. B. den Anfang des Märchens, das Verhalten der Mutter, die Reaktion des Mädchens.
Erzählen Sie das Märchen in der Klasse nach, indem jede/r jeweils zwei bis drei Sätze übernimmt.

2) a) Suchen Sie sich einen (oder mehrere) Schreibpartner/innen. Bilden Sie ein „Erzählteam", d. h., die/der Erste schreibt einige Sätze, die/der Nächste schreibt weiter usw.
b) Schreiben Sie dann das Märchen „Die fleißigen Spinnerinnen" um:
Verwandeln Sie es in ein modernes Märchen, das in der heutigen Zeit spielt. Behalten Sie das Grundgerüst der Handlung bei, ersetzen Sie z. B. den Ritter durch einen Börsenmakler o. Ä.
c) Straffen Sie die Handlung so, dass Ihr Märchen in drei Minuten erzählt ist.
d) Tragen Sie Ihre Texte einander vor.
e) Besprechen Sie die Änderungen, die Sie jeweils vorgenommen haben.

 **Anregung**

Märchenstunde

Suchen Sie in alten Märchenbüchern das Lieblingsmärchen Ihrer Kindheit.
Üben Sie dann, dieses Märchen frei zu erzählen.
Veranstalten Sie mit Ihrer Klasse einen Märchenerzähltag oder eine Märchenstunde.
Gestalten Sie Ihr Klassenzimmer dazu um: Beleuchtung, Tischschmuck, Dekoration …

Literatur . Epische Texte

Wolf Wondratschek

Eine nackte Prinzessin?
Erzählen Sie keine Märchen,
sagte der Zwerg.

*Aus: Wolf Wondratschek: Oktober der Schweine.
Frankfurt a. M.: Paria-Verl. 1993, S. 43.*

Wolf Wondratschek,
geboren 1943 in Rudolstadt/
Thüringen, lebt als freier
Schriftsteller in München und
Wien.

1) Schreiben Sie „Kürzestmärchen". Suchen Sie sich zwei Märchenfiguren, z. B. Hexe und Prinz; übernehmen Sie dabei den Satz: „Erzählen Sie keine Märchen."

2) Gestalten Sie zu Ihren Texten Plakate: Kleben Sie Ihr Märchen z. B. auf einen Karton, illustrieren Sie es mit Farbe, Fotos usw.

3) Präsentieren Sie Ihre Arbeiten in der Klasse, diskutieren Sie über Inhalt und Gestaltung.

 Anregung

Kalender
Stellen Sie aus Ihren Plakaten einen Kalender her. Wählen Sie dazu die zwölf Texte bzw. Plakate aus, die den größten Anklang in der Klasse finden.

Anekdote – Parabel – Fabel

Jürgen Becker
Geschäftsbesuch

Sicher, wenn Sie in unserem Hause arbeiten, können Sie unser Haus auch betreten, nur, Sie müssten sich bitte legitimieren. Aber Sie kennen mich doch, seufzte Johann. Natürlich kennen wir Sie, jeden Mor-
5 gen und jeden Abend passieren Sie die Schleuse, nur, wir müssten Ihre Identifikationskarte sehen. Die habe ich eben vergessen, seufzte Johann, die steckt noch an der Jacke von gestern. Dann wird es schwierig, Sie hereinzulassen. Aber ich möchte doch, wie jeden
10 Morgen, in mein Büro. Kein Zweifel, Sie möchten in Ihr Büro, wie jeden Morgen, aber Sie wissen auch, dass Sie jeden Morgen durch Vorzeigen Ihrer Identifikationskarte den Nachweis zu erbringen haben, dass. Sie sind völlig im Recht, seufzte Johann, aber soll ich
15 denn meinem Büro heute fernbleiben, bloß weil? Wir können Ihnen einen Tagespassierschein ausstellen. Na wunderbar, seufzte Johann, dann stellen Sie mir einen Tagespassierschein aus. Sie wissen, dass dieser Passierschein den Empfänger lediglich zu einem Besuch berechtigt und sein Besuch durch eine Unterschrift zu 20 beglaubigen ist. Ja, aber in meinem Fall durch eine Unterschrift wessen? Durch die Unterschrift dessen, den Sie besuchen wollen. Ich will aber niemanden besuchen. Dann können wir Ihnen auch keinen Tagespassierschein ausstellen. Ich will und muss aber in 25 mein Büro, seufzte Johann. Kein Zweifel, es ist auch schon angefragt worden, ob Sie bereits in Ihrem Büro sind. Und wer, bitte schön, hat angefragt? Jemand, der Sie zu besuchen wünschte. Und wo befindet sich dieser Jemand? In Ihrem Büro. Und sitzt dort und 30

wartet, dass ich seinen Besuch durch Unterschrift auf dem von Ihnen angefertigten Tagespassierschein bestätige? Genau so verhält es sich. Nach Lage der Dinge, seufzte Johann, werde ich die Unterschrift ja kaum leisten können. Gewiss, für Ihren Besuch entsteht da eine komplizierte Situation. Er wird das Haus erst mit meiner Unterschrift verlassen können? So ist es. Ja, was machen wir dann, fragte Johann. Wir können Ihnen einen Tagespassierschein ausstellen. Und wer unterschreibt? Na, Sie selber persönlich. Ich meine, seufzte Johann, so weit wären wir fast schon gewesen. Richtig, aber nur fast, wir wollen doch nichts überstürzen.

*Jürgen Becker: Geschäftsbesuch.
In: Achim Roscher (Hrsg.): Zeitverkürzer. Deutsche Anekdoten. Leipzig: Reclam 1992, S. 306–307.*

1) Fertigen Sie zu den beiden Figuren der Handlung eine kurze Beschreibung oder Zeichnung an.

2) Spielen Sie die Anekdote als Rollenspiel:
   a) Suchen Sie sich eine Partnerin/einen Partner und probieren Sie mithilfe Ihrer Zeichnung oder Beschreibung aus, welche Haltung die Personen in der Anekdote einnehmen, wie sie sprechen, sich bewegen usw.
   b) Präsentieren Sie Ihr Rollenspiel vor der Klasse und besprechen Sie die verschiedenen Varianten.

Jürgen Becker
wurde 1932 geboren. Er lebt in Köln als Kritiker, Schriftsteller und Rundfunkautor. 1999 erschien sein erster Roman „Aus der Geschichte der Trennungen".

Anregung

Anekdoten aus dem Arbeitsalltag

Schreiben Sie eigene Texte über Situationen, die sich in Ihrem Betrieb abgespielt haben (oder abgespielt haben könnten).
Spielen Sie Ihre Anekdoten als Rollenspiele, wenn möglich in verschiedenen Dialekten.
Laden Sie dazu, wenn Sie wollen, aus anderen Klassen Mitschüler/innen ein.

Literatur . Epische Texte

Günter Kunert
Hinausschauen

Wer sähe nicht gern aus dem Fenster auf die Passanten männlichen und weiblichen Geschlechts, welch Letztere zur Sommerszeit äußerst bewegliches Fleisch zur Schau tragen, später in der Kälte geheimnisvolle
5 Mäntel, darunter meist hitzig heißes Leben vermutet wird und meist irrtümlich.

Man lehnt sich bequem über Autos, Pferde, die es noch gibt, über Polizisten und Panzer, die es auch noch gibt, über Müllwagen, Elefanten (sehr selten) und Mör-
10 der, die für gewöhnlich schwer erkennbar sind. Gemütlich die Ellbogen aufs Fensterbrett gestützt, ist man sich des Unheils nicht bewusst, das hinterrücks geschieht, indem da ungeahnte Hände schon die Treppen abreißen, die Öfen, Herde, Badewannen, das ganze
15 Haus, sodass man noch eben über einen Spaziergänger gebeugt plötzlich ohne Hintergrund ist, ohne festes Dach und ohne Boden unter den Füßen, eigentlich bereits in der Luft hängt und nur für die draußen auf der Straße unverändert anheimelnd aus dem Fenster sieht:
20 Wie das gefährlich ist, ahnt keiner, der vorbeigeht.

Günter Kunert: Hinausschauen.
In: Kramen in Fächern. Geschichten, Parabeln, Merkmale.
Berlin: Aufbau-Verl. 1968, S. 106.

Günter Kunert,
geboren 1929 in Berlin, lebte bis 1979 in Ostberlin, siedelte dann um und lebt jetzt in Itzehoe. Er schreibt Gedichte und Erzählungen.

1) Führen Sie ein „stummes Schreibgespräch": Sie schreiben einige Gedanken oder Fragen zu diesem Text auf ein größeres Blatt Papier.
Reichen Sie dieses weiter, nehmen Sie dann das Papier Ihres Nachbarn, lesen Sie dessen Notizen, schreiben Sie etwas dazu, reichen Sie das Papier wieder weiter und so fort.
Behalten Sie nach einer gewissen Zeit die Aufzeichnungen, die gerade vor Ihnen liegen.

2) Beschreiben Sie mithilfe dieser Notizen das Parabel-Geschehen aus der Sicht eines Spaziergängers: Stellen Sie sich vor, Sie seien ein Passant, der die Parabel-Figur beim Aus-dem-Fenster-Schauen beobachtet. Schreiben Sie die Parabel um; ändern Sie den Schluss entsprechend.

3) a) Stellen Sie Ihren Text Ihren Mitschülerinnen/ Mitschülern vor.
b) Besprechen Sie die Änderungen, die Sie vorgenommen haben.
c) Machen Sie Vorschläge, auf welche Ihnen bekannte Situationen Sie das Geschehen der Parabel übertragen können.

Anregung

Collage

Suchen Sie Zeitungsberichte, die eine skurrile Situation schildern. Wandeln Sie diese in Parabeln um. Suchen Sie ein passendes Gemälde oder eine geeignete Fotografie aus (z. B. aus einem Kunst- oder Fotoband) um Ihren Text zu illustrieren. Kleben Sie Text und Bild auf Karton auf.

Literatur . Epische Texte

Wolfdietrich Schnurre
Politik

Eine Gans war über Nacht auf dem Eis festgefroren. Das sah der Fuchs und er schlich, sich die Schnauze leckend, hinüber. Dicht vor ihr jedoch brach er ein und es blieb ihm nichts weiter übrig, als sich schwimmend
5 über Wasser zu halten. „Weißt du was", schnaufte er schließlich, „begraben wir unsere Feindschaft, vertragen wir uns." Die Gans zuckte die Schulter. „Kommt darauf an." „Ja, aber worauf denn!", keuchte der Fuchs. „Ob's taut oder friert", sagte die Gans.

Wolfdietrich Schnurre, geboren 1920 in Frankfurt a.M., arbeitete als freier Schriftsteller. Er schrieb neben Fabeln, Essays, Hör- und Fernsehspielen, Kinderbüchern auch Erzählungen und Romane. Er starb 1989 in Kiel.

Wolfdietrich Schnurre: Politik.
In: Protest im Parterre. München: Langen + Müller 1957, S. 41.

Babrios
Mutter und Kind

„Lauf nicht so krumm und schief", sprach einst die Mutter Krebs
Zu ihrem Kind, „zieh nicht so quer des Wegs
Und über Stock und Stein
5 Die Beine hinterdrein."
„Geh du nur so voran", der Jungkrebs sprach,
„Wenn du mir's vormachst, mach' genau ich's nach!"

Babrios: Mutter und Kind. In: Einhundert Fabeln. Von der Antike bis zur Gegenwart. 118. Hamburger Leseheft. Husum o. J., S. 20.

1) Schreiben Sie die Fabeln um: Bestimmen Sie zunächst das jeweilige Thema der vorliegenden Fabeln. Setzen Sie dann statt der Tiere Menschen ein und übertragen Sie die Fabel auf eine Situation im Alltag, in der Familie oder im Betrieb.

2) Tragen Sie Ihren Text vor, besprechen Sie die von Ihnen gewählte Variante mit Ihren Mitschülerinnen und Mitschülern.
Vergleichen Sie die so entstandenen Texte jeweils mit der Fabelmoral des Originaltextes.

  Anregung

Illustration
Illustrieren Sie Ihren Text mit einer oder mehreren Zeichnungen.

Dramatischer Text

Theaterstück

William Mastrosimone
Tagträumer

Personen:
Rose
Cliff

Zeit:
Jetzt

Ort:
Im Süden Philadelphias

Bühnenbild:
Mit dem Notwendigsten ausgestattetes Appartement
Ein Einzelbett, ordentlich gemacht
Ein kleiner Tisch
Ein Stuhl
Eine Apfelsinenkiste
Eine Tür, die zum Flur führt
Ein Einbauschrank
Ein mit Brettern vernageltes Fenster, hinter billigen Gardinen versteckt

Über dieses Buch:
„Tagträumer" beschreibt eine lyrisch-sanfte Liebesgeschichte. Rose, Verkäuferin in einem Billigladen, lernt dort Cliff, einen jungen Lastwagenfahrer, kennen. Ein Aufeinanderprall zweier amerikanischer Archetypen, die Nachfolger der Cowboys und der Saloonfrauen. Cliff geht zur Kasse und Rose wünscht sich, dass er zurückkommt. Und es passiert. Rose hat Angst vor ihrer eigenen Courage, will wieder weg. Doch Cliff will mit der Frau allein sein, unternimmt erste Annäherungsversuche. Rose befindet sich in der Abwehr und durch diese Abwehr zeigt sie immer mehr von ihrer Person. Als er beschließt zu gehen, bittet ihn Rose ihr seinen Pullover zu schenken. Er tut es und verlässt sie. Doch irgendetwas hat Cliff an Rose interessiert. Er dreht auf dem Highway um und fährt zurück. Rose liegt im Bett, trägt Cliffs Pullover und fantasiert, wie sie mit ihm im Truck über die Berge fährt. Als er sieht, dass sie seinen Pullover trägt, lässt er sich nicht mehr abschütteln. […] Der Mann nähert sich der Frau, dringt in ihre Fantasie ein, fantasiert mit ihr zusammen über Wind, Sonne, Wärme.

Erster Akt
Dunkelheit. Schritte im Flur. Kaum hörbare Stimmen. Licht wird langsam hell. Schlüssel werden im Türschloss probiert. Rose tritt ein, gefolgt von Cliff, der einen Sechserpack Bier in einer Papiertüte schwingt.

Rose	Und da war dieses Mädchen… Sie war Dichterin… Und sie lebte hier… In diesem Raum… Weißt du, bevor ich hier einzog… Und sie nahm sich, weißt du, das Leben, genau hier in diesem Zimmer.
Cliff	Ist sie gestorben?
Rose	Natürlich ist sie gestorben.
5 Cliff	Wie hat sie's gemacht?
Rose	Strick.
Cliff	Eine Überdosis Strick?
Rose	Nein, sie, weißt du, hat sich erhängt.
Cliff	Du machst wohl Witze.
10 Rose	Das ist nicht witzig.
Cliff	Warum hat sie's getan?
Rose	Das weiß niemand. Es ist ein großes Geheimnis.
Cliff	Großes Geheimnis. Hat sie keinen Brief hinterlassen?
Rose	Nein. Sie hinterließ ein Gedicht.

15	**Cliff**	Gott sei Dank war sie Dichterin.
	Rose	Wieso?
	Cliff	Stell dir vor, sie wär Romanschriftstellerin gewesen.
	Rose	Das ist es. Das Gedicht, das sie hinterlassen hat. Es heißt „Der Tod ist mein Geliebter".
	Cliff	Schön.
20	**Rose**	Möchtest du es hören?
	Cliff	Ja, genau das, was ich brauche. Damit ich bessere Laune bekomme.
	Rose	„Der Tod ist mein Geliebter,
		du sagst, es wäre nicht recht,
		aber seine Liebe ist für immer.
25		Tag und Nacht, Tag und Nacht.
		Wir sind auf und davon gegangen,
		weg von dem Licht
		in sein gemütliches Haus.
		Tag und Nacht, Tag und Nacht.
30		So gehe ich mit Gleichmut –"
	Cliff	Gehe mit wem?
	Rose	„So gehe ich mit Gleichmut,
		ohne jeden Kampf
		um in seinen Armen zu sein –."
35	**Cliff**	Hey, hey, ouh, ouh. Sieh mal, Kleine, ich hatte 'nen harten Tag und möchte nichts über einen Brief einer verrückten Selbstmörderin hören.
	Rose	Oh, magst du keine Gedichte?
	Cliff	Hey, ich bin ganz scharf drauf.
	Rose	Wirklich?
40	**Cliff**	Jeaah.
	Rose	Ich würde gern welche lesen.
	Cliff	Ich schreib sie nicht auf. Ich sage sie auf. Pass auf:
		ROSEN SIND ROT
		VEILCHEN SIND BLAU
45		ICH STEH AUF'N TRIP UND BIER
		MAGST DU EISHOCKEY?
	Rose	Das ist alles?
	Cliff	Gefällt's dir?
	Rose	Das ist sehr … sehr interessant.
50	**Cliff**	Es ist über meine Mutter, die ist von der Müllabfuhr überfahren worden.
	Rose	Oh, das tut mir Leid.
	Cliff	Tja, was soll ich sagen.
	Rose	Hat sie leiden müssen?
	Cliff	Jeaah.
55	**Rose**	Das tut mir wirklich Leid.
	Cliff	Mir auch. Vor allem, weil ich der bin, der sie unter die Räder gestoßen hat. Rose, das ist 'n Witz. Verstehst du, haha?
	Rose	Ich mache keine Witze über diese Sachen, weil es sehr tragisch war, wie das arme Mädchen den Stuhl unter sich weggestoßen hat und es sich dann doch anders überlegt hat.
60	**Cliff**	Woher weißt du das?
	Rose	Von der Polizei und aus Zeitungen.
	Cliff	Wie können sie das wissen, ohne dass sie dabei gewesen sind?

Literatur . Dramatischer Text

	Rose	Sie sagten, dass sie den Stuhl unter sich weggestoßen hat, es sich dann aber überlegt und nach dem Strick gegriffen hat und versucht hat sich zu retten, weil man Strickfasern in ihren Händen gefunden hat, aber ihre Arme wurden müde und sie, weißt du …
65		
	Cliff	Sie muss doch an irgendwas gehangen haben.
	Rose	Ich finde das überhaupt nicht lustig.
	Cliff	Ja, ich finde, es ist keine Sache, über die man sich gut unterhalten kann.
	Rose	Ja, das ist wahr.
70	Cliff	Viele Dinge sind wahr, aber man sollte nicht darüber sprechen.
	Rose	Warum nicht?
	Cliff	Weil keine Polizei und keine Zeitung und kein Gedicht dir klar machen kann, was im Kopf einer Verrückten vorgeht, wenn sie den Strick umlegt und ins große Jenseits springt. Selbst wenn du alle Fakten in der Hand hast, sie reichen nicht für den Sprung, da fehlt was. Vielleicht hat sie einfach nicht hierher gepasst. Sie hat Plus und Minus zusammengezählt und festgestellt, dass das Leben die Verletzungen nicht wert ist. Sie hat sich über ihre Skrupel hinweggesetzt und ist abgereist. Und du und die Polizei und die Zeitungen wollen es wissen? Sie hatte Mut. Und ich respektiere das. Viele Leute kommen zu dem gleichen Ergebnis wie sie, aber die kaufen sich 'ne Lebensversicherung. Also, was soll's? Vielleicht hat sie das Richtige gemacht. Vielleicht ist sie jetzt glücklich. Hast du schon mal daran gedacht?
75		
80	Rose	Nein.
	Cliff	Tja, solltest du mal.
	Rose	Ich hab dir grad von dem Zimmer erzählt.
	Cliff	Aber ich möchte nichts darüber hören.
	Rose	Dann lass uns damit aufhören.
85	Cliff	Wer hat damit angefangen?
	Rose	Ich.
	Cliff	Dann hör du damit auf. Erzähl irgendwas Nettes.
	Rose	Was denn?
	Cliff	Was du willst.
90	Rose	Ich kann mir nichts Nettes vorstellen.
	Cliff	Ich kann's.
	Rose	Was?
	Cliff	Ich kann mir etwas wirklich Nettes vorstellen.
	Rose	Was?
95	Cliff	Ich kann mir etwas wahnsinnig Nettes vorstellen.
	Rose	Was?
	Cliff	Dich.
	Rose	Was machst du da?
	Cliff	Ich nehme deinen Poncho.
100	Rose	Oh.
	Cliff	Was hast du denn gedacht?
	Rose	Oh, ich wusste nur nicht, warum du dich an mich rangeschlichen hast.
	Cliff	Ich hab mich nicht rangeschlichen.
	Rose	Ich kann ihn selbst ausziehen.
105	Cliff	Ich weiß, dass du's kannst.
	Rose	Danke, sehr liebenswürdig.
	Cliff	Soll ich ihn in den Schrank hängen?
	Rose	NEIN.
	Cliff	Tschuldigung.
110	Rose	Leg ihn einfach aufs Bett.

Literatur . Dramatischer Text

Cliff	Warum flüsterst du?
Rose	Die alte Dame nebenan, Frau Mancuso. Sie lauscht mit einem Glas an der Wand.
Cliff	*zeigt auf eine Stelle an der Wand.* Hier? Rose nickt bejahend. Cliff schlägt mit der Faust gegen die Wand.
115 Rose	Nein! Tu's nicht. Sie wird uns hören!
Cliff	*zur Wand.* Das macht mir nichts aus, wenn sie mich hört.
Rose	Aber mir! Sie wird's dem Vermieter erzählen und ich werde rausgeschmissen.
Cliff	Wegen Sprechen?
Rose	Es ist nicht erlaubt, dass wir Besuch haben.
120 Cliff	Woher weißt du, dass sie an den Wänden lauscht?
Rose	Ich kann's hören, wenn sie das Glas bewegt.
Cliff	Schön. Warum sind hier eigentlich die Fenster zugenagelt?

William Mastrosimone: Tagträumer. Übersetzt von Heidrun Reshöft. Frankfurt a. M.: Fischer-Taschenbuch-Verl. 1987, S. 9–13.

1) Sie spricht – er denkt …
Er spricht – sie denkt …

Wählen Sie einen Teil der vorliegenden Szene aus, z. B. den Anfang, das Gespräch über Cliffs Gedichte o. Ä.
Schreiben Sie zu dem ausgewählten Textteil auf, welche Gedanken Cliff durch den Kopf gehen, während Rose spricht, oder was Rose denkt, während Cliff redet.

> **William Mastrosimone,**
> *geboren 1947 in Trenton/New York, lebt dort als freier Schriftsteller. Er wurde bekannt durch die Verfilmung seines Stücks „Extremities", das nach seinem eigenen Drehbuch mit Farrah Fawcett und James Russo in den Hauptrollen von Robert M. Young 1985 verfilmt wurde. Für „Tagträumer" erhielt William Mastrosimone den „Los Angeles Drama Critics Award".*

2) a) Tragen Sie Monolog und Kommentar vor.
b) Vergleichen Sie Ihre Versionen.
c) Berichten Sie, wie das Gesprächsverhalten der beiden Figuren Rose und Cliff auf Sie wirkt.

 **Anregung**

Video

Spielen Sie den von Ihnen ausgewählten Textteil oder den gesamten Textausschnitt zu viert: Zwei tragen den Text des Dialogs vor, die beiden anderen die Kommentare zu den Aussagen von Rose und Cliff. Unterstützen Sie Ihr Spiel mit der entsprechenden Mimik und Gestik.
Zeichnen Sie die Szenen auf Video auf.

Lyrische Texte

Ballade

François Villon
Eine verliebte Ballade für ein Mädchen namens Yssabeau

    Ich bin so wild nach deinem Erdbeermund,
ich schrie mir schon die Lunge wund
nach deinem weißen Leib, du Weib.
Im Klee, da hat der Mai ein Bett gemacht,
5 da blüht ein schöner Zeitvertreib
mit deinem Leib die lange Nacht.
Da will ich sein im tiefen Tal
dein Nachtgebet und auch dein Sterngemahl.

    Im tiefen Erdbeertal, im schwarzen Haar,
10 da schlief ich manches Sommerjahr
bei dir und schlief doch nie zu viel.
Ich habe jetzt ein rotes Tier im Blut,
das macht mir wieder frohen Mut.
Komm her, ich weiß ein schönes Spiel
15 im dunklen Tal, im Muschelgrund …
Ich bin so wild nach deinem Erdbeermund!

    Die graue Welt macht keine Freude mehr,
ich gab den schönsten Sommer her
und dir hat's auch kein Glück gebracht;
20 hast nur den roten Mund noch aufgespart,
für mich so tief im Haar verwahrt …
Ich such ihn schon die lange Nacht
im Wintertal, im Aschengrund …
Ich bin so wild nach deinem Erdbeermund.

25 Im Wintertal, im schwarzen Erdbeerkraut,
da hat der Schnee sein Nest gebaut
und fragt nicht, wo die Liebe sei.
Und habe doch das rote Tier so tief
erfahren, als ich bei dir schlief.
30 Wär nur der Winter erst vorbei
und wieder grün der Wiesengrund!
… ich bin so wild nach deinem Erdbeermund!

François Villon: Eine verliebte Ballade für ein Mädchen namens Yssabeau. In: Die lasterhaften Balladen u. Lieder d. François Villon. Nachd.: Paul Zech. München: Dt. Taschenbuch-Verl. 1988, S. 98.

François Villon,
geboren 1431 in Paris, studierte, war fahrender Sänger und führte ein Wander- und Gaunerleben. Er starb vermutlich 1463.

1) Entwerfen Sie zu den einzelnen Strophen Bilder, Zeichnungen oder Collagen, die je nach Jahreszeit die Natur und die Geliebte beschreiben und darstellen.

2) a) Kleben Sie Ihre Entwürfe auf ein größeres Stück Pappe.
b) Tragen Sie zu Ihrem Bild die entsprechende Strophe vor. Überlegen Sie, wie Sie Ihren Vortrag variieren können, z. B. durch die Veränderung der Sprechgeschwindigkeit, der Lautstärke, durch Pausen …
c) Vergleichen Sie Bilder und Vortragsversionen.

Anregung

Varianten

Diese Ballade gibt es auch auf CD, gelesen von Klaus Kinski; sie wurde außerdem von einer Popband, Culture Beat featuring Jo van Nelson, vertont.
Vergleichen Sie beide Versionen, notieren Sie Ihre Eindrücke.
Diskutieren Sie diese Interpretationen der Textvorlage in der Klasse.

Literatur . Lyrische Texte

Gedichte/Lieder

Kurt Marti
Sylt

grau
hell
blau
grün
5 flut
ebbe
luft
wind
sand
10 gras:
zupf
zaus
zurr
lach
15 lauf!

Kurt Marti: Sylt.
In: Das Gedicht, Zeitschrift für Lyrik,
Essay und Kritik, Nr. 2, 1994, S. 127

 Wählen Sie eine andere Überschrift für das Gedicht aus. Entscheiden Sie, ob sie ebenso zum Text passen könnte.

 a) Notieren Sie den Namen eines Ortes, der Ihnen entweder besonders gut oder gar nicht gefallen hat. Schreiben Sie alle Assoziationen auf, die Sie mit diesem Ort verbinden.
b) Schreiben Sie anhand Ihrer Notizen einen Text, der ebenso aufgebaut ist wie das Gedicht von Kurt Marti.
c) Stellen Sie Ihre Arbeit vor.

Kurt Marti,
geboren 1921 in Bern, ist von Beruf Pfarrer. Er schreibt Prosa und Lyrik.

Anregung

Reisebuch
Besorgen Sie sich ein kleines Album, kleben Sie Ihren Text ein. Dekorieren und illustrieren Sie ihn mit Erinnerungsstücken wie z. B. Fotos, Eintrittskarten usw.
Führen Sie Ihr Buch weiter.

Literatur . Lyrische Texte

Kurt Drawert
Zu spät gekommen

Ein Waldspaziergang zum Beispiel
interessiert mich nur wenig.
Hilflos schlendre ich rum
zwischen nichtsynthetischen Stoffen
5 und mache mich schmutzig.
Aber das Grün ist sehr schön
und farbfest. Nichts schmiert
oder bleibt kleben an den Kuppen
der Finger, die schüchtern
10 den Frühling abtasten. Auch der Vogel
klingt gut, ein gelungener Einsatz,
eine fast überzeugende Dramaturgie:
nicht zu vergleichen
mit dem Geräusch eines Fahrzeugs,
15 mit Vorgängen, die man erklären kann
und die einen mitnehmen,
wenn man sie anhält.

*Kurt Drawert: Zu spät gekommen.
Frankfurt a. M.: Suhrkamp o. J.*

Kurt Drawert,
geboren 1956 in Hennigsdorf (Brandenburg), lebt in Darmstadt, schreibt Lyrik, Hörspiele, Prosa.

1) Diskutieren Sie über Ihre Vermutungen, was das für ein Mensch sein könnte, der sich in diesem Gedicht äußert.

2) a) Schreiben Sie dieser „Person" einen Brief, in dem Sie Ihre Zustimmung oder Kritik zum Gedicht äußern, Fragen stellen usw.
b) Lesen Sie Ihren Brief vor und besprechen Sie ihn mit Ihren Mitschülerinnen und Mitschülern.

 **Anregung**

Filmporträt

Schreiben Sie einen eigenen Text über einen anderen Spaziergang, z. B. durch ein Kaufhaus, über den Flohmarkt, in einer anderen Stadt usw.
Erstellen Sie ein Filmporträt über den gewählten Ort.

Literatur . Lyrische Texte

Hans Manz
Was Worte alles können

erklären
verraten
verschweigen
Missverständnisse ausräumen
5 täuschen
preisgeben
Misstrauen schaffen
Herzen öffnen
verletzen
10 trösten
verführen
verwirren
Zugang finden
auf taube Ohren stoßen
15 Barrieren überwinden
aufmuntern
vernichten
ablenken
ermüden
20 Zwietracht säen
Frieden stiften
nörgeln
angreifen
erheitern
25 traurig machen
enttäuschen
Erwartungen wecken
wärmen usw.

Hans Manz: Was Worte alles können.
In: Die Welt der Wörter. Sprachbuch für Kinder und Neugierige.
Weinheim, Basel: Beltz u. Gelberg 1993, S. 224.

1) Erstellen Sie einen eigenen Text zu einem anderen Thema, z. B.: „Was Hände alles können …", „Was ein Baum alles kann …" usw.

Überlegen Sie, wie Sie Ihre Begriffe aussagekräftig anordnen können, z. B. durch eine bestimmte Reihenfolge, Schriftart und -größe, farbliche Gestaltung usw.

2) Stellen Sie Ihren Entwurf vor; vergleichen Sie Aufbau, inhaltliche Schwerpunkte und Gestaltung mit den Gedichten Ihrer Mitschüler/innen.

Hans Manz,
geboren 1931 bei Zürich, ist Lehrer, Schriftsteller und Journalist. Er lebt in Zürich.

 **Anregung**

Kalender
Kombinieren Sie Ihre Texte mit passenden Bildern oder Zeichnungen. Gestalten Sie daraus einen Kalender.

Literatur . Lyrische Texte

Ulla Hahn
Keine Tochter

Ja der Kuchen ist gut – Ich habe
nie gern Süßes gegessen – Ich esse
gern noch ein Stück.

Nein mir geht es nicht schlecht.
5 Viel Arbeit. Ja. Älter werde ich auch.
Noch kein Mann? Nein kein Mann.

Vorm Eigenheim mit Frau und Kind
des Sohnes wuchs der Ableger
von der Klematis vorm Elternhaus an.

10 Überm Fernsehen schläfst du ein.
Dein Kopf sackt nach vorn deine Schulter
auf meine. Ich halte still.

Näher kommst du mir nicht.
Ich bin dir wie vor meiner Zeugung
15 so fern. Verzeih ich möchte
auch keine Tochter haben wie mich.

Ulla Hahn: Keine Tochter.
In: Ulla Hahn: Spielende. Gedichte.
Stuttgart: Dt. Verl.-Anstalt 1983, S. 61.

1) Schreiben Sie die ersten beiden Strophen als Dialog zwischen Mutter und Tochter um. Ergänzen Sie ihn durch die Gedanken, die der Mutter während des Gesprächs durch den Kopf gehen.

2) Suchen Sie sich eine Vortragspartnerin/einen Vortragspartner, mit der/dem Sie das Gedicht von Ulla Hahn und Ihre Ergänzungen im Wechsel vortragen.

3) Entwerfen Sie ein Gespräch zwischen Mutter und Sohn, das in einer ähnlichen Situation stattfinden könnte.

Ulla Hahn,
geboren 1946 in Brachthausen/Sauerland, arbeitete nach dem Studium an verschiedenen Universitäten und als Literaturredakteurin bei Radio Bremen. Sie schreibt u.a. Gedichte und lebt in Hamburg.

 **Anregung**

Familienszenen

Schreiben Sie zu realen oder erfundenen Szenen, die sich in Familien abspielen bzw. abspielen können, Dialoge. Gestalten Sie daraus ein Hörspiel.

Literatur . Lyrische Texte

Konstantin Wecker
Ich will noch eine ganze Menge leben

Ab und zu morgens in italienischen Kneipen hocken,
Wirklichkeiten an sich vorbeiziehen lassen
und den Mädchen auf den Po blicken:
Wie unwirklich ist das alles.
5 Draußen nur Himmel und Land.
Der Pizzabäcker schlägt ein Rad.
Jetzt kurz den Atem anhalten. Schmecken. Riechen.
Und: Ich will noch eine ganze Menge leben.
Draußen stehen Pinien. (Sie könnten lächeln.)
10 Zwischen zwei Espressos schminkt sich der Mittag.
Er steht nackt in seiner Garderobe und scherzt.
Jetzt aufstehen. Die Arme ausbreiten.
Dann tritt Sie aus den Wäldern. Zuversichtlich.
Und eine Flasche Rotwein im Arm.
15 Die Hügel ebnen sich. Wir erreichen eine große Stadt.
Der Abend wird eingetrunken.
Sie erzählt von ihrem Land. Wir singen.
Die Kellner heben die Fäuste.
Avanti popolo und Un bicchiere di vino rosso ancora.[1]
20 Wir sind zuversichtlich.

Konstantin Wecker: Ich will noch eine ganze Menge leben.
In: Hans Lobentanzer: Gedichtinterpretationen. München: Ehrenwirth 1982, S. 159.

───────────
1 Vorwärts, Leute, und Noch ein Glas Rotwein

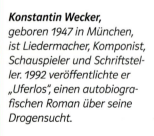

Konstantin Wecker,
geboren 1947 in München,
ist Liedermacher, Komponist,
Schauspieler und Schriftsteller. 1992 veröffentlichte er
„Uferlos", einen autobiografischen Roman über seine
Drogensucht.

1 a) Schreiben Sie jeweils in die Mitte eines leeren Blattes Begriffe und Formulierungen, die Ihnen beim Lesen des Textes besonders aufgefallen sind.
b) Notieren Sie zu jedem Wort spontan neue Begriffe.
c) Schreiben Sie dann aus Ihren eigenen Wörtern einen Text mit derselben Überschrift.

2 Nennen Sie Unterschiede und Ähnlichkeiten zwischen den produzierten Texten, aber auch zwischen Ihren Texten und dem Ursprungstext, z. B. im Aufbau, in der Wortwahl, im Rhythmus, in der Aussageabsicht.

Anregung

Versionen

Versuchen Sie dieses Gedicht zu vertonen, z. B. mit unterschiedlichen Stimmen, mit Instrumenten, mit alltäglichen Gegenständen. Vergleichen Sie Ihre Versionen mit der CD-Version von Konstantin Wecker.

Anhang
Lösungshilfen für die Aufgaben zur Rechtschreibung und Zeichensetzung in den sprachlichen Übungen

1 Vokal- und Konsonantenschreibung

Wörter bestehen aus Buchstaben, gesprochene Buchstaben bezeichnet man als Laute.
Es gibt Selbstlaute (Vokale) und Mitlaute (Konsonanten). Laute können durch Buchstaben wiedergegeben werden und umgekehrt (Lautprinzip der Sprache). Probleme für die Rechtschreibung ergeben sich dadurch, dass manche Laute durch verschiedene Buchstaben wiedergegeben werden können, z. B. f durch f, v und ph.
Ein weiteres Problem ist, dass die Schreibung der Wörter teilweise vom so genannten Stammprinzip abweicht, d. h. der Wortstamm anders geschrieben wird als die Ableitung des Wortes, z. B. Paar – Pärchen.

Grundsätzlich gelten die Prinzipien der Laut- bzw. Stammschreibung.

Die Grundregel gilt besonders bei
- Umlautschreibung
- Verdoppelung des Konsonanten nach kurzem Vokal
- Zusammensetzungen

Beispiele:
Bändel (zu: Band), *Stängel* (zu: Stange)

nummerieren (zu: Nummer), *Tipp* (zu: tippen)

Flanelllappen, Stofffetzen,
Rohheit (zu: roh), *selbständig/selbstständig*

Bei Unsicherheiten hilft es meistens, wenn man
- das Wort verlängert.

Wald – Wälder, Abend – Abende
durstig – durstiger, ärgerlich – ärgerlicher,
König – Könige, Pfirsich – Pfirsiche

- nach der Wortfamilie bzw. nach der Bedeutung des Wortes sucht.

Nachname (zu: Name), *Nachnahme* (zu: nehmen)
malen (z. B.: ein Bild), *mahlen* (z. B.: das Korn)
Heute regnet es *wieder* einmal (wieder im Sinne von nochmals, erneut, zurück), *wiederholen, wiedergeben.*
Ich muss erst über das Für und *Wider* deines Vorschlags nachdenken (*wider* im Sinne von gegen, entgegen), *widersprechen, widerspiegeln*

Der stimmlose s-Laut wird
- nach langem Vokal und Diphthong (Doppellaut) mit ß,
- nach kurzem Vokal immer mit ss geschrieben.

Straße, beißen

küssen, küsste, Kuss, dass

 Anhang

2 Fremdwörter

Grundsätzlich gilt: Wird ein Wort bzw. ein Wortstamm aus einer fremden Sprache ins Deutsche übernommen, so übernimmt man auch die fremde Schreibung.

Viele Fremdwörter erkennt man an bestimmten Wortanfängen bzw. -endungen, z.B.:

- Ko-
- Prä-
- Sub-
- Re-
- Anti-
- -anz
- -ell
- -ine
- -iv
- -tion

Beispiele:

Kooperation
Präservativ
Subjekt
Resozialisierung
Antipathie
Toleranz
aktuell
Routine
positiv
Petition

Einige Fremdwortschreibungen weichen von der im Deutschen üblichen Schreibung ab, hier gibt es keine Regeln, man muss in einem Wörterbuch nachschlagen.

Software (aus dem Englischen)
Pardon (aus dem Französischen)
Apparat (aus dem Lateinischen)
euphorisch (aus dem Griechischen)

Bei häufig gebrauchten Fremdwörtern gleicht sich die Schreibung, soweit die Wörter der Alltagssprache angehören, der deutschen Rechtschreibung und Aussprache an, wobei oft zwei Schreibungen zulässig sind, z. B.:

- eu neben ö
- th neben t
- g neben gh
- f neben ph
- ee neben é, ée
- sch neben ch

Friseur (Frisör)
Thunfisch (Tunfisch), *Panther* (Panter)
Joghurt (Jogurt), *Getto* (Ghetto)
Orthographie (Orthografie), *Delphin* (Delfin)
Chicorée (Schikoree), *Frottee* (Frotté)
Ketschup (Ketchup)

3 Groß- und Kleinschreibung

Groß schreibt man am Satzanfang, ebenso werden Substantive, Eigennamen und Ausdrücke der Ehrerbietung großgeschrieben.

Eine grundsätzliche Hilfe für die Entscheidung über die Groß- oder Kleinschreibung bietet die Artikelprobe:

Steht vor einem Wort ein Artikel (bzw. ein anderes Erkennungswort, z.B. ein Pronomen) oder lässt sich der Artikel einsetzen, ist das Wort substantiviert, d.h., man schreibt es groß.

Groß schreibt man	**Beispiele:**
• Substantive in Verbindung mit einer Präposition bzw. einem Verb.	*mit Bezug auf, in Bezug auf, auf Kosten, Auto fahren*
➤ Nur in Verbindung mit den Verben sein, bleiben und werden schreibt man Angst, Bange, Gram, Schuld und Pleite klein.	*pleite sein*, aber: *Pleite gehen*
• substantivierte Zahladjektive	*der Nächste, jeder Dritte* (aber: *ein paar Schuhe/ein Paar Schuhe*)
• substantivierte unbestimmte Zahladjektive	*alles Übrige, etwas Geringeres, etwas ganz Besonderes*
• Adjektive in festen Wortverbindungen	*das Beste, im Allgemeinen*
• Zusammensetzungen von Wochentag und Tageszeit	*gestern Mittag, am Mittwochabend*
• Farb- und Sprachbezeichnungen in Verbindung mit Präpositionen	*Die Frau in Rot, auf Englisch*
• Adjektive, die paarweise gebraucht werden	*Jung und Alt*
• Eigennamen	*der Atlantische Ozean, die Französische Revolution, Heiliger Vater, Dritte Welt*
➤ Prinzipiell werden Adjektive in festen Verbindungen aus Adjektiven und Substantiven jedoch kleingeschrieben.	*erste Hilfe*
• Höflichkeitsanreden	*Sie, Ihnen*
Klein schreibt man	
• Vertrauliche Anredepronomen	*du, dein, euer*
• Personalpronomen	*ich*

 Anhang

4 Getrennt- und Zusammenschreibung

Wenn ein Wort aus mehreren Bestandteilen besteht (Wortgruppe), gilt im Normalfall die Getrenntschreibung.

Dies gilt	**Beispiele:**
• für Verbindungen von Substantiv und Verb	*Halt machen, Rad fahren*
• für Verbindungen von Verb und Verb	*sitzen bleiben, kennen lernen*
• für Verbindungen von Adverb und Verb	*abwärts gehen, nahe gehen*
• für Zusammensetzungen mit „viel"	*so viele – so viel, wie viele – wie viel*

Verbindungen mit mal schreibt man zusammen und entsprechend klein, wenn ein Adverb vorliegt.

einmal, diesmal

Getrennt und entsprechend groß schreibt man Mal, wenn es als Substantiv zu erkennen ist bzw. als Substantiv angesehen wird.

das zweite Mal, die nächsten Male

Die Schreibung der Partizipien richtet sich nach der Schreibweise des Infinitivs eines Verbs.

nahe stehen – nahe stehend
Laub tragen – Laub tragende Bäume

Verbindungen mit irgend werden alle zusammengeschrieben.

irgendwer, irgendetwas, irgendjemand

Die Zusammenschreibung gilt bei untrennbaren Zusammensetzungen.

schlafwandeln, bergsteigen, fehlschlagen, bloßstellen, preisgeben, angsterfüllt, großspurig, bitterkalt, kopfüber

Zusammen schreibt man bestimmte Teilwörter mit Verben: ab-, an-, auf-, aus-, bei-, beisammen-, da-, dabei-, dafür-, dagegen-, daher-, dahin-, dahinter-, daneben-, dar-, d(a)ran-, d(a)rauf-, d(a)rauflos-, d(a)rein-, d(a)rin-, d(a)rnieder-, d(a)rüber-, d(a)rum-, d(a)runter-, davon-, davor-, dawider-, dazu-, dazwischen-, draus-, durch-, ein-, einher-, empor-, entgegen-, entlang-, entzwei-, fort-, gegen-, gegenüber-, her-, herab-, heran-, herauf-, herunter-, hervor-, herzu-, hin-, hinab-, hinan-, hinauf-, hinaus-, hindurch-, hinein-, hintan-, hintenüber-, hinter-, hinterdrein-, hinterher-, hinüber-, hinunter-, hinweg-, hinzu-, inne-, los-, mit-, nach-, nebenher-, nieder-, über-, überein-, um-, umher-, umhin-, unter-, vor-, voran-, vorauf-, voraus-, vorbei-, vorher-, vornüber-, vorüber-, vorweg-, weg-, weiter-, wider-, wieder-, zu-, zurecht-, zurück-, zusammen-, zuvor-, zuwider-, zwischen-

abändern, hinuntergehen, hinzukommen, mitkommen, überfahren, vorbeilassen, weiterfahren, zusammensitzen, zurückkommen

Es gilt Getrenntschreibung, wenn beide Wörter betont werden.

Wollen wir zusammen (Monopoly) spielen?
Aber: *Da haben mehrere Faktoren zusammengespielt.*

Anhang

4.1 Bindestrich

Ein Bindestrich steht, wenn Zahlen in Zusammenschreibungen als Ziffern wiedergegeben werden.

Ansonsten ist es der Schreiberin/dem Schreiber freigestellt, einen Bindestrich zu setzen.

Diese Regel gilt auch für den Bindestrich bei Fremdwörtern.

Beispiele:
18-jährig, 7,5-Tonner, 75-prozentig

Ichform / Ich-Form, Balletttruppe/ Ballett-Truppe

Sciencefiction/Science-Fiction

4.2 Schrägstrich

Ein Schrägstrich kann

- im Sinne von je oder pro gebraucht werden (bei Größen- und Zahlenverhältnissen),
- Namen verschiedener Personen verbinden,
- zur Zusammenfassung mehrerer aufeinander folgender Jahreszahlen, Monatsnamen o. Ä. gebraucht werden,
- der Angabe mehrerer Möglichkeiten dienen.

Beispiele:
mehr als 30 km/h (= Kilometer pro Stunde)

Nill/Utz gewannen das Endspiel

*im März/April des kommenden Jahres
im Schuljahr 2007/08*

Hiermit bestätige ich/bestätigen wir …

4.3 Straßennamen

- Das erste Wort eines Straßennamens und alle zum Namen gehörenden Adjektive und Zahlwörter schreibt man groß.
- Zusammensetzungen aus einem einfachen oder zusammengesetzten Substantiv/Namen mit einem für Straßennamen typischen Grundwort, z.B. *-straße, -weg, -platz* usw. schreibt man zusammen (ohne Bindestrich).
- Stehen mehrere Wörter als Bestimmung vor einem Grundwort, so verbindet man sie mit Bindestrichen.
- Zusammensetzungen aus einem nicht gebeugten Adjektiv und einem Grundwort schreibt man zusammen (ohne Bindestrich).
- Getrennt schreibt man, wenn das beteiligte Adjektiv gebeugt ist, außerdem bei Ableitungen von Orts- und Ländernamen auf *-er* und *-isch*.

Beispiele:
In den Alten Gärten, An den Drei Eichen

Bahnhofstraße, Mozartplatz, Holunderweg

Theodor-Heuss-Straße, Karl-Marx-Platz

Neumarkt

Langer Graben, Französischer Platz, Stuttgarter Straße

243

Anhang

5 Zeichensetzung

5.1 Komma

5.1.1 Komma in Satzreihen und Satzgefügen

Vollständige Sätze werden durch Komma getrennt.

- Hauptsatz/Hauptsatz
  (Trennung auch durch Punkt oder Strichpunkt möglich)
- ▶ Mit „und" bzw. „oder" verbundene Hauptsätze werden nicht durch Komma getrennt.
- ▶ Sinnvoll ist aber ein Komma zur Verdeutlichung.

- Hauptsatz/Nebensatz
- Hauptsatz/Nebensatz/Nebensatz
- Hauptsatz/Nebensatz/Hauptsatz

Bei Infinitiv- bzw. Partizipgruppen setzt man nur dann ein Komma, wenn

- sie durch eine Wortgruppe angekündigt werden.
- man sie wieder aufnimmt.
- sie aus der Struktur des Satzes herausfallen.

Sinnvoll ist das Komma auch zur Verdeutlichung:

Beispiele:

Der Zug hatte Verspätung, er kam erst kurz vor 9:00 Uhr an.

Lena las in einem Buch und Pablo machte die Hausaufgaben.

Sie blickte auf den leeren Tisch, und den Brief auf dem Stuhl übersah sie völlig.

Er weiß, dass ich unschuldig bin.

Er weiß, dass ich unschuldig bin, obwohl die Indizien gegen mich sprechen.

Sie hatte das Gefühl, dass sie eine Zusage erhalten würde, und tatsächlich bekam sie dann auch die Stelle.

Darüber, diesen Aspekt ganz vernachlässigen zu dürfen, kann man geteilter Meinung sein.

Bald über den Ausgang der Verhandlung zu erfahren, das war ihm schon wichtig.

Sie, statt ihm zu helfen, sah einfach nur zu.

Ich rate(,) ihr(,) zu helfen.

5.1.2 Komma in Aufzählungen

Aufzählungen von Wörtern, Wortgruppen, Satzgliedern und Nebensätzen werden durch Komma getrennt, wenn sie nicht mit „und" bzw. „oder" verbunden sind.

Beispiele: *Wir gingen trotz Regen, Kälte und Sturm am Strand entlang. Sie kauften ein Kilo Tomaten, kalt gepresstes Olivenöl, einen Bund Basilikum und Rotwein. Wir wollen heute gemeinsam kochen, weil es preiswert ist, (weil es) vielleicht sogar Spaß macht und eventuell besser schmeckt als im Restaurant.*

5.1.3 Komma bei Anreden, Ausrufen, Einschüben und Nachträgen

Anreden, Ausrufe, Einschübe und Nachträge werden durch Komma vom restlichen Satz abgetrennt.

Beispiele:
Manfred, lass das bitte. – Super gemacht, Manfred! Manfred, ein netter Kollege von mir, spielt auch Fußball. Manfred spielt Fußball, und zwar sehr engagiert.

Anhang

5.1.4 Komma bei entgegensetzenden Konjunktionen

Vor entgegensetzenden Konjunktionen wie *aber, allein, vielmehr, jedoch, sondern* u. Ä. steht ein Komma.

Beispiel:
Er ist blond, aber nicht dumm.

5.1.5 Komma vor als, wie, denn

Verbinden diese Konjunktionen nur Satzteile, steht kein Komma.

Beispiele:
Heute ist es kälter als gestern.
Der Frühling ist so verregnet wie letztes Jahr.
Es kommt mehr denn je auf Handlungskompetenz an.

Leiten *als, wie, denn* ganze Sätze ein, steht ein Komma.

Heute ist es kälter, als ich gedacht habe.

5.1.6 Komma bei der Datumsangabe

Das Datum trennt man von Orts-, Wochentags- und Uhrzeitangaben durch Komma ab.

Beispiele:
Paris, den 7. Juni 2005
Sonntag, den 12. Juni 2005(,) findet das Konzert statt.
Sonntag, den 12. Juni 2005, 20 Uhr(,) spielt die Band in Köln.
Wir treffen uns am Sonntag, dem 12. Juni 2005, um 19:30 Uhr(,) vor dem Stadion.

5.1.7 Komma bei mehrteiligen Wohnungsangaben

Mehrteilige Wohnungsangaben werden durch Komma gegliedert.

Beispiel:
Das Gespräch findet in Sophias Wohnung statt, Magdeburg, Im Grünen Winkel 4, 2. Stock, rechts.

5.2 Anführungszeichen

In Anführungszeichen stehen

- wörtliche Rede und Zitate.

    ▶ Grundsätzlich setzt man ein Komma nach der direkten Rede, wenn der Begleitsatz folgt oder weitergeführt wird.

- Titel von Büchern, Filmen, Zeitungen usw.

- Hervorhebungen einzelner Wörter, Wort- oder Textteile.

    ▶ Eine Anführung innerhalb einer Anführung, z. B. in einer direkten Rede, steht in halben Anführungszeichen.

Beispiele:

„Was soll das?", fragte sie.

Sie erwiderte: „Ich habe gerade gefragt, was das soll!"
„Was das soll", erwiderte sie, „das habe ich gerade gefragt!"

Wir haben gestern den Film „Bodyguard" gesehen.

Der Begriff „Teamfähigkeit" kommt in diesem Zusammenhang sehr häufig vor.

„Wir haben gestern", so erzählte sie, „den Film ‚Bodyguard' gesehen."

 Anhang

5.3 Apostroph

Der Apostroph steht für gesprochene oder geschriebene Laute oder Buchstaben, die ausgelassen worden sind:

- am Wortanfang.

→ Kein Apostroph steht bei gebräuchlichen Verschmelzungen aus Präposition und Artikel.

- in der Wortmitte für ein ausgelassenes i oder für größere Buchstabengruppen in Namen.

→ Man setzt keinen Apostroph, wenn bei einem gebräuchlichen Wort im Wortinnern ein unbetontes „e" ausgelassen wird.

→ Kein Apostroph steht am Wortende für das ausgelassene Schluss-e bei Substantiven und bestimmten Verbformen (1. und 3. Person Singular).

- bei der Bildung des Genitivs zur Kennzeichnung des Genitivs von Namen, die auf s, ss, ß, tz, x enden, auch wenn sie abgekürzt sind.

Der Apostroph kann stehen

- zur Verdeutlichung der Grundform eines Eigennamens.

Keinen Apostroph setzt man

- vor dem Genitiv-s von Namen, auch nicht bei ihren Abkürzungen.

Beispiele:

'*s ist nicht zu fassen.*
Er macht's (statt „es") immer so.

ans, aufs, am, beim, zur

ein'ge Leute, Ku'damm

ich wechsle, Wandrer, trockner Boden, unsre, Dirndl

Freud, ich lass dich …

Hans Sachs' „Fastnachtsspiele",
Grass' „Ein weites Feld", G.' „Blechtrommel",
Marx' „Kapital"

die Grimm'schen Märchen (neben: *die grimmschen Märchen*), *Andrea's Blumenladen, Carlo's Taverne*

Brechts Gedichte, B.s Gedichte

6 Worttrennung am Zeilenende

Die Trennung am Zeilenende erfolgt meist nach Sprechsilben, auch bei Fremdwörtern:

Beispiele:
be-o-bach-ten/be-ob-ach-ten,
wa-rum/war-um, Si-gnal/Sig-nal,
meis-tens, ei-nan-der/ein-an-der,
Zu-cker, Bä-cker,
E-sel, U-fer

Anhang

7 Abkürzungen

Es gibt gebräuchliche Abkürzungen wie *z. B.* und fachsprachliche Abkürzungen wie *Rück/VO*. Letztere sollte man außerhalb ihrer Fachbereiche nicht verwenden, da sie nicht allgemein bekannt und damit nicht für jeden verständlich sind.
Die nebenstehenden Abkürzungen sind nur zulässig, wenn weder ein Artikel noch eine Hochzahl verwendet wird.

Beispiele:

S. (Seite), Bd. (Band), Nr. (Nummer), Anm. (Anmerkung)

Schreibung der Abkürzungen

- Nach Abkürzungen, deren voller Wortlaut gesprochen wird, steht in der Regel ein Punkt.

- Nach Abkürzungen der Maß- und Gewichtsangaben, der technischen und naturwissenschaftlichen Einheiten und der meisten Währungseinheiten und Abkürzungen, die als Abkürzung gesprochen werden, steht kein Punkt.

Beugung der Abkürzungen

- Die Beugungsendung kann angegeben werden, wenn man Missverständnisse vermeiden will, sie wird dann direkt angehängt.

- Der Plural wird teilweise auch durch Verdoppelung der Buchstaben ausgedrückt.

- Abkürzungen, die als Abkürzungen gesprochen werden, haben im Singular meistens keine Beugungsendung, im Plural wird jedoch, vor allem bei den weiblichen Formen, oft ein -s angehängt.

Beispiele:

Dr. Hoffmann (Doktor Hoffmann), Mr. Spock (Mister Spock),
z. B. (zum Beispiel), d. h. (das heißt)

cm (Zentimeter), kg (Kilogramm), TÜV (gesprochen: tüf), DGB (gesprochen: degebe)

die Bde. (die Bände)

ff. (folgende Seiten)

des Pkw, des Lkw (auch: des Pkws, des Lkws)
die Pkws, die Lkws (auch: die Pkw, die Lkw)

 Anhang

Merkmale der wichtigsten schulischen Schreibaufgaben

	Erzählung	Inhaltsangabe	Bericht	Beschreibung
Funktion	• Leser/in unterhalten • Erlebtes oder Erdachtes spannend und interessant mitteilen	• Leser/in kurz und genau über den Inhalt eines Textes/Buches/Filmes/Schaubildes informieren	• Leser/in genau über ein Ereignis informieren	• Leser/in über eine Person/Sache oder einen Vorgang informieren

Inhalt	• Erlebtes oder erfundenes Ereignis mitteilen
	• Gliederung:
	  – Einleitung (Ort, Zeit, Personen)
	  – Handlung: Steigerung zum Höhepunkt (Spannung)
	  – kurzer Schluss
		• Inhalt des Originals auf das Wesentliche beschränken, in eigenen Worten wiedergeben
		• Gliederung:
		  – Einleitender Satz (Autor, Titel, Quelle, Thema; bei literarischen Texten außerdem Ort, Zeit, Personen, Überblick über die Handlung)
		  – Hauptteil: Zusammenfassung des Inhalts
		  – Schluss/evtl. mit Stellungnahme
			• Information über den Hergang eines Ereignisses (W-Fragen beantworten)
			• Nur wesentliche und nachprüfbare Angaben
			• Gliederung:
			  – entweder chronologisch (zeitlicher Ablauf)
			  – oder nach sachlichen Gesichtspunkten geordnet (Reihenfolge)
				• Je nach Aufgabe: Personen-, Bild-, Vorgangs- oder Gegenstandsbeschreibung
				• Gliederung: Grundlegendes, dann Einzelheiten
				• Für den Leser muss ein logischer Aufbau erkennbar sein
				• Vorgangsbeschreibung: zeitlicher Ablauf

Sprache	• Anschauliche und illustrierende Sprache • Wörtliche Rede (Dialoge) • Persönlicher Stil	• Präzise Ausdrucksweise • Keine Zitate • Keine wörtliche Rede • Eigene Formulierungen	• Sachlich, knapp, genau • Evtl. Fachausdrücke erläutern • Vergleiche zur Verdeutlichung	• Sachlich, exakt • Fachbegriffe je nach Zielgruppe erklären • Auf Verständlichkeit achten
Zeit	• Präteritum (Vergangenheit)	• Meist Präsens (Gegenwart)	• Präteritum (Vergangenheit)	• Präsens (Gegenwart)
Besonderheit	• Spannung • Höhepunkt gegen Ende • Abwechslungsreiche Sprache	• Keine Kopie/Paraphrase des Originaltextes • Keine Nacherzählung • Keine Interpretation • Meist keine Wiedergabe sämtlicher Zahlen in einem Schaubild	• Zweck des Berichts/Zielgruppe beachten	• Sich nicht in Einzelheiten verlieren • Personenbeschreibung darf auch Subjektives enthalten

Anhang

	Privater Geschäftsbrief	Visualisierung	Stellungnahme
Funktion	Anliegen/Mitteilung an einen bestimmten Empfänger	Grafische Darstellung	Aspekte eines strittigen Themas erarbeiten
Inhalt	• Adressat beachten • Sachlage logisch darlegen • Anliegen überzeugend darstellen • Gliederung: – Briefkopf und Betreff – Anlass nennen – Logische und begründete Darlegung des Anliegens – Bitte, Dank, Unterschrift – Evtl. Anlagen beifügen (Kopien!)	• Wichtiges herausarbeiten • Informationen strukturieren • Zusammenhänge veranschaulichen • Evtl. Symbole verwenden	Gliederung: – Strittige Frage nennen – Eigenen Standpunkt aufzeigen – Argument(e) für den eigenen Standpunkt ausführen (nach Wichtigkeit steigernd anordnen) – Beispiel(e) zur Verdeutlichung des Arguments/der Argumente – Schlussfolgerung/Forderung
Sprache	• Verständlich • Argumentierend, überzeugend • Höflich • Genau, auf das Wesentliche beschränkt	• Schlüsselbegriffe verwenden • Daten strukturiert darstellen	Überzeugend, verständlich, logisch
Zeit	• Präsens (Gegenwart) • Präteritum (Vergangenheit) (je nach Inhalt)	Präsens (Gegenwart)	Präsens (Gegenwart)
Besonderheit	• Form beachten (fehlerfrei) • Nichts sagende, stereotype Formulierungen vermeiden („Bürokratendeutsch")	• Auf eindeutige Darstellung achten • Gestaltung soll Verständnis und Merkfähigkeit unterstützen	• Der persönliche Aspekt steht stärker im Vordergrund als bei der Erörterung.

 Anhang

Die freie (nicht textgebundene) Erörterung

	Pro-kontra-Erörterung (dialektisch)	Steigernde (lineare) Erörterung
Funktion	Erarbeitung eines strittigen Themas (Entscheidungsfrage)	Untersuchung der verschiedenen Gesichtspunkte eines Themas (Ergänzungsfrage)

Inhalt	A) Einleitung:
	Interesse am Thema wecken und zum Thema hinführen
	
	Möglichkeiten:
	1. Klärung wichtiger Begriffe im Thema
	2. geschichtliche Einordnung des Themas
	3. Beginn mit Sprichwort, Redensart …
	4. Wiedergabe eines persönlichen Erlebnisses
	5. Hinweis auf aktuelles Ereignis
	
	B) Hauptteil: Argumentation
	
	pro: oder
	Argument 1 pro: Argument 1
	Argument 2
	Argument 3 kontra: Argument 1
	usw.
	                   pro: Argument 2
	kontra:
	Argument 1 kontra: Argument 2
	Argument 2
	Argument 3 pro: Argument 3
	usw.
	                   kontra: Argument 3
	                   usw.
	
	Argumente, die weniger wichtig sind und die nicht dem eigenen Standpunkt entsprechen, stehen am Anfang.
	
	C) Schluss: Fazit
	Möglichkeiten:
	1. persönliche Schlussfolgerung
	2. Aufforderung zum Handeln
	3. Einordnung des Problems in größeren Zusammenhang (z. B. Ausblick in die Zukunft)
		A) Einleitung:
		siehe dialektische Erörterung
		
		B) Hauptteil: Gesichtspunkte (Aspekte)
		Ausgestaltung von
		• Gesichtspunkt 1
		• Gesichtspunkt 2
		• Gesichtspunkt 3
		usw.
		
		Steigerung nach Wichtigkeit
		
		Kurze Zusammenfassung
		
		C) Schluss: siehe dialektische Erörterung

Sprache	Argumentierend, verständlich, objektiv	Argumentierend, verständlich, objektiv
Zeit	Vorwiegend Präsens (Gegenwart)	Vorwiegend Präsens (Gegenwart)
Besonderheiten	• Argumentieren: These-Begründung-Beispiel/Beleg • Summe der Argumente muss in sich schlüssig sein • „Ich-Aussagen" nur im Schlussteil	• Gesichtspunkte durch Beispiele und Begründungen ausgestalten • Gesichtspunkte der Wichtigkeit nach anordnen • „Ich-Aussagen" nur im Schlussteil

	Texterörterung	Textanalyse
Funktion	Erörterung anhand eines vorgegebenen Textes	Analyse eines Sachtextes (inhaltlich und sprachlich)

	1. Auseinandersetzung mit dem vorliegenden Text
	• Evtl. kurze Annäherung an das Problem
	• Vorstellen des Textes
	   – Thema
	   – Titel
	   – Autor/in
	   – Quelle
	• Überblickssatz (Hauptaussage des Textes)
	• Textwiedergabe (strukturierte Inhaltsangabe)
	   – Funktion des Textes
	   – Aufbau
	   – Unterscheidung zwischen wichtigen und weniger wichtigen Aussagen
	• Textbewertung
	   – Völlige Zustimmung
	   – Zustimmung mit Einschränkung
	   – Ablehnung
	   – Eigene Meinung zum Problem (unabhängig vom Text)
	2. Erörterung:
	• Eigene Position festlegen
	• Argumentationsschwächen der Autorin/des Autos aufzeigen
	• Gegenargumente/zusätzliche Argumente vorbringen
	• Weitere Bereiche der Thematik festhalten
	• Erörterung anhand dieser Aspekte schreiben (dialektisch/linear/Mischform, je nach Aufgabenstellung)
	Aufbau: siehe Erörterung
		1. Überblicksinformation
		
		2. Inhaltsangabe und Textaufbau
		
		3. Argumentationsgang, Intention der Autorin/des Autors
		
		4. Analyse der sprachlichen Mittel (Rhetorik)
		
		5. Wirkung auf die Leserin/den Leser (Zielgruppe)
		
		6. Kurzer Schluss: Zusammenfassung und Beurteilung

Sprache	Argumentierend, logisch, objektiv	Argumentierend, logisch, objektiv
Zeit	Meist Präsens (Gegenwart)	Meist Präsens (Gegenwart)
Besonderheiten	• Aussagen der Autorin/des Autors kenntlich machen und von der eigenen Bewertung abgrenzen, z. B.: Der Autor betont, dass … o. Ä. • Analyse der sprachlichen Mittel wird normalerweise nicht verlangt.	• Zusammenwirken von Inhalt und Sprache erläutern und begründen • Kontext des Textes/Zielgruppe beachten! • Ausführliche eigene Stellungnahme wird normalerweise nicht erwartet.

Anmerkung:

Eine so genannte Textbeschreibung ist eine Mischung aus Texterörterung und Textanalyse; sie besteht meist aus Textwiedergabe, Textanalyse (inklusive der sprachlichen Mittel) und Erörterung des vorgegebenen Textes.

Sachregister

Abkürzungen 247
Ablaufplan 123, 125 f., 128 f.
Ablauf- und Terminplan 15
Abläufe knapp und sachlich festhalten 162 f.
Absicht der Autorin/ des Autors 40 ff.
Adjektiv 14, 46
Aktives Zuhören 144
Allgemeine Formulierung 142
Alternativfrage 74
Altertümliche Begriffe 47
Analysieren 39 ff.
Anapher 50
Anekdote 224 ff.
Anführungszeichen 245
Anspielung 48
Antithese 50
Anträge formulieren 165, 167
Apostroph 246
Appell 69
Arbeit in Vierergruppen 13
Arbeitsabläufe beschreiben 62 f.
Arbeitsergebnisse vorstellen 53 ff., 57
Arbeitsplanung 15
Arbeitsplatz beschreiben 64
Arbeitstechniken 10 ff., 13, 15, 17 ff., 32 f., 35, 43, 53 ff., 57, 65, 73, 76, 81 ff., 85, 89, 104 ff., 109, 111 ff., 120, 127, 130, 138, 145 f., 161, 169, 172, 181 f., 194, 212, 214, 219, 221, 223, 238
Arbeitszeugnis 189 ff.
• Aufbau 190
• Schreiben 191
Archaismus 47
Argumentation und Gegenargumentation 133 ff.
• Argument 133 f.
• These 133 f.
• Verbindung zwischen Argument und These 133 f.
Argumentationsspiel 138

Argumentieren 131 ff.
• Erfolgreich 137
• Verbindung zwischen Argument und These 133 f.
Art des Sprechens 71
Assoziationen 91 ff., 209
Aufforderungssätze 49
Aussagesätze 49
Äußerung (Aspekte) 69
Äußerung zur Sache 69
Auswahlfragen bei Vorstellungsgesprächen 193
Auswertung des Schaubilds 36
Autobiografie 213 ff.
Autorenkatalog 105

Ballade 233
Bedeutung der Wörter (erschließen) 25
Beobachtergruppe 15 f.
Beratung 194
Bericht 58, 60, 95, 146, 248
Berichten 58 ff.
Berichtsheft schreiben 59
Beschilderung 120
Beschreiben 60 ff.
Beschreibung 248
Beschreibung der Wirkung eines Textes 51
Beschreibung des äußeren Aufbaus eines Textes 42
Beschreibung des inneren Aufbaus eines Textes 43
Beschreibung in Textanalysen (Form/Inhalt) 45
Besprechung
• Struktur 80
• Verlauf 81
Bewerbungsanschreiben 185, 187
Bewerbungsmappe erstellen 183
Bewertung der Arbeit einer Gruppe 13
Bewertungskriterien (Arbeitsergebnisse vorstellen) 55

Beziehung zum Adressaten 69
Bibliothekskatalog 104 f.
Bilder (sprachliche) 48
Bindestrich 191, 243
Boulevardzeitung 101
Brainstorming 15
Briefe schreiben 174 ff.
• Betreff formulieren 175 f.
• Geschäftliche Briefe schreiben 175 ff., 249
• Inhalt 175, 178 f.
• Kopf des Briefes 175, 177, 182
• Normiert (DIN 5008) 175
Bücher 104 f.
Bücherei 104

Collage 204, 226
Comic 147 ff., 202

Debatte 139
Definieren 154
Definition 154
Diagonales Lesen 18 f., 22, 27
Diagramm 66, 115 ff.
• erstellen 115
• Kreis-, Tortendiagramm 115
• Linien-, Kurvendiagramm 115
• Manipulation in Diagrammen 116
• Säulen-, Balkendiagramm 115
Dialektausdrücke 47
Dialog 232, 237
Direkte Aussagen 68
Diskussion 139 ff.
• Einer Diskussion Impulse geben 141 ff.
• Nutzen 139
• Verhalten in der Diskussion 143
• 5-Schritt-Diskussionsbeiträge 142 f.
Diskussionsbeiträge formulieren 140, 142 f.
Diskussionsforen 146
Diskussionsleiter/in 145
Diskussionsleitung 145

Diskussionsübung 145
Diskussionsverhalten 146
Diskutieren 139 ff.
Disputationsgruppe 11
Dokumentation 207
Dramatischer Text 228 ff.

Eine Erzählung schreiben 9 ff.
Einleitung
• Erörterung 153 f.
• Textanalyse 42
• Textwiedergabe 33
• Vorstellung von Gruppenergebnissen 55
Einleitung zu einer Textwiedergabe 33
Einzelarbeit 13
Ellipse 50
E-Mail 180 f.
Endlosgeschichte 205
Epische Texte 195 ff.
Erfolg beim Argumentieren 137
Ergebnisprotokoll 164 ff.
Ergebnisse einer Gruppenarbeit vorstellen 53, 55
Erörtern 147 ff.
Erörterung 151 ff., 161, 250 f.
• Aufbau 154
• Aufsatzthemen 151
• Einleitung 153 f.
• Pro-Kontra 151, 155 f., 250
• Steigernde (lineare) 151, 157, 250
• Stoffsammlung 152, 156
• Schluss 153 f.
Erörterung in 5 Schritten 155
Erörterungsaufsatz 156
Erschließung der Bedeutung aus dem Zusammenhang (Kontext) 23
Erzählen 7 ff.
• Von sich erzählen 8
Erzählung 248
• Erzählperspektive 9
• Erzählplan 9
• Erzählschritte 9
• Perspektivwechsel 11
• Schlussvarianten 9 f.
• Schreiben 9 ff.
Experimentieren (mit Texten) 52

Sachregister E–L

Expertenbefragung 57
Exzerpieren (aus Texten) 106 f.

Fabel 224 ff.
Fachsprache 47, 52, 63
Fantasy-Literatur 32 f.
Fax 180 f.
Feedback 74, 75, 77, 85
Fernsehen 146
Filme
- Inhalt aus Filmen wiedergeben 27 ff.

Filmporträt 235
Fishbowl 57
Form eines Textes 45 ff.
Formulierungshilfe 51
Fortlaufendes Lesen 18
Frageformen
- Alternativfrage 74
- Offene Frage 74
- Rhetorische Frage 142

Fragesätze 49
Fremdwörter 14, 47, 184

Gebote guten Zuhörens 144
Gedicht 234 ff.
Gehobener Stil 47
Gelungene Verständigung 74
Gespräch 66, 71, 81
Gespräche führen 66 ff.
Gespräche wiedergeben 31, 38
Gesprächsführung 75, 77
Gesprächsnotiz 172
Gesprächstechniken 74 ff.
Gesprächsverhalten 85
Gestik 71
Getrennt- und Zusammenschreibung 59, 242
Gewalt in Medien (Wirkung) 100
Gliederung (Hauptteil der Präsentation) 125 f.
Glosse 96
Grafische Darstellung 112
Grafische Symbole 114
Groß- und Kleinschreibung 59, 63
Gruppenarbeit 13 ff.
Gruppenbildung (Möglichkeiten) 13

Gruppendiskussion 146
Gruppenkonflikt 16
Gruppenphasen erkennen 15
Gruppenpuzzle 53, 57
Gruppensprache 47

Handlungsverlauf 29
Handout 57
Handy 173
Handy-Knigge 173
Heimatbuch 212
Herkunft von Wörtern 47
Höflich kommunizieren 86 ff.
Höflichkeit 86 f.
Höflichkeitsbarometer 86 ff.
Hörspiel 237
Humor 137
Hyperbel 48
Hypotaktisch 49

Ich-Botschaften 76 f.
Illustration 227
Image 92 ff.
Imagewerbung 93
In der Gruppe arbeiten 13 ff.
Indirekte Aussagen 68
Indirekte Äußerung 87
Indirekte Rede 167
Infinitiv- und Partizipgruppen (Komma) 244
Informationen einholen 102 ff.
Informationen
- Nutzen 102
- Wert 102

Informationsaufnahme 109 f.
Informationsquellen 103
Informationssuche 108
Informationsträger 103
Informationsverarbeitung 109 f.
Informationsverlust bei Textwiedergaben 38
Informierende Darstellungsformen 95
Informierende Werbung 90
Inhalt eines Textes beschreiben 45

Inhalte
- aus Filmen wiedergeben 27 ff.
- aus Büchern wiedergeben 27 ff.
- von literarischen Texten wiedergeben 27 ff.
- von Gesprächen wiedergeben 31 ff.
- von Sachtexten wiedergeben 31 ff.
- von Schaubildern wiedergeben 34 ff.
- strukturieren 109 ff.
- visualisieren 109 ff.
- wiedergeben 27 ff.

Inhaltliche Analyse 42 ff.
Inhaltsangabe 27 ff., 45, 248
Inhaltswiedergabe 28
Innerer Redefluss 12
Intensives Lesen 18, 21
Intention der Autorin/des Autors 40 ff.
Interessen durchsetzen 131 f.
Interview 98
Inversion 49
Ironie 48, 137

Jugendsprache 47, 52

Kalender herstellen 224, 236
Karikatur 96
Kennenlernspiel 12
Kernaussage eines Textes 22
Kerngedanke 42 f.
Kommasetzung 59, 244 f.
Kommentar 41, 96
Kommunikation 66, 67, 70 ff., 89
Kommunikationsratgeber 89
Kommunikationsstörungen 74, 75
Kommunikationsverhalten 78
Kommunizieren
- verschlüsselt 26
- Höflich 86 ff.

Konflikt 77 ff.
Konflikte austragen 132
Konflikte in der Gruppe 16

Konfliktlösung in der Gruppe 16
Konjunktiv 31
Konkrete und anschauliche Formulierungen 142
Konsens 16
Kontext (Zusammenhang) 23, 68
Kopfstandmethode 161
Körpersprache 71, 73
Korrekturkette 10
Kreativ schreiben 9 ff.
Kriterien zur Beurteilung kreativer Texte 11
Kritik üben 76, 85
- konstruktiv 16

Kurzgeschichten 195 ff.
Kurzvortrag 93

Lebenslauf 186, 188
Lernen
- Lernkultur 24
- Lernprozesse 23
- soziales Lernen 24

Lesen 17 ff.
- Bedeutung des Lesens 17
- Diagonales Lesen 18 f., 22
- Fortlaufendes Lesen 18
- Intensives Lesen 18, 21
- Lesemappe 101
- Lesenacht 26
- Leseolympiade 26
- Leseparty 26
- Leserbrief 96
- Lesetechniken 17 f.
- Lesetraining 26
- Leseziel 17, 22
- Markieren 18
- Punktuelles Lesen 18, 21
- Randnotizen erstellen 18
- Texte lesen und verstehen 17 ff.
- Vorlesen 26, 214, 227, 232, 235, 237

Lesung 217
Lied 234 ff.
Literarische Texte 39, 195 ff.
- Literarische Texte wiedergeben 27 ff.
- Lyrische Texte 233 ff.

253

Sachregister M–S

Märchen 220 ff.
Manipulation (in Diagrammen) 116
Markieren 18
Maßnahmenplan 83
Matrix 83
Medien 95 ff.
Medien für die Kommunikation 174
Meinungen wiedergeben 31
Meinungsbetonte Darstellungsformen 96
Meldung 95
Metakommunikation 75, 77
Metapher 48, 52
Mimik 71
Mindmap 82, 91 f.
Missverständnisse 74
Mitteilungsformen 174
Monolog 232
Musikvideo 219

Nachricht 95
Nachschlagen 184
Negative Ausdrücke ersetzen 193
Neologismus 48
NETtiquette 181 f.
Nomen 46
Nominalstil 46
Nonverbale Botschaft 71
Nonverbale Kommunikation 71 ff.
Nonverbale Signale 71
Notizen machen 18
Notizzettel 56

Optische Elemente 42
Ordnung von Argumenten nach Wichtigkeit 156

Pantomime 205
Parabel 224 ff.
Parallelismus 50
Paraphrasieren 33, 74
parataktisch 49
Parenthese 50
Partnerarbeit 13
Passivkonstruktionen 166
Personen beschreiben 61 f.
Personenbeschreibung 61
Personifikation 48
Perspektivwechsel (Erzählung) 11
Phasen der Gruppenentwicklung 15
PISA-Studie 19 ff.
Plakat 120, 224
Präsentation 60, 121 ff.
 • Angesprochenes Publikum 122, 124 f.
 • Aufbau 123
 • Auswahl der Inhalte 123
 • Einführung 125
 • Gliederung des Hauptteils 125 f.
 • Kernaussage 123, 126
 • Kompetent vortragen 128 f.
 • Power-Point-Präsentation 161
 • Richtige Inhalte 122
 • Schluss 129
 • Vortragsweise 129
 • Ziel(gruppe) 123 f.
Präsentationsthemen 121
Präsentieren S. 121 ff., 130
 • Anschaulich und einprägsam 126 f.
 • Mittel der Veranschaulichung (Visualisierung) 126 f.
Pro-/Kontra-Meinungsäußerungen 33
Problem-Analyse-Schema 82
Problemlöseformel 142 f.
Produkt vorstellen 57
Pro-Kontra-Erörterung 151, 155 f., 250
 • Gliederung des Hauptteils 156
Protokoll 166 ff.
Protokollformen 165
Protokollführer/in 165, 167 f.
Protokollieren 162 ff., 169
Punktuelles Lesen 18, 21

Quizshow 108

Randnotizen erstellen 18
Rechtschreibung 59, 141, 239 ff.
 • Abkürzungen 247
 • Adjektive in festen Wortverbindungen 241
 • Adjektive (paarweise gebraucht) 241
 • Anredepronomen 241
 • Artikelprobe 241
 • Bindestrich 191, 243
 • Eigennamen 241
 • Farb- und Sprachbezeichnungen 241
 • Fremdwörter 240
 • Getrennt- und Zusammenschreibung 59, 63, 191, 242
 • Groß- und Kleinschreibung 59, 63, 241
 • Komma 59, 244 f.
 • Umlautschreibung 239
 • Schrägstrich 191, 243
 • s-Laut 63, 239
 • Stammprinzip 239
 • Straßennamen 176, 243
 • Tageszeiten 59, 241
 • wieder/wider 141, 239
 • Wochentage 59, 241
 • Wortfamilie 239
 • Worttrennung am Zeilenende 184
 • Zahladjektive 241
 • Zeichensetzung 244 ff.
Reden 52
Redensarten 217
Reisebuch 234
Reportage 95
Rhetorische Frage 142
Rollenspiel 7, 75, 79, 81, 88, 121, 132, 171, 194, 225
Romanauszüge 213 ff.
„Roter Faden" 56
Rückfrage 74

Sachebene wahren 16
Sachgebietskatalog 104
Sachtexte 39
 • Analysieren 39 ff.
 • Wiedergeben 31 ff.
Satire 57
Satzarten 49
Satzbau 49 f.
Satzbaumuster 49 f.
Satzgefüge (Kommasetzung) 244
Satzreihe (Kommasetzung) 244
Schaubilder wiedergeben 34 ff.
Schlagfertigkeit trainieren 138
Schlüsselwort 21, 25
Schlussvarianten (Erzählung) 9 f.
Schönreden 57
Schrägstrich 191
Schreibanlass 40 ff.
Schreibgespräch (stummes) 226
Schreibsituation 12
Schreiben in Gruppen 10
Schriftgestaltung 113
Selbstkundgabe 69
Sich bewerben 183 ff.
Sich vorstellen 7
Silbentrennung 184
s-Laute 63
 • Schreibung 239
Slogan 91, 93
Smalltalk 85
SMS 180 f.
Sprachebene 46 f., 49
„Sprachhämmer" 177
Sprachliche Form eines Textes (analysieren) 46 ff.
Sprachliche Übung
 • Adjektiv 14
 • Assoziationen 93
 • Bindestrich 191, 243
 • Definition zentraler Begriffe (Erörterung) 154
 • Einleitende Sätze zur Vorstellung von Gruppenergebnissen formulieren 55
 • Formulierung von Anträgen 165
 • Fremdwörter 184
 • Getrennt- und Zusammenschreibung 59, 63, 191
 • Groß- und Kleinschreibung 59, 63
 • Indirekte Rede (Protokoll) 167
 • Kommasetzung 59, 93
 • Problemlöseformel 143
 • Reihenfolge beim Beschreiben 63
 • Satzbau 50

Sachregister S–Z

- s-Laut 63
- Schrägstrich 191, 243
- Sprachebene 49
- Straßennamen 176, 243
- wieder/wider 141, 239
- Verbindung von These und Argument 134
- Wirkung von Texten 51
- Wortarten 93
- Wortstellung 50
- Worttrennung am Zeilenende 184
- Wortwahl 49 f., 61, 193

Sprichwörter 217
Stammschreibung 239
Stammprinzip 239
Standardsprache 46
Steigernde (lineare) Erörterung 151, 157, 250
- Aufbau 157
- Einleitung 157
- Gliederung 157
- Schlussteil 157

Stellenanzeigen 183 f.
Stellung nehmen und erörtern 147 ff.
Stellungnahme 44, 147 ff., 249
- Argument 148 f.
- Aufbau 148 f.
- Beispiel zur Verdeutlichung des Arguments 148 f.
- Eigener Standpunkt 149
- Meinung 148
- Schlussfolgerung 148 f.
- Strittige Frage 148 f.
- zu einem schwierigen Problem 150

Stichwortkatalog 104
Stichwortzettel 170 f.
Stimmige und nicht stimmige Äußerungen 71
Störungen in der Gruppe 16
Störungen in der Kommunikation 74 f.
Storyboard 65
Streitfrage 33
Strukturbild 43
- Erstellen 33, 117 ff.
Strukturieren (Inhalte) 109 ff.
Strukturierende Hinweise 56

Strukturierte Inhaltsangabe 159
Substantiv 14, 46
Szenisches Spiel 161

Tagebuch 12, 72
Tageszeiten (Rechtschreibung) 59
Talkshow 146, 169
Tätigkeitskatalog 15
Telefongespräch 170 ff.
- dokumentieren 172
- führen 171 f.
- vorbereiten 170, 172
Telefonieren 170 ff.
Textanalyse 39 ff., 251
Textauszüge erstellen 107
Textbaustein 178 f.
Textbewertung 160
Texte lesen und verstehen 17 ff.
Texterörterung 158 ff., 251
- Annäherung an das Problem 159
- Aufbau eines Textes 159
- Aufbau und Einleitung 159
- Distanz zwischen Schreiber/in und Verfasser/in des Textes 159
- Grundsätze für die Textwiedergabe 159
- Strukturierte Inhaltsangabe 159
- Textwiedergabe (strukturierte Inhaltsangabe) 159
- Überblicksatz 159
- Vorstellen des Textes 159

Textheft erstellen 65, 210
Textkürzungen 38
Textsorte 39
Textwiedergabe 27 f., 30 ff.
Theaterstück 228 ff.
These 133 f.
Typogramme 113

Übertreibung 48
Umgang in der Gruppe 13
Umgangsformen 87
Umgangssprache 47

Unhöflichkeit 87
Umlautschreibung 239
Ursachen-Wirkungs-Diagramm 84

Verb 46, 167
Verbale Botschaft 71
Verbale Kommunikation 71 ff.
Verbalstil 46
Verfälschung bei Textwiedergaben 38
Verfilmung von Literatur 30
Vergleich 48
Verhaltensregeln 89
Verkaufspräsentationen 130
Verlaufsprotokoll 164 f.
Verschlüsselt kommunizieren 26
Verständigung 74
Verständnishürden 22 ff.
Vertonen 238
Video 232
Vier-Seiten-Modell 68, 69
Visualisieren 81, 109 ff.
- Zahlenangaben 115
Visualisierung 43, 109 ff., 126 f., 249
Visuelle Darstellung 116
Visuelle Form 112
Visuelle Sprache 111 ff.
Vokal- und Konsonantenschreibung 239
Von sich erzählen 8
Vorgangsbeschreibung 63
Vorlesen 26, 214, 227, 232, 235, 237
Vorstellen
- Sich vorstellen 7
- Produkt vorstellen 57
Vorstellungsbogen 8
Vorstellungsgespräch 192 f.
Vorteile der Arbeit in Gruppen 13

Wandzeitung 57
Werbeaktion 90
Werbeanzeige 42 ff.
Werben 90 ff.
Werbetext 42 ff.
Wiederholungen 48

Wirkung eines Textes bestimmen 51
Wirkung von Werbung 93
Wortarten 46
Wörterbuch 25
Wörterbucheinträge 25
Wortfamilie
- Schreibung 239
Wortneubildung 48
Wortspiel 48
Wortstellung 49 f.
Worttrennung am Zeilenende 184, 246 f.
Wortwahl 46 ff., 49, 61

Zeichensetzung 245 f.
- Komma 244 f.
- Anführungszeichen 245
- Apostroph 246
Zeugnisformulierung 189
Zuhören 144
Zusammenschreibung 191
Zusammenspiel von Form und Inhalt 45
Zwei-Felder-Tafel (Pro/Kontra) 84

Bildquellenverzeichnis

Cover
Klett-Archiv (David Ausserhofer), Stuttgart

Projektbörse:
außen Mauritius (age), Mittenwald; **innen** Mauritius (Ripp), Mittenwald; **Mitte** Corbis (RF), Düsseldorf;

Kompetenzbereiche
S. 7 oben Klett-Archiv (David Ausserhofer), Stuttgart; **Mitte** Corbis (RF), Düsseldorf; **unten** Klett-Archiv (Henry Zeidler), Stuttgart; S. 8 Bilderberg (Modrak), Hamburg; S. 13 Klett-Archiv (David Ausserhofer), Stuttgart; S. 16 Klett-Archiv (David Ausserhofer), Stuttgart; S. 17 Klett-Archiv (David Ausserhofer), Stuttgart; S. 27 oben Klett-Archiv (David Ausserhofer), Stuttgart; **Mitte** Klett-Archiv (David Ausserhofer), Stuttgart; **unten** Klett-Cotta, Stuttgart; S. 28 links Klett-Cotta, Stuttgart; **rechts** Klett-Archiv (Andrea Mix), Stuttgart; S. 34 GLOBUS Infografik, Hamburg; S. 37 GLOBUS Infografik, Hamburg (2); S. 39 Klett-Archiv (David Ausserhofer), Stuttgart (2); S. 42 ebay, Europarc Dreilinden; S. 53 Klett-Archiv (David Ausserhofer), Stuttgart; S. 54 oben links Avenue Images GmbH (image 100), Hamburg; **oben rechts** MEV, Augsburg; **unten links** Fotosearch, Waukesha; **unten rechts** Klett-Archiv (David Ausserhofer), Stuttgart; S. 58 Imago Stock & People (Schöning), Berlin; S. 61 Fotosearch (Image Source/ RF), Waukesha; S. 62 **oben** Bilderberg (Kirchgessner), Hamburg; **unten** Bayer AG, Leverkusen (9); S. 64 Bilderberg (artur), Hamburg; S. 66 Klett-Archiv (David Ausserhofer), Stuttgart; S. 70 Deutsche Bahn, Berlin; S. 74 Klett-Archiv (David Ausserhofer), Stuttgart; S. 78 Mauritius (age), Mittenwald (2); S. 79 Mauritius (age), Mittenwald; S. 80 Klett-Archiv (David Ausserhofer), Stuttgart; S. 88 Mauritius (age), Mittenwald (2); S. 90 Klett-Archiv (David Ausserhofer), Stuttgart; S. 91 Corbis (Boone), Düsseldorf; S. 92 Corbis (Ray Juno), Düsseldorf; S. 95 Berndt A. Skott, Düsseldorf; S. 99 Jörg Becker, Ditzingen; S. 100 defd, Hamburg; S. 102 RTL, Köln; S. 103 **links innen** Corbis (Jose Luis Pelaez, Inc.), Düsseldorf; **links** MEV, Augsburg; **Mitte** creativ collection, Freiburg; **rechts** Mauritius (Hackenberg), Mittenwald; **rechts außen** Klett-Archiv, Stuttgart; S. 109 Corbis (Jose Luis Pelaez), Düsseldorf; S. 116 **oben** FAZ, Frankfurt; **unten** MEV, Augsburg (2); S. 117 Mauritius, Mittenwald (2); S. 119 Norbert Michalke, Berlin; S. 121 Corbis (RF), Düsseldorf; S. 123 Corbis (RF), Düsseldorf; S. 124 Klett-Archiv (Dr. Ulrich Nill), Stuttgart; S. 130 Klett-Archiv (Dr. Ulrich Nill), Stuttgart; S. 132 Mauritius (Curtis), Mittenwald; S. 134 Klett-Archiv (Thunig), Stuttgart; S. 135 Klett-Archiv (Thunig), Stuttgart (3); S. 139 Corbis (Reuters), Düsseldorf; S. 141 Klett-Archiv (David Ausserhofer), Stuttgart; S. 143 Mauritius (age), Mittenwald; S. 144 Mauritius (Abby), Mittenwald; S. 147 Klett-Archiv (Sven Kwasnitschka), Stuttgart (2); S. 148 Avenue Images GmbH (Digital Vision), Hamburg; S. 153 **links** Mauritius (Rossenbach), Mittenwald; **rechts** Mauritius (Mac Laren), Mittenwald; S. 154 mecom (Caro), Hamburg; S. 157 Klett-Archiv (Henry Zeidler), Stuttgart; S. 158 Corbis (Dann Tardif), Düsseldorf; S. 159 Avenue Images GmbH (image 100), Hamburg; S. 164 Klett-Archiv (Jörg Becker), Stuttgart; S. 170 **links** K2 Ski Sport + Mode GmbH, Penzberg; **rechts** Corbis (RF), Düsseldorf; S. 171 Fotosearch (Banana Stock), Waukesha; S. 174 Klett-Archiv (Henry Zeidler), Stuttgart; S. 177 Klett-Archiv (Henry Zeidler), Stuttgart; S. 179 **oben** Fotosearch (Brand X Pictures), Waukesha; **Mitte** Fotosearch (Image Source), Waukesha; **unten** Mauritius (Kupka), Mittenwald; S. 183 Klett-Archiv (David Ausserhofer), Stuttgart; S. 184 Klett-Archiv (David Ausserhofer), Stuttgart; S. 186 MEV, Augsburg; S. 188 Corbis (RF), Düsseldorf

Literaturteil
S. 199 Peter Peitsch, Hamburg; S. 202 Picture-Alliance, Frankfurt; S. 205 Peter Peitsch, Hamburg; S. 207 Picture-Alliance (Hiekel), Frankfurt; S. 209 Picture-Alliance (Beck), Frankfurt; S. 210 Peter Peitsch, Hamburg; S. 212 Peter Peitsch, Hamburg; S. 214 Ikko von Schwichow, Berlin; S. 217 Peter Peitsch, Hamburg; S. 219 ECON Verlagsgruppe, Düsseldorf; S. 221 Peter Peitsch, Hamburg; S. 224 Picture-Alliance (Hesse), Frankfurt; S. 225 Peter Peitsch, Hamburg; S. 226 Peter Peitsch, Hamburg; S. 227 Isolde Ohlbaum, München; S. 234 Isolde Ohlbaum, München; S. 235 Isolde Ohlbaum, München; S. 236 gezett, Berlin; S. 237 Picture-Alliance (Elsner), Frankfurt; S. 238 Picture-Alliance (Stache), Frankfurt

Trotz aller Bemühungen war es uns in einigen Fällen nicht möglich, den Rechteinhaber ausfindig zu machen. Berechtigte Ansprüche werden selbstverständlich im Rahmen der üblichen Vereinbarungen abgegolten.